Cyrille Jubert

Histoire de l'Argent

Cyrille Jubert

HISTOIRE DE L'ARGENT

Publié par Omnia Veritas Ltd

OMNIA VERITAS

www.omnia-veritas.com

© Omnia Veritas Ltd –
Cyrille Jubert – 2015

La loi du 11 Mars 1957, n'autorisant, au terme des alinéas 2 et 3 de l'article 4, d'une part, que « les copies ou reproductions strictement réservées à l'usage privé du copiste et non destinées à une utilisation collective » et, d'autre part, que les analyses et les courtes citations dans un but d'exemple et d'illustration, « toute représentation ou reproduction, intégrale ou partielle, faite sans le consentement de l'auteur ou de ses ayants droit ou ayants cause, est illicite » (alinéa premier de l'article 40). Cette représentation ou reproduction, constituerait donc une contrefaçon sanctionnée par les articles 425 et suivants du Code Pénal.

PRÉAMBULE 13
La dévaluation permanente des monnaies 14

L'ARGENT À TRAVERS L'HISTOIRE

PÉRIODE ANTIQUE 19
La Genèse 21
Le Code d'Hammourabi 23
L'Histoire est un éternel Cycle 23
L'Égypte 24
Les Hittites 26
Crésus et les Toisons d'Or 27
Les Phéniciens 28
La Grèce 31
L'Argent & Rome 36
Le témoignage de Pline l'Ancien 38
Dévaluation monétaire de l'Empire Romain 40
Les 30 Deniers de Judas 44
Les invasions barbares 47
Mines et techniques oubliées 47

L'ARGENT À TRAVERS L'HISTOIRE

ÉPOQUE MÉDIÉVALE – MOYEN-ÂGE 49
Charlemagne 51
Abandon du système monétaire de Rome 52
Les mines des Carolingiens 53
L'Argent de Bohème 55
Les Chevaliers Teutoniques 56
Venise 62
Les Banquiers de Venise spéculent sur l'or et l'argent 63
Krach systémique de 1345 67
Un siècle de pénurie d'argent et de récession économique ... 68
Les Juifs chassés d'Espagne 71

L'ARGENT À TRAVERS L'HISTOIRE

LA RENAISSANCE 73
Royaume d'Angleterre 76
L'immense Empire Portugais 81
La bataille des trois rois 83
Charles Quint 85

CHARLES QUINT ET LES BANQUIERS FUGGER 85

L'ARGENT À TRAVERS L'HISTOIRE
XVIÈME SIÈCLE

TRÉSOR DES AMÉRIQUES 89

    L'ARGENT DES CONQUISTADORS 91
    LE POTOSI 92
    LE PESO 94
    FORTUNES DE MER.. 95
    PIRATES DES CARAÏBES 98
    LA CONTREBANDE 101
    LES BANQUEROUTES DE L'ESPAGNE... 102
    INFLATION MONÉTAIRE... 104
    « INFLATION DES BÉNÉFICES » 105

L'ARGENT À TRAVERS L'HISTOIRE
DÉVELOPPEMENT DU COMMERCE INTERNATIONAL & CRÉATION DES BANQUES CENTRALES...107

    COMPAGNIES DES INDES 108
    LA ROUPIE DE L'EMPIRE MOGHOL... 109
    SALAIRES EN INDE EXPRIMÉS EN GRAMMES D'ARGENT PAR JOUR 111
    ASIE 113
    CHINE 114
    LE PAPIER-MONNAIE EN EUROPE 120
    « THE GLORIOUS REVOLUTION » 121
    L'ANGLETERRE SOUS LE JOUG HOLLANDAIS 121
    CRÉATION DE LA BANQUE D'ANGLETERRE 122
    LA RÉGENCE EN FRANCE 128
    LE KRACH BANCAIRE DE 1763 132
    1776 - INDÉPENDANCE AMÉRICAINE 133
    LES ASSIGNATS 135
    FAILLITE DE L'ÉTAT DE 1793 135
        L'Histoire va bégayer.. *135*
        Dépréciation *137*
        Fin des Assignats et bilan *139*

L'ARGENT À TRAVERS L'HISTOIRE
XIXÈME SIÈCLE

LE BIMÉTALLISME 141

FRANC GERMINAL - AN XI	143
LE TRAFALGAR DE L'ESPAGNE	145
RÉVOLUTION DANS LA NOUVELLE ESPAGNE	148
ONCLE SAM	150
DE YERBA BUENA À SAN FRANCISCO	152
LA RUÉE VERS L'OR	156
L'OR DE LA CALIFORNIE EN CHIFFRES	158

L'ARGENT À TRAVERS L'HISTOIRE

1848-1900 161

MINES D'ARGENT RUSSES	164
JAPON	166
LE DERNIER SHOGUN	166
LA REINE VICTORIA & LES GUERRES DE L'OPIUM	168
LA FIN DE LA COMPAGNIE DES INDES	171
LES GUERRES DE L'ARGENT	172
NAPOLÉON III ET L'ARGENT	173
L'AVENTURE MEXICAINE	175
EMPIRE ÉPHÉMÈRE !	178
LES DIFFICULTÉS DU BIMÉTALLISME ET L'UNION LATINE	179
PIÈCES D'ARGENT DE L'UNION LATINE	181
1869 - LE CORNER SUR L'OR	182
1873 - DÉMONÉTISATION DE L'ARGENT AUX USA	186
LA GRANDE DÉPRESSION DE 1873	189
UN HIVER ÉCONOMIQUE ÉTUDIÉ DANS LES CYCLES DE KONDRATIEV	189
BULLE IMMOBILIÈRE	189
Crise agricole	*189*
Crise de confiance interbancaire	*190*
L'ÉTALON-OR (1879-1933)	191
« L'ÂGE D'OR » (1879-1914)	191
Principes de fonctionnement	*191*
Avantages et inconvénients	*192*
Limites de l'ajustement automatique	*193*
L'ENTRE DEUX-GUERRES (1919-1939)	195
Le flottement libre (1919-1926)	*196*
WEIMAR	197
Retour à l'étalon-or (1927-1931)	*199*
Le flottement administré (1931-1939)	*201*
Synthèse	*202*

L'ARGENT À TRAVERS L'HISTOIRE

1900-2000 205

JOHN PIERPONT MORGAN 207
CRÉATION DE LA FEDERAL RESERVE 209
RÉVOLUTIONS MEXICAINES - 1910-1920 213
L'ARGENT DE 1914 À 1920 216
1927-1935 - LES BANQUES CHINOISES DANS LA TEMPÊTE 226
MONNAIES D'ARGENT AUX ÉTATS-UNIS 233
LE GOLD EXCHANGE STANDARD VACILLE 237
PERTE DE CONFIANCE DANS LE DOLLAR 237
Création du London Gold Pool 237
La fin du pool de l'Or de Londres 239
Fin du Gold Exchange Standard 240
ANNÉES 70 242
CHOCS PÉTROLIERS 244
Le Corner sur l'Argent des Frères Hunt 244

L'ARGENT À TRAVERS L'HISTOIRE

1985-2013 253

CHRONIQUES 255
Géostratégie monétaire de l'Empire Américain 256
La Forteresse Dollar 256
XIème Congrès du PCC 257
JPM développe le Hedging des Mines 259
1998 - « LONG TERM CAPITAL MANAGEMENT » 261
1999 263
2000 264
La Chine décide de changer la donne 269
Les Chinois squeezent JPM 269
La Chine se fâche 270
2009 272
AOÛT 2009 276
ESPIONNAGE ET CYBER-WAR 280
SEPTEMBRE 2010 283
Début de pénurie 284
Justification de la hausse de l'Argent 285
Cours attendus pour la pénurie d'Argent à venir 286
SEPTEMBRE 2010 - AVRIL 2011 288
Silver à 36$ - Les pertes exponentielles de JPM 293

  Le drapeau Rouge 294
  Consolidations forcées de mai 2011 295
  Une escroquerie des autorités monétaires. 296
 Les chinois, l'épargne et le jeu 298
  31/12/2011 - La Révolution Bancaire Chinoise 302
  La Chine a déjà fait sa Réforme Monétaire 303
  La Chine et le marché du tungstène 304
  PAN ASIA GOLD EXCHANGE 305
  Ratio Gold Silver 307
 Le Corner du Silver 313
 Banksters, Bandidos y Pistolleros 315
  Banksters 315
  Bandidos 315
  … y Pistolleros 316
  «Le Trésor de la Sierra Madre» 318
  CFTC - Les aveux du juge Parker 319
  Le CFTC et la Loi Dodd-Franck 320
 JPM poursuivi en justice 322
  JPM met en faillite MF Global 323
 L'appel d'Éric Sprott aux Mineurs 329
  Pré-conclusion de cet état des lieux 331
 Faillite de Chypre 336

L'ARGENT À TRAVERS L'HISTOIRE

OÙ IRA L'ARGENT DEMAIN ? 341

 L'Argent est-il seulement une matière première industrielle aujourd'hui? 341
 Spéculations sur la 342
 REFORME MONETAIRE 342
 à venir 342
 Préambule 343
  La Dette Mondiale 343
  « XI » 344
  L'Amero 346
  Étrange Philharmoniker 352
  Changement monétaire 357
  Contre-Putsch monétaire 363
  TWIST 365
 Défaut de la dette – QE3 368
  Hyperinflation et Dévaluations 368

Le rôle possible des catastrophes agricoles 369
Loi DODD-FRANK 372
Bancor : les céréales seront elles monétaires ? 373
GOLDMAN SACHS 374
Premier pas vers la remonétisation de l'or ? 383
MISE À JOUR DE JUIN 2013 386
Nanotrading 386
Prémices de la Réforme Monétaire ? 389
L'Allemagne hausse le ton 390
Événement majeur sur l'or début 2013 392
UN GIGANTESQUE BEAR-TRAP 393
DÉPRESSION ÉCONOMIQUE AIGÜE 395
Que fera le Silver ? 395

FONDAMENTAUX DE L'ARGENT 399

L'OFFRE 401
Production minière en hausse 401
Baisse de densité des minerais 403
Répartition géographique de la production 405
Les 7 plus grosses mines d'argent 407
Mines d'argent américaines 410
Commentaires personnels 415
Glencore-Xstrata 416
Réserves d'Argent en sol 417
Réserves Or par rapport aux Réserves d'Argent 424
1/5 424
Nationalisation des mines d'or ? 425
L'Argent de la récupération 426
Photographie Argentique 427
Electronique 427
Bijouterie, joaillerie 427

LA DEMANDE 429

RÉPARTITION DE LA DEMANDE PAR SECTEUR 431
Photographie 431
Argenterie 431
Bijouterie 432
Pièces et médailles 432
De nouvelles applications 433
Photovoltaïque 434
Les puces RFID 435

Perspectives de la demande industrielle 436
L'Argent d'investissement 437
De nouveaux Fonds d'investissement 438
Ubiquité & Triple Comptabilité 441
Avis contre les fraudes aux consommateurs 442
Signes inquiétants 443
Un Marché en perpétuel déficit 446
La demande précède toujours la Production. 449
Le déficit s'accumule 449
Les Marchés de référence 451

LE PRIX DE L'ARGENT **453**
  DE L'ÉLASTICITÉ DE LA DEMANDE PAR RAPPORT AU PRIX 455
    Un prix contrôlé 456
    Prix à venir 459
  CYCLES DE L'ARGENT 460
    Cycle Annuel 460

LA FUTURE BULLE DU SIÈCLE **467**
  La Silver Mania 472
  Hausse du pétrole 472
  Pénurie et délais de livraison 473
  Tsunami des produits dérivés 473
  « Bail-in » 474
  CONFISCATION DE L'OR 474
  POUR 2013, 2014 OU 2015? 474
  LE CODE D'HAMMOURABI : 900€ L'ONCE 478
  CONCLUSIONS 481

Préambule

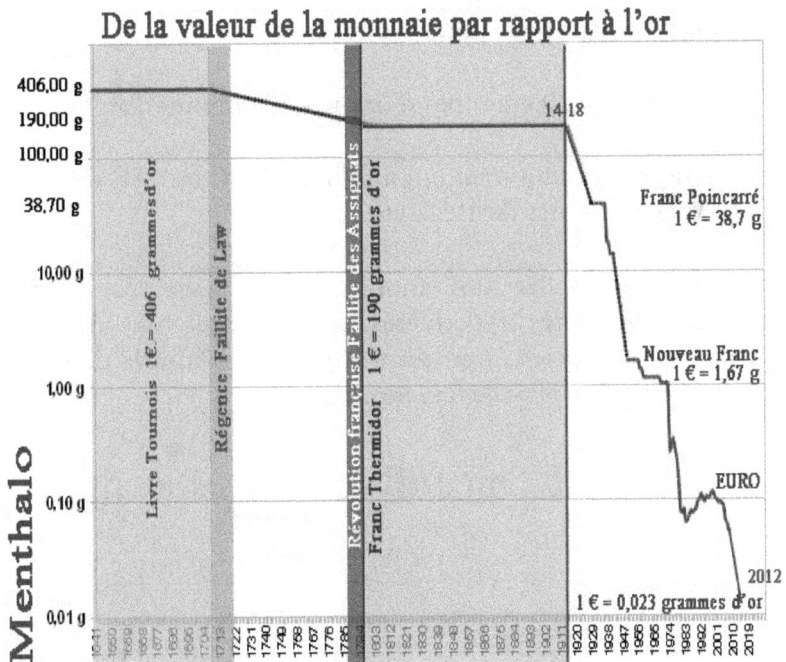

De 1795, date de la création par le Consul Bonaparte du Franc Thermidor à 1914, la monnaie a été stable. L'équivalent de l'Euro actuel pesait 1,90 gramme d'or.

Au cours du siècle écoulé, la valeur de notre monnaie courante a été divisée par 8260.

La contre-valeur de l'Euro en or n'est plus que de 0,023g.

LA DÉVALUATION PERMANENTE DES MONNAIES

Au lendemain de la Révolution, le 28 thermidor de l'An III, soit le 25 août 1795, l'argent est choisi comme étalon et l'or lui est subordonné. La loi fixe le rapport de l'or à l'argent. Il faut 15,5 grammes d'argent pour obtenir une once d'or.

Un Franc pèse 0,29 grammes d'or ou 4,5 grammes d'argent.

Un Franc Thermidor vaut aujourd'hui 13,2 € ou 85F de 1999, 8500 Anciens Francs de 1958, etc...

Le pouvoir d'achat des monnaies ne cesse de fondre. L'accélération de ces 10 dernières années devrait vous inquiéter, car cela va empirer à court terme, pour dissoudre la dette des états par ce qu'on appelle une monétisation.

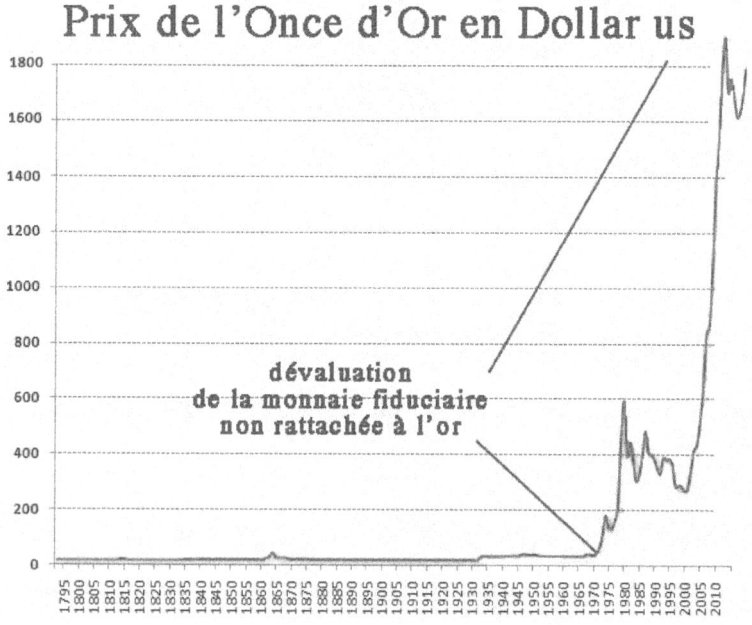

Le prix de l'Argent aujourd'hui est très en retard par rapport à celui de l'or. Vous avez raison de vous y intéresser.

Alors que l'Empire américain vacille dans l'atmosphère délétère d'une fin de règne, que le Dollar chancelle et que la monnaie purement fiduciaire se désagrège, l'auteur s'interroge sur le système monétaire à venir. Entre données historiques, confidences de banquiers, informations confirmées et analyses personnelles, Cyrille Jubert pose des jalons pour éclairer votre propre réflexion. Sans prétention, l'auteur, qui signe ses articles sur le web du pseudonyme de Menthalo, n'est ni historien, ni économiste, ni financier. Il se présente comme un simple béotien. À ce titre, ses analyses et synthèses éclairent l'histoire monétaire et géopolitique d'un jour particulier.

Analysant au quotidien, le marché des métaux précieux et plus particulièrement celui de l'argent-métal, l'auteur va progressivement remonter le temps, pour comprendre l'origine des événements actuels sur ce marché mi-monétaire, mi-matière première industrielle. De fil en aiguille, ses recherches vont l'amener à revisiter l'Histoire, presque à tâtons en suivant la piste de l'Argent, élément clé du commerce international, nerf de la guerre et base de la puissance des nations.

Quelle surprise de découvrir que la découverte des Amériques et de leurs immenses réserves d'argent ne fera pas la richesse des descendants de Charles Quint, mais les amènera à la ruine. Que les Pays-Bas faisant sécession pour des raisons religieuses de l'Empire espagnol, vont créer un nouveau modèle économique et financier, avant de prendre le pouvoir en Angleterre pour y reproduire ce modèle à très grande échelle avec une intelligence et une ambition politique et géostratégique extraordinaire.

Les histoires de pirates ou de corsaires des Caraïbes ne sont pas anecdotiques. Ces hommes sans foi ni loi ont fait et défaits des empires et ils l'ont fait sur ordre.

L'argent-métal est l'un des talons d'Achille de l'oligarchie financière anglo-saxonne. La City au XIXème siècle va en assécher les sources, détruire sciemment et systématiquement sa valeur monétaire et contrôler le cours du métal blanc pendant plus de deux siècles. Aujourd'hui, l'argent-papier des « Exchange Trade Funds » (ETF) et les produits dérivés sur l'argent-métal sont les derniers avatars de cette politique deux fois séculaires pour supprimer de la mémoire collective la vraie valeur du mot « Argent ».

Le système anglo-saxon meurt de ses excès. Chine, Russie, Inde, Brésil et Afrique du Sud se dressent avec l'Allemagne pour renverser cet ordre établi, purement fiduciaire. Cette bataille titanesque est passionnante à observer tous les jours.

Ce livre vous aidera à mieux comprendre ce qui est en train de se passer sous vos yeux aujourd'hui. L'or va s'envoler à des hauteurs inimaginables, mais vous n'en profiterez pas ou peu. D'une manière ou d'une autre, il sera nationalisé et confisqué par les états. L'Argent sera alors le seul refuge et atteindra des prix que nul n'oserait pronostiquer aujourd'hui.

« Le secret des Rothschild, c'est le secret » disait l'un d'eux. Ce livre va vous révéler quelques-uns de ces secrets les mieux gardés et rompre l'Omerta actuelle sur l'Argent. Vous allez vous laisser convaincre, au fil des pages de ce livre d'Histoire et d'histoires, que l'Argent est certainement **le meilleur investissement pour les 10 années à venir**.

Ci-dessus, la 50 Francs Hercule qui n'a pas circulé, est un véhicule d'investissement en France, mais aussi en Europe, car cette pièce a été l'étalon monétaire du bimétallisme. Cette pièce pèse 27g d'argent pur.

Ci-dessus, la 5 Francs Semeuse, que tout le monde connait pour l'avoir utilisée au quotidien, pourrait devenir un instrument de troc incontournable, si les hélio-physiciens de la NASA ont raison et qu'un orage magnétique détruit nos systèmes électriques et électroniques. Elle pèse 10,02 grammes d'argent pur.

L'Argent à travers l'Histoire

Période Antique

LA GENÈSE

Genèse 2 :

8 *Puis l'Eternel Dieu planta un jardin en Éden, du côté de l'orient, et il y mit l'homme qu'il avait formé.*

9 *L'Eternel Dieu fit pousser du sol des arbres de toute espèce, agréables à voir et bons à manger, et l'arbre de la vie au milieu du jardin, et l'arbre de la connaissance du bien et du mal.*

10 *Un fleuve sortait d'Éden pour arroser le jardin, et de là il se divisait en quatre bras.*

11 *Le nom du premier est Pischon ; c'est celui qui entoure tout le pays de Havila, où se trouve l'or.*

12 *L'or de ce pays est pur ; on y trouve aussi le bdellium et la pierre d'onyx.*

Le jardin d'Éden était situé dans l'ancienne Mésopotamie, du grec méso (milieu) et potamos (fleuve). La Bible parle des 4 bras du fleuve. Deux de ces bras sont le Tigre et l'Euphrate, les deux autres ont aujourd'hui disparu, asséchés dans les sables d'Arabie. « *Le pays d'Havila, où se trouve l'or,* » désigne les montagnes d'Arabie Saoudite, entre La Mecque et Médine, à Mahd adh Dhahab. Le « *Pischon* » serait l'oued Batin Al, qui coulait jadis à travers le Koweït et que montrent les photos satellites.

L'or, l'argent et l'électrum étaient exploités dans des mines de Mahd adh Dhalab, qui employaient 10.000 esclaves dans l'Antiquité. Ce sont probablement les fameuses mines du Roi Salomon. Elles sont appelées le « berceau de l'or ». Ces mines perdues ont été redécouvertes par le géologue K.S. Twitchell en 1932. Elles ont été exploitées de 1939 à 1954, produisant 22 tonnes d'or et 28 tonnes d'argent. Fermées durant plusieurs décennies, des études géologiques menées depuis 1971, ont mises à jour de nouveaux filons d'une extrême richesse, qui sont exploités depuis 1988.

Cette même région était la seule à produire le bdellium dans l'Antiquité. Ce bdellium, dont parle la Genèse est la résine d'arbres donnant la myrrhe. On en trouve encore au Yémen aujourd'hui. Quant à l'Onyx, cité dans le même passage, cette pierre considérée comme une pierre précieuse dans l'Antiquité, était également produite dans cette chaine montagneuse.

Le Jardin d'Éden était l'Arabie Heureuse de l'Antiquité, région arrosée par des fleuves qui, grâce à des barrages, permettaient l'irrigation des plaines. Là se situait le Royaume de la Reine de Saba. L'éruption du Krakatoa en 416 ou 535 (selon les sources) brisa le grand barrage, qui ne put jamais être reconstruit. Une longue période d'extrême sécheresse a transformé le Jardin d'Éden en un désert de sable, brulé par le soleil.

C'est là que se trouve le berceau de l'histoire de l'Humanité.

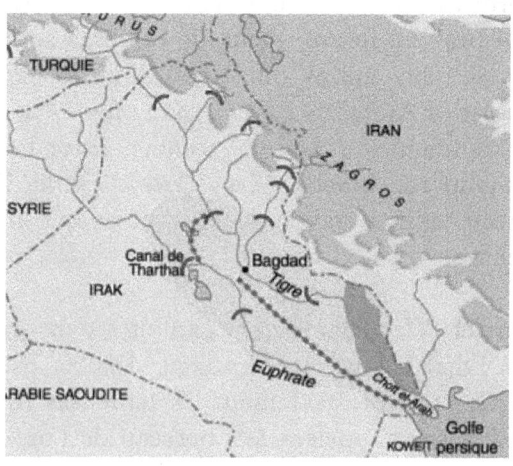

LE CODE D'HAMMOURABI

Si vous prenez le livre commun aux trois grandes religions, l'Ancien Testament de la Bible, les **Juges** sont venus avant les **Rois** dans l'histoire de l'Humanité. Hammourabi était l'un de ces Juges et il faisait régner la justice en Mésopotamie en 1750 avant Jésus Christ. À la porte de chaque ville de Mésopotamie, il avait fait dresser une stèle rappelant les Lois, afin que nul ne les ignore. C'est le premier code des lois connu de l'humanité. L'une de ces stèles est au Louvre à Paris.

L'une de ces lois fixe le salaire minimum quotidien d'un ouvrier exprimé en grammes d'argent. Un manœuvre devait toucher entre 1,88 et 2,1 gr d'Argent par jour.

Nous y reviendrons dans la partie prospective de ce livre.

L'HISTOIRE EST UN ÉTERNEL CYCLE

Vers 3400 avant J.-C. apparaît en Mésopotamie l'écriture, sous forme d'un alphabet cunéiforme. Le texte était gravé sur des tablettes d'argile fraiche, avant d'être figé par la cuisson. Avec l'apparition de l'écriture va naître l'écriture comptable.

Un système administratif de gestion des dettes et des créances va se développer, fondé sur la valeur des produits échangés en fonction d'étalons connus de tous : céréales, animaux domestiques, argent ou autres. C'est la naissance de la monnaie scripturale.

Une numérotation à base 60, sexagésimale, est utilisée. Elle est à l'origine de notre division des heures, des angles et des arcs, notamment pour les coordonnées géographiques. La base 60 a beaucoup plus de diviseurs (1, 2, 3, 4, 5, 6, 10, 12, 15, 20, 30 et 60) et soixante est le plus petit nombre divisible à la fois par 1, 2, 3, 4, 5 et 6.

L'ÉGYPTE

Vers 2900 avant J.-C., le Pharaon Djéser agrandit son royaume en prenant le contrôle de territoires riches en cuivre et en or, notamment près du Wadi Maghara. Ramsès II et ses descendants conquirent de nouveaux territoires aurifères en Nubie et dans les déserts de l'Est.

Les pierres extraites des filons de quartz aurifères étaient chauffées au feu pour les rendre friables. Elles étaient ensuite concassées dans des mortiers, avant d'être lavées sur des tables de basalte finement rainurées. L'or plus lourd s'accumulait dans les rainures.

Le lit du Nil était aussi riche en poussière d'or, que les orpailleurs au service du pharaon pouvaient extraire avec la technique simple de la bâtée.

En Égypte, l'or fût longtemps réservé aux temples des Dieux. À cette époque lointaine, la crainte des colères divines était suffisante pour tempérer la concupiscence des simples mortels.

L'unité monétaire en Égypte vers 2000 av. J.-C. était le *Shâ*.

Il était associé à une unité de poids le *deben*.

Un deben d'or valait 12 *Shâs*.

Un deben d'argent valait 6 *Shâs*.

Un deben de plomb valait 3 *Shâs*.

Le *Shâ* valait 7,5g d'or ou 15g d'argent ou 75g de bronze.

Sous une autre dynastie, le ratio or/argent fut légèrement modifié 5 *Shâs* d'argent équivalaient à 3 *Shâs* d'or.

L'Égypte a toujours été pauvre en argent, ce qui explique ce ratio extrêmement élevé. Lorsque les échanges se sont développés avec Athènes, l'argent a commencé à affluer en Égypte et sa valeur relative par rapport à l'or a baissé. Il semble que l'Égypte antique n'ait frappé de monnaie que très tardivement. Quelques monnaies d'or ont été retrouvées, qui dateraient de 404 et d'autres de 341 av. J.-C., date à laquelle le

Pharaon a dû payer des mercenaires étrangers pour se libérer des perses dans un premier temps, puis pour résister au retour de leurs armées.

Déjà, la monnaie d'or était associée aux guerriers.

LES HITTITES

Aux alentours de 1500 avant Jésus-Christ, les Hittites, peuple indo-européen d'Anatolie centrale, envahirent la Mésopotamie et exploitèrent ses mines d'argent, convoitées par les armées rivales de Sumer, d'Assyrie et de Perse.

Ils utilisèrent le produit de ces mines pour fabriquer des moyens de paiement calibrés et standardisés :

- les « sicles »   8,41 grammes d'argent

- les « statères » 16,82 grammes d'argent, soit 2 sicles

- les « mines »   500 grammes d'argent

- les «talents»   30 kilogrammes d'argent, soit 60 mines

Les marchands hittites troquaient cet argent contre les biens qu'ils souhaitaient acquérir : étain d'Iran, tissus, blé d'Égypte, etc. Exactement comme l'Iran troque aujourd'hui son gaz et son pétrole contre de l'or dans ses échanges avec l'Inde. Mésopotamiens, Hittites, Perses, Iraniens, un long cycle de l'Histoire nous ramène dans la matrice même de la civilisation.

CRÉSUS ET LES TOISONS D'OR

Au VIIème siècle avant J.-C., furent découvertes dans le célèbre fleuve Pactole, au Royaume de Lydie, en Turquie actuelle, de petites pépites ovales composées d'un alliage naturel d'or et d'argent. Plutarque précise que le fleuve s'est appelé **Chrysorrhoas,** qui en grec signifie « qui charrie de l'or ».

Le roi Gigès faisait pratiquer l'orpaillage dans cette rivière torrentueuse, en laissant dans le lit du fleuve les toisons de ses moutons. Celles-ci piégeaient les pépites, qu'il suffisait ensuite de récupérer. Cette pratique était aussi utilisée dans tous les torrents de Colchide, l'actuel Géorgie. Gigès fit circuler dans tout l'Orient ces pépites d'électrum, qui, pesées et estampillées, étaient devenues des pièces. Ce sont les toutes premières pièces de monnaie répertoriées.

Un siècle plus tard, le célèbre roi Crésus va améliorer la technique de fonderie de ses prédécesseurs en séparant l'or et l'argent de l'électrum, avant de créer le premier système bimétallique de pièces de monnaies :

1 statère d'or pesait 8,17 grammes d'or fin.

Il valait dix statères d'argent, représentant 10,89g d'argent.

Ce qui équivaut à un ratio Or/Ag de 13,3

Le système lydien va progressivement s'étendre à l'ensemble de l'Orient, puis à la Grèce et, de là, à l'ensemble de l'Europe méditerranéenne grâce au développement des échanges commerciaux. Les ressources du Pactole étaient déjà épuisées avant le 1er siècle selon le témoignage du géographe grec Strabon (1er siècle après J.-C.).

LES PHÉNICIENS

Le royaume de Phénicie, 3000 ans avant J.-C., se situait sur les côtes orientales de la Méditerranée comprenant aujourd'hui Palestine, Liban et le Sud de la Syrie. Ses puissants voisins d'Égypte et de Mésopotamie limitaient les possibilités d'expansion du royaume vers l'intérieur et les turbulents peuples nomades d'Asie Mineure étaient des dangers permanents. C'est ce qui poussa les Phéniciens vers la mer. Le calfatage de leurs bateaux grâce au bitume leur donnait un avantage sur tous les autres peuples de la Méditerranée, car il permettait de passer du simple cabotage de port en port à une navigation hauturière. Les Phéniciens vont rapidement dominer le commerce méditerranéen et créer des comptoirs commerciaux pour faciliter le négoce avec les populations locales. Contrairement aux grecs, qui fondent des colonies dans des plaines céréalières, les phéniciens créent des ports, car ils restent axés sur le commerce. C'est ainsi qu'ils vont fonder Gadir, aujourd'hui Cadix, puis Carthage.

Diodore de Sicile, historien grec du 1er siècle av. J.-C., rapporte à ce sujet : *« Le pays des Ibères contient les plus nombreuses et les plus belles mines d'argent que l'on connaisse. Les indigènes en ignoraient l'usage, mais les Phéniciens, venus pour faire du commerce, achetèrent cet argent en échange d'une petite quantité de marchandises. L'ayant porté en Grèce, en Asie et chez les autres peuples, ils acquirent ainsi de grandes richesses. »*

Quant à Aristote, il écrit que les phéniciens qui abordèrent à Tartesse, y trouvèrent tant d'argent, que leurs navires ne pouvaient le contenir. Ils firent de ce métal leurs plus vils ustensiles. L'Andalousie va devenir la plaque tournante du commerce de minerais, cuivre, argent, or, plomb et étain.

D'après le grand historien Diodore de Sicile, auteur d'une des plus grandes encyclopédies historiques sur l'Antiquité, écrite au premier siècle av. J.-C., « les Carthaginois, trouvèrent tant d'or et d'argent dans les Pyrénées, qu'ils en mirent aux ancres de leurs navires. »

Polybe, né en 208 av. J.-C., général grec, homme d'état et théoricien politique est probablement le plus grand historien grec de son époque. Responsable de la cavalerie grecque dans la guerre entre Rome et la Macédoine, il va être fait prisonnier et emmené à Rome. Il sera précepteur des enfants de Scipion (dit le deuxième africain). Libéré après 17 ans, Rome fera appel à ses talents de général pour attaquer et raser Carthage, la capitale de l'Empire des Phéniciens.

Polybe dans son œuvre cite les mines d'argent aux sources du Bétis, le Guadalquivir actuel, où quarante mille hommes étaient employés. Ce que les romains appelleront les Montagnes d'argent, Mons Argentarius, produisaient 25 000 drachmes d'argent.

Puisque Polybe participa à la destruction de Carthage, il évoque des drachmes phéniciennes. Celles-ci pesaient environ 3,54g d'argent. Ces mines produisaient donc près de 32 tonnes d'Argent par an, soit 1 Million cent vingt-huit mille onces.

Drachme phénicienne

LA GRÈCE

Athènes n'a pu épanouir sa civilisation, que grâce à des filons de plomb argentifère, qui couraient au sud de la Cité dans la région du Laurion, qui se termine à Cap Sounion, au temple de Neptune. Les nombreuses mines, creusées au fil des siècles depuis l'âge du bronze, ont laissé de nombreux vestiges, galeries, puits ou ateliers. Les premières mines exploitaient des filons de surface, là où le minerai affleurait au contact du schiste et du calcaire. Les Athéniens, à partir du Vème et IVème siècle avant J.-C., développèrent à grande échelle cette industrie minière et les techniques d'affinage du minerai. Cela leur permit d'avoir une monnaie forte et reconnue dans tout le bassin méditerranéen, où marins, négociants et colons ont pu développer des comptoirs commerciaux.

La drachme d'Athènes était frappée d'une chouette, symbole de la déesse Athéna.

En 465 av. J.-C., Athènes cherchera à conquérir la région de Pangée, au nord-est de la Grèce actuelle, dont les montagnes étaient réputées pour leurs mines d'argent et d'or. Mais cette expédition fut un désastre, tout le corps expéditionnaire fut massacré par les Thraces, les bulgares d'aujourd'hui.

Athènes, grâce à la prospérité de ses mines exploitées par ses esclaves, a pu imposer son modèle de société dans le Monde antique. La ville a investi dans des bâtiments publics majestueux, dont les vestiges font aujourd'hui encore la gloire de la ville.

L'une des cités voisines, Sparte, avait une philosophie politique très différente, qui privilégiait la communauté au détriment de l'individu. Les services sociaux de Sparte étaient très développés et son armée était très puissante, parce que réellement soudée. Ces deux cités grecques ont montré avant l'heure l'opposition entre capitalisme et communisme. Athènes, forte de sa puissance monétaire et commerciale, était très belliqueuse. La guerre du Péloponnèse, déclenchée en 429 av. J.-C. par Athènes, avait été provisionnée dans les comptes de la cité, mais Périclès et ses pairs n'avaient pas prévu qu'elle durerait 27 ans. Les armées de conquête comme les garnisons pour conserver les territoires « pacifiés » coûtent cher. En 407 av. J.-C., le Trésor athénien était quasiment vide d'or et d'argent, la monnaie dut être dévaluée en incorporant du cuivre dans le métal. La valeur faciale était très éloignée de sa teneur en métal fin.

Une nouvelle dévaluation en 405 av. J.-C. amena l'état à mettre en circulation des pièces de cuivre, qui circulaient en parallèle avec les monnaies anciennes d'or et d'argent. La guerre fut finalement perdue par Athènes. Les garnisons ne pouvaient plus acheter de biens aux populations qu'elles occupaient. Elles durent se replier. Les monnaies de cuivre sans valeur que l'état frappait à flot continu, continuèrent à avoir cours à Athènes et sa région, comme une monnaie fiduciaire.

Mais alors que la civilisation athénienne vivait son chant du cygne avec des hommes qui ont marqué l'histoire comme Démosthène, Socrate, Platon et Aristote, les barbares aux limes de l'Empire devenaient de plus en plus turbulents. Philippe de Macédoine, riche de ses mines d'or, put lever une armée et élargir son royaume au détriment d'Athènes.

En 338 av J.-C., Philippe II de Macédoine cherche à unifier les cités grecques, pour mieux défendre la région contre les incursions répétées des Perses. Ne réussissant pas à le faire par le verbe, il le fera par la force. Assassiné, c'est son fils Alexandre, qui reprend et développe ses projets de conquête.

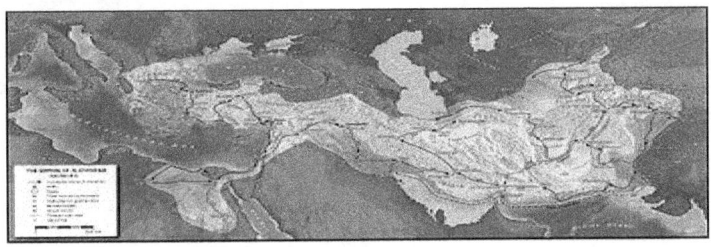

Il va conquérir Byzance (l'actuelle Turquie), Troie, la Syrie, le Liban, la Palestine et l'Égypte, avant de prendre la Mésopotamie (l'Irak), la Perse (l'Iran), et l'Inde du Nord (Pakistan et Afghanistan). Ne se laissant arrêter que par les montagnes de l'Himalaya.

Grâce aux mines de Pangée, bordant au nord la Macédoine initiale de son père, Alexandre va créer une monnaie forte, qui soudera son Empire.

Tétradrachme d'argent d'Alexandre, représenté en Héraclès, la tête recouverte de la peau du Lion de Némée.

Cette monnaie, la plus répandue de l'antiquité, pèse 17 g. d'argent.

Le roi est l'équivalent d'un ministre des finances, administrant les revenus du royaume, qui appartiennent aux Macédoniens. Les tributs (impôts) dus par les peuples vaincus reviennent au peuple et non pas au roi, qui peut parfois avoir à en rendre compte.

Durant la fantastique conquête d'Alexandre, les objets en or et en argent pris sur les peuples vaincus vont être fondus en pièces et lingots et envoyés en Macédoine. Ce flux sera très sensible, lors du retour des vétérans lassés d'interminables conquêtes, vers 323 av. J.-C. Au début de sa conquête, Alexandre ne s'intéresse pas à la question monétaire, mais une armée en campagne coûte cher. Il va devoir se pencher sur ses finances. Après la bataille d'Issos, où il met la main sur un important butin d'argent, et surtout après la prise de Tyr au Liban, où le trésor d'or est important, Alexandre va se considérer comme « Roi de l'Asie » et faire frapper des monnaies à son effigie.

L'atelier de Tarse, après la prise de la ville par Philippe II en 333 av. J.-C., a été le premier à monnayer pour ce qui allait devenir l'Empire de Macédoine.

Les ateliers de Pella et d'Amphipolis, les plus actifs du règne d'Alexandre vont frapper, en 18 ans, 13 millions de tétradrachmes d'argent, soit 221 tonnes d'argent.

Le ratio Or/Argent était de 1/15

Le statère valait 20 drachmes et pesait environ 8,5 g d'or

Un statère d'or était la solde mensuelle d'un soldat macédonien. Un député au IVème siècle av. J.-C. touchait 6 oboles par jour de travail au Parlement, soit un drachme.

Obole pesant 1 gramme d'argent

Les Grecs avaient découvert les manipulations monétaires pour stimuler une économie épuisée par la guerre. L'effondrement de la monnaie a mené au naufrage de l'économie qui a entraîné la chute de l'Empire.

L'Argent & Rome

La République de Rome va progressivement dominer les villes voisines. Au IVème siècle Av J.-C., le chef gaulois Brennus, après avoir conquis le Sud de la France actuelle et l'Italie du Nord, va pousser son avance vers le sud, prendre Rome et la piller.

Pour se protéger de nouvelles invasions, Rome va mettre en œuvre un « impérialisme défensif », imposant progressivement sa suzeraineté sur les peuples voisins, étrusques, latins, etc. jusqu'à vassaliser l'essentiel de l'Italie, moins le Nord. Si ces zones sont de riches régions agricoles, elles sont pauvres en métaux. Les territoires des Gaules en sont riches. Rome va prendre d'abord la Gaule Cisalpine, le nord de l'Italie actuelle, qui sera annexée. À la fin du IIème siècle, Rome conquiert le sud de la France actuelle et la vallée du Rhône, qui vont devenir « provinces de Rome », du latin « provincia », vaincu précédemment. Le nom de Provence vient de là. Ce n'est qu'au milieu du Ier siècle, que le reste de la Gaule sera conquise (Espagne, Aquitaine, Bretagne, Normandie, Belgique, Suisse…). Les Provinces paient des taxes qui enrichissent le trésor de Rome.

Après les 3 guerres puniques livrées contre Carthage, la conquête de la Péninsule Ibérique demeurait très incomplète. La bordure méditerranéenne était sous le contrôle de Rome, mais les peuples belliqueux de l'Ouest, Lusitaniens, Cantabres et Asturiens opposaient encore une farouche résistance à l'envahisseur au premier siècle avant J.-C. Il fallut la guerre des Cantabres, vers 29-19 avant J.-C. pour qu'Auguste réussisse à asservir ces rebelles et annexent ces territoires à Rome. Des mines de plomb argentifère étaient exploitées en Galice, en Bétique, en Lusitanie et dans les Asturies. Les mines de cuivre y étaient tout aussi réputées, certaines sont toujours exploitées de nos jours comme la célèbre RIO TINTO des Rothschild, qu'ils ont vendu très récemment.

L'Hispanie était depuis l'Antiquité réputée pour ses richesses minières. Diodore de Sicile, historien et chroniqueur grec du 1er siècle avant J.-C. racontait que *« les incendies de forêts dans ces contrées faisaient couler des ruisseaux d'argent »*. Cette phrase de Diodore semble une galéjade, une exagération patente d'un méridional à la manière de Tartarin et pourtant, elle a un fond de vérité. Pour le comprendre, il faut se pencher brièvement sur les techniques minières.

Si dans certaines mines, les galeries étaient taillées à la masse et au burin, une des techniques les plus usitées jusqu'à l'invention de la poudre était celle du feu, pour faire éclater les roches les plus dures. Des buches de bois étaient entassées contre la paroi, là où un filon de plomb argentifère apparaissait. En mettant le feu, on faisait éclater la roche en une myriade de petits éclats de minerai, que l'on réduisait ensuite en poudre. Après lavage, on les passait avant dans des fours qui transformaient le minerai en métal. On peut concevoir, que dans des lieux aux filons particulièrement riches en plomb argentifère, on ait pu voir des coulées de métal lors d'un violent incendie, car le plomb fond sans nécessiter une température très élevée.

Les galeries de mines pouvaient être creusées au feu sur plusieurs kilomètres, comme c'est le cas dans les mines de Melle en Poitou, que l'on peut visiter aujourd'hui. Il fallait évidemment des cheminées d'évacuation des fumées, ce que les anciens maîtrisaient parfaitement.

La guerre des Cantabres permit à Rome de mettre la main sur les riches mines d'or de Las Medulas. Pour assurer la sûreté de la région et du transport de l'or extrait à Las Medulas, Rome y a, par la suite, installé des troupes permanentes. C'est ainsi qu'est née la ville de Léon, dont le nom actuel est dérivé du latin « legio » : la ville a été fondée autour du camp de la VIIème légion romaine dite « Gemina ».

LE TÉMOIGNAGE DE PLINE L'ANCIEN

Le chapitre XXXIII de « l'Histoire Naturelle », titre de la vaste encyclopédie de Pline l'Ancien, né en 23 avant J.-C., est entièrement consacré aux métaux. Outre son œuvre littéraire, Pline l'Ancien a été un serviteur dévoué de l'Empire. Sous le règne de Vespasien, il fut procurateur en Gaule Narbonnaise et en Hispanie (73 après J.-C.). C'est à cette occasion qu'il s'est familiarisé avec les techniques d'exploitation minière.

Pline énumère les différentes manières d'exploiter l'or : il évoque l'orpaillage, c'est-à-dire l'extraction de l'or du sable des rivières, le creusement de puits pour suivre les veines aurifères, et la technique de la « ruina montium », c'est-à-dire la destruction des montagnes grâce à la force de l'eau ou à la force des mineurs. Des barrages, des aqueducs et des galeries d'amenées d'eau étaient construits à travers montagnes et vallées pour acheminer l'eau vers la mine. À Las Medulas, ces aqueducs couraient sur 147 kilomètres. Avec la force hydraulique, la montagne aurifère était désagrégée ; les débris étaient lavés en contrebas dans des canaux de planches garnis de bruyère; puis la bruyère était séchée, brûlée. En lavant les cendres, on faisait apparaître le métal précieux.

La dernière méthode consistait à creuser des galeries jusqu'à ce que des pans de montagne se détachent. Une fois que les galeries de sape étaient bien avancées, les mineurs faisaient sauter les piliers jusqu'à ce que l'éboulement de la montagne se produise. Un veilleur placé au sommet de la montagne se fiait à son instinct pour saisir le moment de l'écroulement; lorsqu'il le sentait arriver, il lançait le rappel des ouvriers avant de se mettre lui-même à l'abri.

Plus de six tonnes d'or par an !

D'après Pline l'ancien, ces méthodes d'exploitation dans divers lieux des Asturies, de Galice et de Lusitanie, permettaient d'extraire 20,000 Livres d'or (soit 6,5 tonnes) par an. Cette exploitation a duré au moins jusqu'au IVème siècle de notre ère.

DÉVALUATION MONÉTAIRE DE L'EMPIRE ROMAIN

Le Denier d'argent était l'unité monétaire de base de Rome, dès la création de la République au Vème siècle av. J.-C. Denier vient de «denarius», qui signifie dizaine, puisque cette monnaie valait 10 As. Cette pièce pesait 4 g d'argent à ses débuts, mais passera à 3 g de manière relativement stable jusqu'à l'assassinat de Jules César, qui marque la mort de la République de Rome.

Au temps de la République, 50 Deniers, soit 5 onces d'argent, suffisaient à payer la totalité des besoins familiaux annuels en céréales. Avec l'Empire et la gestion désastreuse de l'armée et des fonctionnaires, en l'an 300 après J.-C., il faudra 6 000 Deniers pour avoir un train de vie équivalent.

Sous Jules César et l'Empereur Auguste, les primes des légionnaires furent payées en monnaies d'or, les «Aurei».

Ce qui n'était qu'une prime de temps de guerre, devint alors la norme attendue par les militaires et fut entérinée comme revenu ordinaire par Tibère.

Aureus de Vespasien

Les troupes prétoriennes, la garde rapprochée des empereurs, lors de l'accession au trône de ceux-ci, recevaient 10 aurei par garde; les soldats ordinaires de la police urbaine n'en touchaient que la moitié et un simple légionnaire de l'armée seulement 3.

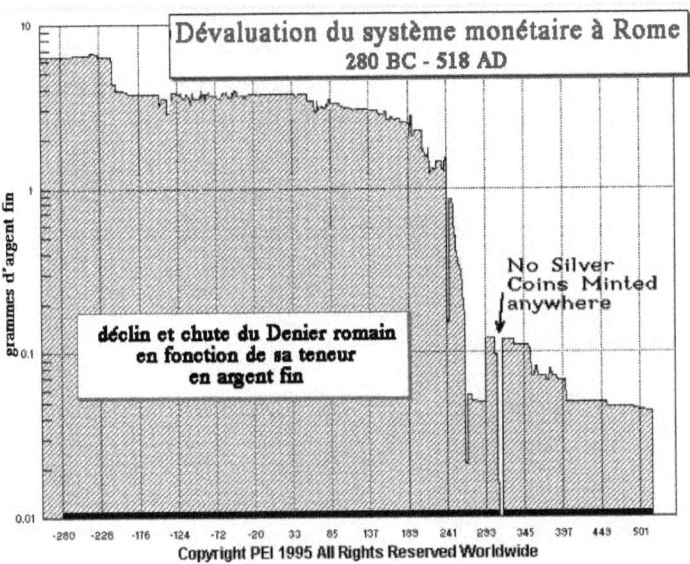

Après l'assassinat de Caligula, Claude paya 150 Aurei par homme de sa garde prétorienne. Cela coûta environ 35 millions de Deniers, auxquels vinrent s'ajouter 50 millions pour le reste de l'armée. C'est ce que cela coûta à l'Empire pour s'assurer une stabilité politique après la mort de Caligula. Néron paya la même chose à son accession au trône et après son assassinat, son successeur, Vitellius promit à sa garde prétorienne une prime équivalente à 88,8 millions de Deniers.

Entre 96 et 192 de notre ère, il y eut 44 primes différentes, qui représentèrent 567 millions de Deniers ou 22 millions d'Aurei.

Notez le ratio or/argent de 25. Après l'assassinat de l'Empereur Commode en 192, la Garde Prétorienne était devenue si corrompue, qu'elle mit le trône aux enchères du plus offrant. Didius Julianus offrit 6 250 Deniers ou 250 Aurei pour chaque homme. Pour pouvoir payer cette somme, il fit refondre les monnaies d'argent en abaissant la teneur de métal fin de 2,75 à 2,4 grammes. Il ne régna que 5 mois.

La peur des désordres civils et militaires a coûté de plus en plus cher à l'Empire. Ainsi, les coûts des employés du gouvernement et des retraites étaient de plus en plus élevés dans le budget de l'état, qui était contraint d'abaisser la valeur réelle de la monnaie pour payer ses dettes.

La teneur en argent des pièces de monnaie fut divisée par 54.

DÉVALUATION DES MONNAIES ROMAINES			
Année	Empereur	Poids de la pièce	Poids d'argent
158-167	Néron	13,22	2,19
167-170	Marc Aurèle	12,68	1,57
191-192	Commode	11,90	0,92
193-211	Septime Sevère	11,55	1,16
212-217	Caracalla	12,62	0,88
218-222	Elagabalus	12,28	0,88
224-227	Sévère Alexandre	12,75	0,87
235-238	Maximinus I	12,41	0,74
238-244	Gordian	12,38	0,74
244-249	Philippe	12,20	0,61
249-251	Trajan	12,56	0,87
251-253	Trebonianus gallus	10,59	
253-260	Valerian	10,52	
260-261	Macrianus	10,49	
261-68	Gallien	9,97	0,40
268-270	Claude	9,71	0,26
270-275	Aurèlien	7,99	
275-276	Tacite	8,05	
276-282	Probus	7,78	
282-284	Carmus	7,77	
284-296	Dioclétien	7,47	0,04

LES 30 DENIERS DE JUDAS

Judas l'Iscariote est passé dans l'Histoire pour avoir livré Jésus contre monnaies sonnantes et trébuchantes. Pour quelle somme mirifique ce damné de l'Église a-t-il vendu son âme au diable ?

Du latin, denarius, le Denier était l'une des monnaies de base de l'Empire romain. Il avait cours dans la majeure partie de l'Europe, la totalité de l'Afrique du Nord et du Proche-Orient et s'est perpétué jusqu'au Moyen-âge dans les royaumes d'Occident et dans de nombreux états arabes sous le nom de Dinar. Cette pièce d'argent a été créée en 212 av J.-C. pour financer la deuxième guerre punique qui opposa Rome et Carthage. Dans le système monétaire bimétallique mis en place à cette époque, le Denier qui titrait 950‰ d'argent côtoyait le monnayage en bronze plus classique. À sa création, il pesait 4,51 grammes mais l'inflation monétaire aidant, il fut dévalué vers 140 avant J-C et ne pesait plus alors que 3,96 grammes d'argent.

À l'aune de cette information, Judas l'Iscariote aurait livré le Christ pour 118,8 grammes d'argent, soit près de 3,82 onces.

À l'approche de la Pâque Juive, nuit de l'arrestation de Jésus, la valorisation de cette trahison au cours actuel du Comex semble assez dérisoire, puisque l'once de métal blanc vaut aujourd'hui environ 24 Euros.

La tête de Jésus a-t-elle été mise à prix 92 Euros ? Non, je vous rassure. Les cours actuels de l'argent sont exceptionnellement bas.

Sous l'Empire romain le ratio or/argent était de 12, contre 75 en ce moment. Au cours de l'or aujourd'hui, avec un ratio de 12, l'once d'argent vaudrait 103,8 Euros donc le Denier coterait 6,82 Euros en admettant qu'il n'y ait aucune prime à l'achat de cette pièce. Cela hisse le prix de la trahison à 396 Euros et 50 centimes. Mais cette évaluation n'est pas non plus réaliste. Les soldats de l'Empire Romain avait un salaire considéré comme très confortable, qui s'élevait à 40 Deniers par mois, sans compter les primes de campagne, d'expatriation, la cantine, les réductions sur le vin, la viande et autres avantages en nature. Ces 30 Deniers équivalaient donc en pouvoir d'achat à l'équivalent d'un mois de salaire moyen d'aujourd'hui, soit proche de 1650 Euros (salaire moyen 2011 ou 1,5 fois le SMIC net).

Vous pourriez en conclure deux choses :

- La première, c'est qu'à l'aune de cette récompense, l'amitié d'un Judas ne valait pas grand-chose…

- La deuxième, c'est que l'Argent est totalement sous-évalué aujourd'hui. Pour redonner le même pouvoir d'achat à l'argent que du temps d'Hérode, l'once d'argent devrait valoir environ 450 euros, soit 18 fois les cours actuels.

<u>Nota Bene :</u> Il y a controverse au sujet de l'unité monétaire de cette expression « les 30 Deniers de Judas ».

L'évangile de Jean parle de 30 pièces d'argent et celui de Mathieu parle de 30 Sicles d'argent. Le Sicle ou Shekel est, à l'origine, une unité de poids et une monnaie utilisée en Mésopotamie depuis le 3ème millénaire av. J.-C. jusqu'au Ier siècle après J.-C. Ce fut également l'unité de poids utilisée par les Hébreux. Le shekel biblique pesait 6 grammes d'argent. Le double shekel en pesait douze, 11,9 g pour être exact.

Le **Sh**ekel 'hadash (en hébreu : שקל חדש, c'est-à-dire le *nouveau* Shekel, abrégé ח"ש dans le langage courant), ou *shekalim* au pluriel (prononcé shkalim), est toujours aujourd'hui la monnaie nationale de l'État d'Israël.

Le Shekel est divisé en 100 *Agorot*, pluriel d'Agorah, qui vient d'un mot Akkadien (Mésopotamie), qui signifie graine.

Ce shekel, daté de 66 après J.-C., n'est connu qu'en deux exemplaires.

Il a été adjugé 1 million de Dollars. Sachant qu'il pèse 6g d'argent, cela nous fait l'once d'argent à environ 51 millions de Dollars.

LES INVASIONS BARBARES

MINES ET TECHNIQUES OUBLIÉES

Des changements climatiques vont provoquer des migrations d'Est en Ouest de peuplades des steppes d'Asie Centrale et d'Asie Mineure, vers des régions moins touchées par ces perturbations du climat. Chaque vague de migrants va repousser la précédente plus à l'Ouest, provoquant la chute de l'Empire romain.

Les Alains, les Vandales, les Huns, les Goths et les Ostrogoths ravagent les limes de l'Empire avant de déferler à travers la Gaule et aller dévaster Rome.

En ces périodes de troubles, les esclaves travaillant aux mines s'enfuient et se dispersent. Les populations se cachent et cherchent à survivre aux pillages, aux incendies et aux massacres. Pour les survivants, la première préoccupation est de manger et de trouver un abri. Il faut de longues années pour reconstruire des communautés et que l'économie recommence à tourner, car il y a moins de bras valides.

Aussi incroyable que cela puisse paraître, les mines d'or et d'argent vont être délaissées, perdues, oubliées dans ces temps de troubles. Plus grave encore, les techniques minières et le savoir-faire en métallurgie vont très souvent disparaître avec les hommes qui se transmettaient leur connaissance comme un secret.

Ce phénomène va se répéter plusieurs fois dans l'Histoire, notamment durant le Grand Krach de 1325 et la Grande Peste qui s'ensuivit.

L'Argent à travers l'Histoire

Époque médiévale – Moyen-Âge

CHARLEMAGNE

Survolant l'Histoire, il est difficile de faire abstraction de ce « sacré Charlemagne », non pas parce qu'il aurait « inventé l'école », comme le chantait gaîment France Gall en 1964, mais parce qu'il marque un changement monétaire dans l'Histoire européenne, un système qui perdurera pendant mille ans.

A la mort de son frère en 771, Charlemagne devint roi de la Gaule et d'une partie de la Germanie. Il agrandit son royaume au Nord en battant les saxons et en les convertissant au Christianisme, puis les Avars à l'Est, peuples de l'Autriche d'aujourd'hui, avant de prendre la Lombardie, le Nord de l'Italie. Sans parler des Sarrasins, qu'il repoussa au-delà des Pyrénées : souvenez-vous de Roland au col de Roncevaux, dans vos livres d'Histoire.

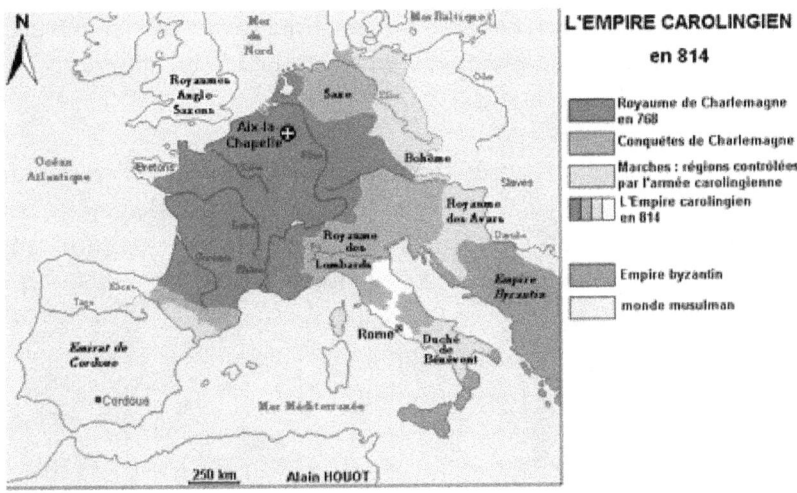

ABANDON DU SYSTÈME MONÉTAIRE DE ROME

Pour unifier son royaume et y faciliter les échanges, Charlemagne décide en 781 de remplacer les pièces anciennes de mauvais aloi par une nouvelle monnaie. Cette monnaie sera frappée strictement en argent, seul métal précieux relativement abondant chez les Francs.

L'unité de base reste le Denier romain, qui pèse 1,70 g. L'Obole vaut la moitié d'un Denier. Le Sou, qui reste très populaire, vaut 12 deniers. Charlemagne va créer **la Livre**[1] qui vaut 240 Deniers.

À partir de 812, après la reconnaissance par l'empereur d'Orient, Michel 1er, de son titre impérial, Charlemagne fait frapper des Deniers avec son buste lauré et drapé, comme sur les monnaies romaines, avec la légende:

KAROLUS IMP. AVG.

---

[1] 1 Livre = 20 Sous de 12 Deniers = 240 Deniers

À la fin du règne de Charlemagne, le portrait de l'empereur disparaît de la face des monnaies. Il ne reviendra qu'au XVIème siècle. Ce monométallisme durera 4 siècles jusqu'à la frappe après 1250 du Louis d'or de France, du Ducat de Venise et du Florin de Florence, comme nous le verrons plus tard.

LES MINES DES CAROLINGIENS

Il faut se souvenir que les Francs, qui ont donné leur nom à la France, était un peuple germanique, qui avait conquis notre territoire et se l'était approprié sous Clovis. Charlemagne, descendant de cette lignée, avait sa capitale à Aix la Chapelle, Aachen en Allemand, entre l'extrême Nord-Est de la Belgique, l'Ouest de l'Allemagne, l'Est des Pays Bas et le

Nord du Luxembourg. La mythologie germanique est très centrée sur les arts du feu et de la guerre. Le dieu Thor, dieu de la foudre et puissant guerrier est le plus vénéré. À lire ces histoires très anciennes, on a l'impression de lire de la science-fiction parlant d'extraterrestres. La résidence de Thor s'appelle « Éclat Scintillant », son royaume « champs de force » (cela m'a fait penser aux dômes électromagnétiques de Nicolas Tesla), son marteau lance des éclairs comme un laser. Il a une ceinture magique et des gants de fer. Il traverse le ciel sur son char volant...

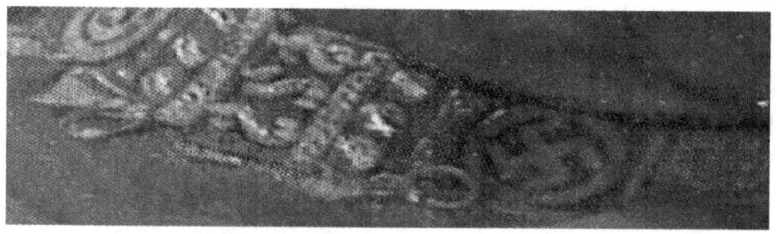

Ceinture de Thor sur ce tableau de 1872 par Martin Winge

Siegfried, héro légendaire germanique, a été élevé par le Maitre forgeron du Roi… Sans plus entrer dans ces magnifiques légendes, mon objectif était de souligner qu'au début des temps, comme au Moyen-Âge ou aujourd'hui, les allemands étaient réputés pour leur savoir-faire en matière de mines ou de métallurgie. De ce fait, nos cousins germains ou germaniques ont créé et exploité des mines, notamment d'argent, dans toute l'Europe Centrale, s'assurant ainsi des rentrées régulières de ce métal blanc indispensable dans les échanges monétaires. Ces maîtres et artisans migraient facilement lorsqu'une mine s'épuisait où qu'ils avaient des échos de filons plus riches ailleurs. La Basse Saxe et notamment le massif montagneux du Hartz, au centre nord du pays, montre le relief le plus tourmenté d'Allemagne. La région a été exploitée pour ses mines d'argent depuis 968 après J.-C. Le minerai est extrêmement riche en argent et en or, qui fera la fortune des Princes et Seigneurs les exploitant.

L'Argent de Bohème

En 1142, un monastère cistercien est fondé à Sedlec en Bohème (actuelle République Tchèque) sur un territoire déjà défriché, ce qui est très rare. Ces moines dépendaient de l'Abbaye de Morimond, spécialisée en métallurgie. Ils avaient été envoyés sur place par un familier du roi Vladislav II pour essayer de rationaliser une extraction minière balbutiante ou plus ou moins sauvage, dont les bénéfices échappaient au Royaume de Bohème. En effet, la famille Slavnikovec, propriétaire d'un château fort voisin, était réputée pour avoir frappé ses propres Deniers depuis plus d'un siècle. Les moines, grâce à leur rigueur, leur savoir-faire et leur industrie, vont développer une mine d'argent, qui va se révéler extraordinaire. Cette mine, Kutna Hora, va très vite représenter un tiers de la production européenne. En 1290, la découverte de nouveaux filons va provoquer une ruée, qu'on appellera « la fièvre de l'argent ». Des milliers de familles essentiellement allemandes convergent vers Kutna, où une cité ouvrière abritera bientôt des dizaines de milliers de mineurs. En 1300, Kutna sera la plus grosse mine du Monde.

Venceslas II, roi de Bohème, duc de Cracovie et roi de Pologne, a épousé Judith de Habsbourg, la fille de l'Empereur Romain Germanique Rodolphe 1er, qui fut le premier membre de la maison des Habsbourg à monter sur le trône impérial, après la dynastie de Hohenstaufen.

Venceslas II va édicter un code royal, le « Jus regale montanorum », qui fixe les bases de l'extraction minière et constitue, notamment, une forme de code du travail, très en avance pour son époque.

LES CHEVALIERS TEUTONIQUES

Cette migration de population n'est pas due au hasard. Le Saint Empereur Romain Germanique, Frédéric II de Hohenstaufen, ne pouvant étendre son territoire vers l'Ouest, va initier au début du XIIIème siècle la « **Marche vers l'Est** ». L'objectif est de coloniser l'Est par l'implantation de colons catholiques dans les territoires baltes et slaves orthodoxes voire païens. Cette colonisation est protégée par les chevaliers et moines soldats de l'Ordre des Chevaliers Teutoniques.

Cet ordre a été créé à Saint Jean d'Acre par des pèlerins et croisés allemands durant les Croisades en 1190. Purement hospitalier au départ, l'ordre devient militaire et hospitalier et sera reconnu par le Pape, au même titre que l'Ordre de Malte et celui des Templiers. Alors que ces deux Ordres accueillent la noblesse de toute l'Europe, celui des Chevaliers Teutoniques est réservé à la seule noblesse germanique, qui très vite n'obéira plus qu'à son Grand Maître et à l'Empereur. À peine 13 ans après sa création, l'ordre va se désolidariser de sa mission initiale de défendre la Terre Sainte, pour fonder la ville fortifiée de Kronstadt en Transylvanie avant de servir à l'agrandissement de l'Empire. Ils vont d'abord « convertir » les peuples autour de la Mer Baltique, avant de se tourner vers les « Marches de l'Est », expression à prendre dans le sens de « seuil oriental » de l'Empire Germanique. L'Ordre est une puissante machine de guerre, d'une redoutable efficacité, qui va conquérir en un siècle une grande partie de la Baltique, Courlande (Lettonie) Livonie (Estonie).

Au fur et à mesure de leurs conquêtes, les chevaliers Teutons vont créer des forteresses pour tenir ses territoires. Leur Marche vers l'Est va être triomphale à partir de 1211 et pendant les deux siècles suivants. C'est ainsi que la Prusse va être créée. Les Chevaliers Teutoniques convertissent les populations au fil de l'épée et protègent les colons allemands, paysans, mineurs, artisans ou marchands, qui viennent peupler et faire vivre les immenses territoires gagnés à l'Est et au Nord-Est.

En 1168, c'est à Meissen, non loin de Dresde à l'Est du pays, près des frontières de l'actuelle République Tchèque, qu'un filon d'argent extraordinairement riche est découvert. Une fois encore, les mineurs allemands et les spécialistes de la métallurgie vont venir s'implanter en masse, à la demande de la noblesse locale qui ne peut que s'enrichir d'une industrie synonyme de prospérité. Dès les premières années de son exploitation, la mine va produire 4 tonnes d'argent par an, sous la houlette d'un margrave, qui fût aussitôt rebaptisé « Otto le Riche ».

Le titre de margrave, en allemand Markgraf, signifie littéralement Comte de la Marche dans l'ancien Empire Carolingien.

En France, nous avons toujours « les Marches du Poitou », « les Marches de Bretagne » et le « Comté de la Marche » en Limousin. Cela date de la même époque. Le titre de Marquis viendrait de ces Marches.

Le petit-fils d'Otto le Riche, Henri l'illustre, gouverna Meissen de 1195 à 1255. Dans un tournoi fameux, qu'il organisa, il siégeait au pied d'un arbre d'argent finement ciselé, dont les feuilles étaient d'or ou d'argent. Les chevaliers, qui rompaient une lance sur le corps de leur adversaire gagnaient une feuille d'argent ; ceux qui réussissaient à désarçonner et faire tomber leur adversaire, recevaient une feuille d'or. Il fit bâtir la citadelle de Dresde après l'incendie de Meissen.

À peu près à la même époque, à la fin du XIIème Siècle, c'est au sud-est du Saint Empire Romain Germanique, dans les Alpes Orientales, que de nouveaux filons d'argent extrêmement prolifiques sont trouvés sur le territoire du Prince-Evêque de Salzbourg. La mine de Fiesach va faire quelques temps la richesse de la ville. Avec les nouvelles techniques, deux siècles plus tard, de 1526 à 1535, la production annuelle culminera à 80,000 marks, soit 19 tonnes.

Puis c'est en Toscane, que des monts argentifères sont découverts. La Toscane faisait partie de l'Empire des Carolingiens depuis 774, quelques années avant que Charlemagne ne soit sacré Empereur. Érigé en marquisat, la dernière héritière avait légué ses domaines à la papauté en 1115. Legs contesté par l'Empereur Romain Germanique qui, en conflit ouvert avec Rome, s'émancipa du Pape. Du XIIème siècle au XIVème, les conflits récurrents entre l'Empereur et Rome et la richesse des mines de la région, vont permettre à Sienne, Pise et Florence de devenir des cités indépendantes.

En 1220, à la frontière de l'Autriche et de la Moravie, une nouvelle mine majeure est découverte à Inglau.

Les mineurs de Meissen et de Salzbourg s'y précipitent, toujours à la recherche du filon le plus dense, qui fera leur richesse. À chaque fois, leur départ d'un site pour un autre, affaiblit la production de la mine déclinante. Inglau va produire 4 tonnes d'argent par an de 1253 à 1274, sous le règne d'Ottokar II, roi de Bohème.

Cet expansionnisme allemand a été entretenu génération après génération, siècle après siècle, autour du mythe d'une Europe de Brest à Vladivostok. N'est-ce pas toujours d'actualité aujourd'hui, avec l'alliance de Merkel avec Poutine ? La deuxième guerre mondiale a été déclenchée parce que l'Allemagne voulait garder le corridor de Dantzig et rattacher la Bohème et la Moravie en Tchécoslovaquie (créée en 1919), où la minorité dominante depuis des siècles était allemande. Cette population était composée des descendants des colons du XIIème et du XIIIème siècle installés et défendus par les Chevaliers Teutoniques.

La Croix des chevaliers teutoniques a été déclinée au fil des siècles comme insigne ou médaille pour l'armée allemande.

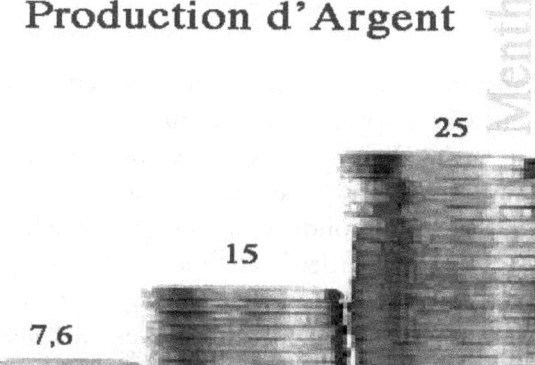

L'humanité va mettre 4 500 ans pour produire 236 000 tonnes d'Argent, puis 437 années pour produire une quantité double de métal blanc. Les 80 dernières années ont suffi pour produire 777 000 tonnes. La découverte des Amériques et l'amélioration des techniques ont permis cette accélération géométrique de la production minière d'argent. La croissance de cette masse monétaire et le développement des échanges internationaux a nécessité l'évolution du système bancaire, la création des « lettres de change », point de départ de la monnaie fiduciaire. Aujourd'hui, la masse monétaire est sans commune mesure avec la masse d'Argent-métal produite et sans lien aucun, l'Argent ayant été démonétisé de longue date, est supposé n'être plus qu'un métal à usage industriel. Étudions d'abord le passé avant d'analyser le présent, ou de scruter l'avenir. La fin du Moyen-Âge est une période charnière qui va connaître un effondrement économique, politique et social du fait de la spéculation.

Au Moyen-âge, les Templiers faisaient office de banquiers entre leurs différentes places fortes en Occident comme en Orient. Ils avaient développé un système sophistiqué de banques de dépôts et de placement. Leurs lettres de change valaient nos chèques d'aujourd'hui et permettaient déjà de se déplacer sans emporter son trésor avec soi.

Il faut avoir en tête que le prêt avec intérêt ou l'usure était condamnée par l'Église Catholique comme par le Coran, amenant les négociants et changeurs à dissimuler leurs pratiques par une double comptabilité et autres subterfuges d'écriture.

La Réforme de Luther (1521) et de Calvin peu après, qui sera adoptée par une grande partie de l'Europe du Nord et notamment les provinces néerlandaises va permettre le développement de la banque protestante (Pays-Bas, Grande Bretagne, Suisse, Allemagne).

Il faudra attendre le XVIIème siècle pour voir ces techniques bancaires se généraliser. Le commerce entre les différents continents et civilisations va faire évoluer les systèmes monétaires. Les systèmes bancaires vont devoir s'affiner et se structurer. Cette évolution va nécessiter de nombreux tâtonnements et ajustements.

VENISE

Venise est fondée au Vème siècle pour se protéger des invasions des Goths puis des Huns, sur un archipel d'ilots, au milieu d'une lagune dangereuse. Sa situation en faisait un port protégé à la fois des attaques venant de terre, et de celles venant de mer. En effet, sans un pilote indigène connaissant parfaitement les chenaux au milieu du marais, les navires étrangers risquaient de s'enliser. Cette cité portuaire put donc prospérer et développer un commerce fructueux entre l'Orient et l'Occident. Les marchands vénitiens dominaient le commerce avec les ports de la Méditerranée Orientale, où aboutissaient les caravanes de la soie, d'une part, et celles des épices venues des Indes, d'autre part. Ces marchandises orientales ne pouvaient être payées qu'en monnaies d'argent. Comme l'argent était produit essentiellement dans l'Empire Romain Germanique, l'Europe Septentrionale et Centrale étaiet devenue grande consommatrice d'épices et autres produits de luxe de l'orient. Pour les marchands vénitiens, le métal blanc comme l'or, étaient avant tout des éléments de troc.

LES BANQUIERS DE VENISE SPÉCULENT SUR L'OR ET L'ARGENT

Les patriciens vénitiens étaient moins intéressés par les profits provenant de l'industrie que par ceux provenant du commerce entre les régions où l'or et l'argent avaient des cours différents.

Entre 1250 et 1350, les financiers vénitiens mirent sur pied une structure de spéculation mondiale sur les monnaies et sur les métaux précieux, qui rappelle, par certains aspects, le casino moderne de « produits dérivés « d'aujourd'hui. Les dimensions de ce phénomène dépassaient de très loin la spéculation plus modeste sur la dette, sur les marchandises et sur le commerce des banques florentines d'alors. Par ce biais, les Banquiers Vénitiens parvinrent à enlever aux monarques le monopole de l'émission et la circulation de la monnaie. Mais plutôt que de conclure, reprenons, l'histoire dans l'ordre. Deux fois par an, un « convoi de lingots » partait de Venise, composé de 23 galères, armées et escortées à grand frais, qui naviguaient jusqu'à la côte de la Méditerranée orientale ou l'Égypte. Chargés principalement d'Argent, les navires retournaient à Venise, transportant de l'or sous toutes ses formes: pièces de monnaies, lingots, barres ou feuilles.

Les profits de ce commerce étaient bien plus grands que ceux venant de l'usure en Europe, même si les Vénitiens ne se privèrent pas de cette deuxième activité.

En Asie, à partir de la moitié du XIIème siècle, les hordes mongoles pillèrent l'or oriental de la Chine et de l'Inde, dont les économies étaient alors les plus riches du Monde. En Europe, l'or provenait de mines au Soudan et au Mali, d'où il était vendu aux marchands vénitiens en échange du métal blanc européen, très recherché en Afrique.

Cet argent provenait de mines d'Allemagne, de Bohème et de Hongrie. Il était vendu de plus en plus exclusivement aux Vénitiens, qui payaient en or. De ce fait, les pièces non vénitiennes commencèrent à disparaître, tout d'abord dans l'Empire Byzantin au XIIème siècle, puis dans les domaines mongols et enfin en Europe au cours du XIVème siècle. La quantité de métal blanc européen exporté en Orient, par Venise, entre 1325 et 1350, équivalait à 25% de tout l'argent exploité dans les mines européennes. Ce métal précieux était utilisé comme monnaie du Saint Empire Romain Germanique et de l'Angleterre depuis l'époque de Charlemagne. L'exportation vénitienne vers l'Orient déstabilisa les balances de paiement, y compris en Angleterre et en Flandre, et posa de graves problèmes pour le règlement des échanges. De ce fait, la France fut vidée de pièces d'argent. Le directeur de la Monnaie du roi Philippe VI de Valois calcula qu'au moins 100 tonnes du métal blanc étaient exportées vers la terre des Sarrasins, partenaires commerciaux de Venise.

De ce fait, la production et les échanges de biens manufacturés en Europe étaient affaiblis et la circulation de la monnaie désorganisée à cause des banques vénitiennes.

Les premiers **sequins** ont été frappés à Venise à la fin du XIIIème siècle, sous le nom de *ducato* (ducat). Le mot « sequin » vient de Zecca, nom de l'Hôtel des Monnaies de Venise. La Zecca ne sera supprimée qu'en 1870, lors de l'unification de l'Italie.

Le sequin s'est donc d'abord appelé « **Ducat** ». Depuis 1283 il pèse 3,60 g dont 3,495 g de fin, pour 20 mm de diamètre. Sur l'avers de la pièce, Saint Marc, saint patron de la cité, remet au Doge de Venise l'étendard chargé de la croix. Sur le revers, figure la légende :

« Que te soit donné, Christ, ce duché que tu gouvernes. »

De 1275 à 1325, les banquiers vénitiens imposèrent progressivement un cours de change en faveur de l'or, dont ils maîtrisaient le flux. Si en 1275, il fallait, à poids égal, 8 pièces d'argent pour acheter une pièce d'or, en 1325, ce ratio entre l'or et l'argent passa à 15.

Venise, jouant de ses relations commerciales avec les mongols et l'Afrique, d'une part, et de son quasi-monopole sur les sources de l'Or, d'autre part, va obliger l'Europe à adopter **un système monétaire basé sur l'or.**

En 1324, l'empereur du Mali Kankou Moussa entreprend un pèlerinage à La Mecque. Sa suite est composée de 60 000 hommes, 12 000 esclaves et pour ce saint pèlerinage, il fournit la nourriture de cette immense caravane. Il va voyager avec un trésor de 8 tonnes de poudre d'or porté par 80 chameaux. Dans chaque ville qu'il traverse, Moussa paye en or avec largesse, pour les besoins de sa suite ou pour construire des mosquées. Cet afflux d'or sur tout son passage, tant au Caire qu'en Arabie, va faire s'effondrer la valeur de ce métal rare et générer une très forte inflation. Ce phénomène va impacter toute la Méditerranée. Les banquiers de Venise, qui commerçaient chaque année avec le Caire et l'Arabie amplifièrent le phénomène. De 1325 à 1345, alors que leurs coffres étaient pleins d'argent et que les banques concurrentes venaient de passer à l'étalon or, **Venise fit chuter le ratio Or/Argent de 15 à 9, revalorisant brutalement l'argent.**

Les banquiers florentins, qui émettaient une monnaie appelée le « Florin », dirigeaient la finance internationale avant la manœuvre de Venise. Ils passèrent à l'étalon or tardivement et à contrecœur et furent totalement ruinés par cette manipulation vénitienne du ratio Or/Argent.

Dans un premier temps, leur fortune essentiellement en argent avait fondu presque de moitié, quand Venise avait fait passer le ratio Or/Argent de 8 à 15. Cette nouvelle manœuvre des banquiers vénitiens leur faisaient perdre 3/5 de ce qui restait. Comme les banquiers ont toujours prêté plus d'Argent qu'ils n'en avaient réellement en dépôt, ils se retrouvèrent ruinés.

En 1345, l'effondrement des grandes maisons bancaires florentines des Bardi et Peruzzi amena une véritable désintégration financière.

On peut lire dans les chroniques de l'époque :

« Tout le crédit disparut au même moment. »

KRACH SYSTÉMIQUE DE 1345

Le krach systémique amena une très forte inflation des produits de première nécessité, une disette et une grande misère pour les masses populaires. La famine se traduit généralement par un affaiblissement des défenses immunitaires de l'organisme humain, ouvrant grande la porte aux épidémies. C'est ce qui arriva en 1347.

La peste noire, qui frappe d'abord Constantinople, tuant 8/9 de la population, va gagner toute l'Europe par les ports méditerranéens. Elle va anéantir selon les régions entre 30 et 50% des populations en seulement cinq ans.

- La main d'œuvre vint à manquer et son coût augmenta, en particulier dans l'agriculture. De nombreux villages furent abandonnés, les moins bonnes terres retournèrent en friche et les forêts se redéveloppèrent ;

- Les propriétaires terriens furent contraints d'abolir le servage pour conserver de la main d'œuvre ;

- Les villes, plus touchées que les campagnes, se désertifièrent les unes après les autres, la médecine d'alors n'ayant pas les connaissances pour juguler les épidémies ;

- Les revenus fonciers s'effondrèrent suite à la baisse du taux des redevances et à la hausse des salaires ;

Les Banquiers « *italiens* », les juifs, les gitans et autres nomades, furent massacrés ou chassés des royaumes d'Aragon, d'Angleterre, de Flandre et de France. En Allemagne et en Europe Centrale, ils subirent des pogroms.

Le Krach de 1345 et la Peste noire, qui s'ensuivirent vont faire reculer la civilisation de près d'un siècle.

UN SIÈCLE DE PÉNURIE D'ARGENT ET DE RÉCESSION ÉCONOMIQUE

C'est durant cette période troublée que va s'établir sur le sol français, le conflit entre deux dynasties, les Plantagenêt et la Maison capétienne des Valois, que l'on a appelé « la Guerre de Cent Ans ». Cette guerre va durer 116 ans de 1337 à 1453 et ne se terminera officiellement qu'en 1475, après la signature du traité de Picquigny.

La plupart des mines occidentales d'argent étaient épuisées.

Kutna Hora, au Royaume de Bohème, la plus grosse mine du Monde de l'époque, va subir les guerres des hussites, des protestants avant la lettre, se révoltant contre l'autorité de l'Église de Rome. La ville va être brûlée, les coins de frappe des monnaies vont être perdus et les mines très sévèrement endommagées. De nouvelles mines vont être creusées après ces croisades hussites, mais la décadence de la ville va s'accentuer avec le tarissement de ses filons vers 1550.

Comme les autorités, faute de nouveau métal, avaient tendance à dévaluer en affaiblissant la teneur en argent des monnaies, les particuliers thésaurisaient les monnaies anciennes, aggravant d'autant plus la pénurie.

Le plus haut des cours de l'argent dans l'histoire se situerait entre 1450 et 1489, d'après certains analystes américains. C'est faire abstraction de l'Égypte Antique, de l'Inde et de la Chine du XVIème mais surtout de la Mésopotamie à l'origine des temps, comme nous le verrons plus loin.

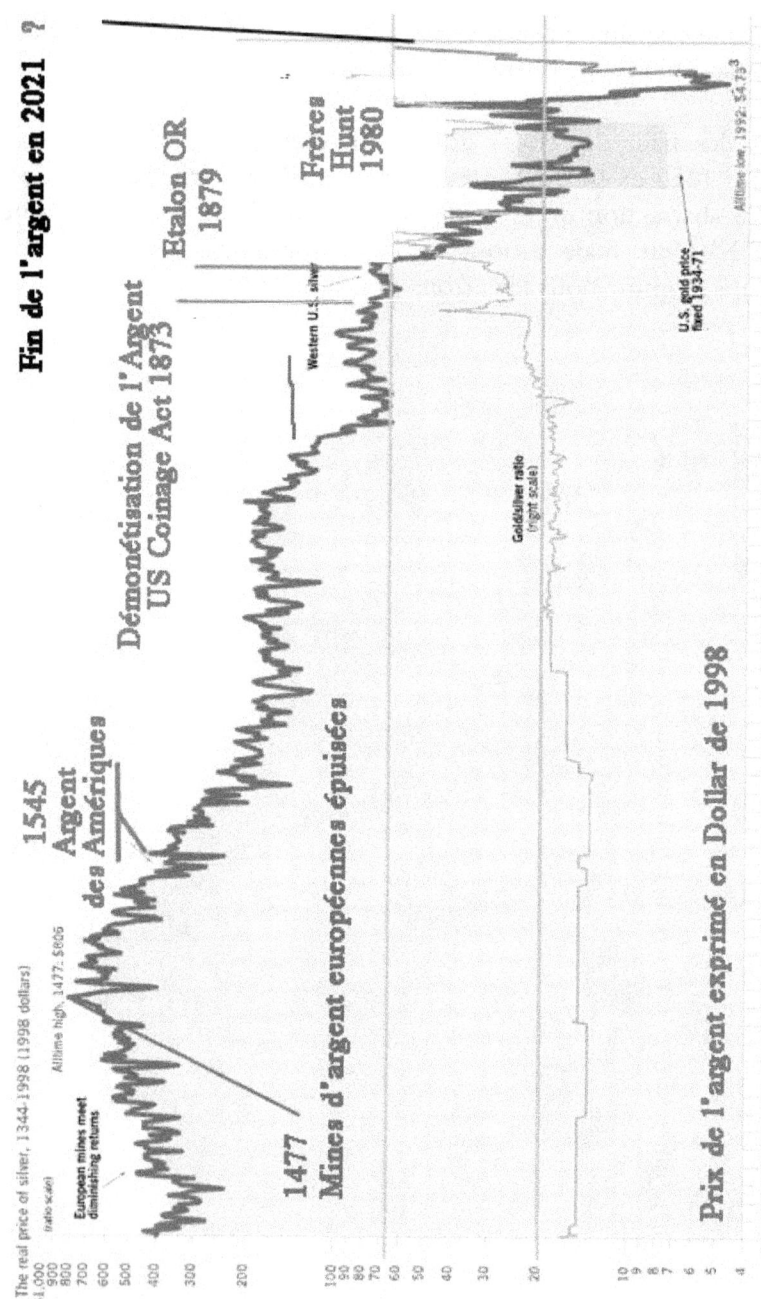

LES JUIFS CHASSÉS D'ESPAGNE

Dès le XIIIème siècle, l'Église avait marqué sa volonté de christianiser tous les Espagnols. Fondé en 1216, l'ordre des Dominicains avait pour mission de de convertir au catholicisme les hérétiques, juifs et musulmans. À la suite du Krach monétaire et économique de 1345, les guerres et guerres civiles en Europe vont durcir les conditions de vie des Juifs. L'Espagne sera à la pointe de ces persécutions, tant pour les juifs que pour les marranes, les convertis de fraiche date. Dès 1408, ils sont interdits dans l'administration, enfermés dans des ghettos et obligés de porter des vêtements codifiés, notamment marqués par la rouelle, une petite roue en tissu jaune cousue sur la poitrine. Le 2 août 1492, date anniversaire de la destruction du premier et du second Temple de Jérusalem, le Roi Ferdinand et Isabelle la Catholique expulsent les Juifs du Royaume Espagnol. Selon les historiens, ce sont entre 50 000 et 300 000 personnes qui prennent le chemin de l'exil, fuyant les buchers de Torquemada.

Une majorité sera accueillie dans l'Empire Ottoman, où le sultan Bajazet II, qui leur ouvre les portes, raille le souverain espagnol : « Vous appelez Ferdinand un monarque avisé, lui qui a appauvri son royaume et enrichi le mien. »

Un quart de cette diaspora s'installera en Afrique du Nord et un quart gagnera les pays anglo-saxons (Hollande, Angleterre, Hambourg et les ports de la Baltique.)

Ce dernier quart va très probablement contribuer à l'irrésistible essor de ces pays dans le commerce international et la finance mondiale dans les siècles suivants.

L'Argent à travers l'Histoire

La Renaissance

Ce krach systémique en occident, la pénurie d'argent, la famine et les pandémies vont amener un long hiver économique, qui aboutira à la prise de Constantinople par les hordes turques venues de l'Est. La chute de l'Empire Chrétien d'Orient marque la fin d'une Époque, la transition d'une ère à une autre.

La Renaissance commence à la fin du Quattrocento en Italie.

L'apparition en Europe d'instruments de navigation comme la boussole, le sextant, le loch ou l'astrolabe vont permettre aux navigateurs de découvrir de nouveaux horizons et de dresser des cartes. Les Portugais vont explorer les cotes de l'Afrique, puis les Indes et l'Asie alors que dans le même temps, l'Amérique va être découverte et explorée par les Conquistadores.

À partir de **1451**, la découverte de nouveaux procédés techniques de l'extraction d'argent par ajout de mercure, de sel et de sulfate de cuivre va stimuler la production d'Argent en Europe Centrale, dans les mines de Bohème notamment. **Le ressuage va permettre de doubler l'extraction d'Argent à partir du minerai de cuivre argentifère.** Les marchands et financiers Fugger vont s'investir massivement dans cette industrie minière, mettant en place de nouveaux procédés hydrauliques pour extraire l'eau des galeries de mines, travail nécessitant jusqu'alors des centaines d'ouvriers. Ils vont transformer ce secteur en une véritable industrie intégrant mines, affinage, tout en développant une structure commerciale à travers toute l'Europe. Une grande partie de ce cuivre sera vendue à Anvers à la Casa da India fondée par les Portugais, qui écouleront ce métal en Inde contre des épices.

La rareté du métal-blanc diminue lentement, permettant une stabilisation des systèmes monétaires et une « renaissance » des échanges commerciaux et de l'économie.

ROYAUME D'ANGLETERRE

Le manque d'Argent-métal va amener une crise monétaire en Angleterre, qui sera appelée «the Great Debasement», ou **la grande dévaluation**.

En 1509, Henri VIII monte sur le trône en Angleterre. Son règne va être chaotique, d'alliances en trahison vis à vis de l'Espagne ou de Rome, de Charles Quint ou de François 1er. On se souvient de lui comme d'un Barbe Bleue, qui épousa 6 femmes et en fit décapiter 2. C'est parce que Rome ne voulait pas annuler son mariage avec Catherine d'Aragon, que Henry VIII va faire sécession avec Rome et créer l'Église d'Angleterre.

En 1543, les pièces anglaises contenaient 11,2/12 d'argent-métal, soit l'équivalent de 950/1000.

En 1551, les monnaies d'argent ayant été fondues puis refrappées avec de moins en moins d'argent dans l'alliage des pièces. Les proportions initiales vont été divisées par 4, les nouvelles pièces sont en 250/1000. Une dévaluation de 75% qui va entrainer une violente inflation des prix.

Ce n'est que sous le règne d'Élisabeth I, qui monte sur le trône en 1560[2], et surtout grâce aux conseils du financier Gresham, que la monnaie anglaise va retrouver sa valeur antérieure.

Ce conseiller est connu pour la « **Loi de Gresham** » : « **la mauvaise monnaie chasse la bonne** ».

Lorsque deux monnaies circulent concurremment, l'une en or et l'autre en argent, celle qui inspire le moins confiance est utilisée pour effectuer les paiements, alors que la meilleure est thésaurisée. La bonne monnaie finit donc par disparaître de la circulation, thésaurisée par ceux qui pensent qu'elle ne va pas être dévalorisée. Elle se trouve de fait remplacée dans les échanges courants par la mauvaise, les gens cherchant à s'en débarrasser le plus vite possible avant qu'elle ne soit dévaluée.

Il est intéressant également de noter, que le **droit de seigneuriage**, le droit de battre monnaie, était considéré par les Princes comme une source de revenus. De ce fait, une monnaie fraîchement frappée se retrouvait surévaluée de près de 20% par rapport à son poids de métal fin, comme les monnaies d'argent de la monnaie de Paris aujourd'hui, vendue avec une tva de 20%. C'est pourquoi, pour un usage courant, on utilisait des pièces usées ou d'un mauvais aloi, en thésaurisant les plus belles pièces.

Les négociants internationaux, de leur côté, émettaient des lettres de change valables sur d'autres places pour conserver les plus belles pièces d'argent, jouant des différences de prix et de qualité des monnaies d'une place financière à une autre, confirmant la loi de Gresham. Chaque nouvelle frappe générait donc de l'inflation ou entérinait celle-ci.

---

[2] **1560** correspond au début de l'arrivée de l'Argent en provenance des Amériques.

En 1550, Anvers était une des places financières dominantes en Europe, avec Gênes, Florence, Séville et Venise pour ne citer que les plus importantes. Les banquiers de Lombard Street à Londres étaient à cette époque, totalement dépendants d'Anvers pour négocier leurs lettres de change dans le commerce européen.

Le déclin d'Anvers sur le Marché international date de **1568**, date à laquelle **Élisabeth d'Angleterre** s'empara d'un trésor se trouvant à bord de galères espagnoles, qui s'étaient réfugiées lors d'une tempête dans le port de Plymouth. Cette rapine priva le duc d'Albe de la solde de ses troupes, qui se battaient alors dans les Flandres (Pays Bas), dont la population se soulevait pour obtenir la liberté religieuse. Celle-ci était considérée alors par la très catholique couronne espagnole comme un crime de lèse-majesté.

Cet Argent pillé aux espagnols va permettre à la couronne d'Angleterre de frapper des monnaies de meilleur aloi, à un moment où la Livre d'Esterlin connaissait une grave crise de confiance, chez les changeurs européens.

Après cet acte de piraterie de l'Angleterre, la Manche étant considérée comme une zone dangereuse, le transport des métaux précieux va être redirigé vers Gênes et la Méditerranée, privant **Anvers** d'une grande partie de son importance marchande et monétaire.

Ce tableau de Boyermans montre la chute de la puissance de la ville d'Anvers. Très riche de symboles ésotériques, il décrit la spirale du Temps et de la Connaissance, et évoque le Nombre d'or et la suite de Fibonacci.

Au centre de ce tableau, un angelot en bronze doré, comme Atlas portant la voute du Ciel, tient à bout de bras un nautile. Le nautile est un mollusque céphalopode marin, dont la

coquille est enroulée en forme de spirale, spirale que vous retrouvez dans l'ensemble du tableau.

Au début des temps, les Atlantes, d'après la mythologie, se révoltèrent contre les Dieux, mais furent vaincus. Atlas fut condamné à porter la voûte céleste pour l'éternité. À droite d'Atlas, portant le nautile ou la spirale du temps, vous avez Héraclès.

Ce demi-dieu, fils de Zeus et d'une mortelle, est plus connu pour nous sous le nom d'Hercule. Il est représenté sur de nombreuses pièces d'argent. Dans la spirale du temps, après le règne des Atlantes et l'ère des demi-dieux, la civilisation des hommes s'épanouit à travers l'écriture, le dessin, l'astronomie et la philosophie, représentée ici par les bustes de Socrate et Platon. Dans l'ombre, le marteau et l'enclume parlent des arts du feu et de la guerre alors que dans la lumière, la musique parle de paix et d'harmonie. Le tableau posé sur le chevalet, montre une femme maternelle et tendre et l'homme sombre et jaloux dans son armure de guerre, pour nous rappeler que les femmes viennent de Vénus et les hommes de Mars. La déesse de l'amour retenant le dieu de la guerre, alors que la foule des chérubins insouciants danse en jouant de la Musique. Le sol est jonché d'instruments évoquant la géométrie, le calcul, l'astronomie, l'écriture. Humanités et sciences, alors que la statue au drapé de marbre mais qui n'a plus de tête, nous rappelle que « science sans conscience, n'est que ruine de l'âme ».

À droite, dans l'ombre au-delà de ce tourbillon de la vie, et de l'accélération du temps, derrière le rideau flamboyant, l'escalier dérobé parle d'ascension, d'élévation et de cheminement intérieur. Ce sont les douze marches de l'initiation au zodiaque ou les douze degrés de l'humilité, le Chemin qui mène à la Vérité ou à la Connaissance…

Si vous prenez du recul, l'orchestre s'est tu. Les musiciens ont jeté leurs instruments au sol. La fête est finie. L'Homme est terrassé par le Mal. Celui-ci est représenté par cette statue de marbre noir, qui domine la scène.

La ligne de fuite des arbres marque la frontière entre le Ciel et la Terre, entre l'ombre et la lumière. Cette « diagonale du fou » va directement au cœur de l'hélice du nautile. L'homme effondré tient une pelle. Est-ce à dire que l'Homme a tendance à creuser sa propre tombe ?

Mais non, rassurez-vous ! Descendu du Ciel, resplendissant de lumière, l'ange vient le sauver. Il l'invite à s'élever et à se redresser.

Si vous vous attachez aux détails, la peau de l'homme est dorée par le soleil, celle de l'ange est blanche. Le peintre, que je suis, pourrait vous expliquer le nombre de sous-couches au blanc d'argent nécessaires pour obtenir cet effet. Chez les incas, l'or symbolisait la sueur du Soleil et l'argent, **« les larmes de la Lune »**. La femme est lunaire et l'homme est solaire. L'eau et le feu. Le chaud et le froid. Ce qui nous amènerait au Yin et au Yang et à la voie du milieu. Mais oublions Anvers, la peinture, la philosophie et la Connaissance pour revenir à l'Histoire de l'Argent au travers des civilisations.

L'IMMENSE EMPIRE PORTUGAIS

Christophe Colomb avait découvert l'Amérique, alors qu'il cherchait une nouvelle route des Indes, paradis des épices. Les Portugais l'avaient devancé en ouvrant la route du Sud. Dès qu'ils se furent libérés des Maures, les souverains commencèrent une phase de reconquête (1250), cherchant à élargir leur royaume vers le Sud, par les côtes atlantiques de l'Afrique. Leurs conquêtes successives vont les amener à franchir les limites mythiques de la Terre des Anciens, découvrant Madère, les Açores, la Mauritanie, le Cap Vert, le Sénégal, le Golfe de Guinée, le Congo et enfin le Cap de Bonne Espérance en 1499. Dès 1479, le Portugal reçoit par traité la possession des terres découvertes et le monopole de commerce et de navigation dans ces eaux nouvelles.

Après la chute de l'Empire Romain d'Orient et la prise de Constantinople en 1453, due à l'affaiblissement de l'Empire après le Krach financier et la peste noire, la route traditionnelle des Indes était coupée. Les Portugais, excellents navigateurs, vont chercher de nouvelles voies. Ce sera chose faite une fois passé le Cap de Bon Espérance. Ils vont découvrir et s'assurer du contrôle de l'Océan Indien. Francisco de Almeida, premier vice-roi des Indes, établit des comptoirs fortifiés et impose la présence portugaise dans les circuits commerciaux, jusqu'alors dominés par les musulmans.

Son successeur va créer des forteresses dans les détroits qui contrôlent l'Océan Indien :

- Le Détroit d'Ormuz à l'entrée du Golfe Persique

- Goa qui contrôle la côte de Malabar, au Sud-Est de l'Inde

- Malacca en Indonésie, qui contrôle le trafic vers la Chine et le Japon

En 1500, les Portugais ont découvert le Brésil. En 1513, ils sont les premiers européens à conduire une Ambassade en Chine et à avoir le droit d'y ouvrir un comptoir commercial. Ils vont créer Macao en 1557. Le Japon sera atteint en 1543.

Très tôt, la Couronne va mettre en place une administration centrale, la Casa de Ceuta, qui deviendra la Casa da Guinée puis la Casa da India en 1501, ancêtre de la Compagnie des Indes, assurant le monopole royal du commerce avec les nouvelles colonies et comptoirs commerciaux. La Casa da India veillera sur les droits de douanes et sur le monopole royal exclusif du commerce des épices. François 1er se moquera du souverain portugais en l'appelant le roi-épicier.

Le Portugal, pendant un siècle et demi, va dominer le commerce de l'Inde et de l'Asie avec l'Europe. Poivre, noix de muscade, clous de girofle, vanille, cannelle, cotonnades, porcelaines fines. La richesse afflue vers ce petit royaume européen. Mais le Portugal ne compte en métropole qu'un million d'habitants et ne peut gérer un empire aussi vaste.

LA BATAILLE DES TROIS ROIS

En 1578, Sébastien Ier rassemble dans le petit port de Lagos une armée chrétienne forte de dix-sept mille hommes pour conquérir le Maroc. Il peut compter sur l'alliance d'un prince marocain de la dynastie saadienne, Mohammed el-Mottouakil qui, chassé du pouvoir par son oncle, espère le regagner grâce au soutien des Portugais. Les Portugais sont installés depuis longtemps dans plusieurs places fortes côtières : Ceuta, Tanger, Mazagan. Partie de Lisbonne le 24 juin 1578, débarquée à Asilah, l'armée de Sébastien s'enfonce dans les terres à la rencontre de son adversaire, Moulay Abu Marwan Abd al-Malik.

La bataille a lieu le 4 août près de la rivière Oued Makhzen. Après avoir un moment cru en la victoire, les 23 000 Portugais sont mis en déroute par 40 000 Marocains et, fait unique dans l'Histoire, les trois rois, engagés dans cette bataille, meurent au combat.

En 1578, le roi Sébastien 1er du Portugal meurt à la « *bataille des trois rois* ».

Le Portugal perd ce jour-là, son roi, sa noblesse, son armée, son indépendance et sa position mondiale. Le pays et son immense empire vont être annexés à la Couronne d'Espagne.

CHARLES QUINT

Il est difficile de comprendre la puissance espagnole au début du XVIème siècle, si on ne rappelle pas que Charles de Habsbourg, plus connu sous le nom de Charles Quint va hériter de ses différents grands-parents, d'immenses royaumes. Il est à la fois Archiduc d'Autriche, Duc de Bourgogne, Roi des Espagnes, Roi de Naples et de Sicile. Il règne en sus sur les Flandres et la Franche Comté. Né en 1500, il sera sacré empereur à 19 ans, 4 années après que **François 1er** à 21 ans, soit sacré Roy de France en 1515.

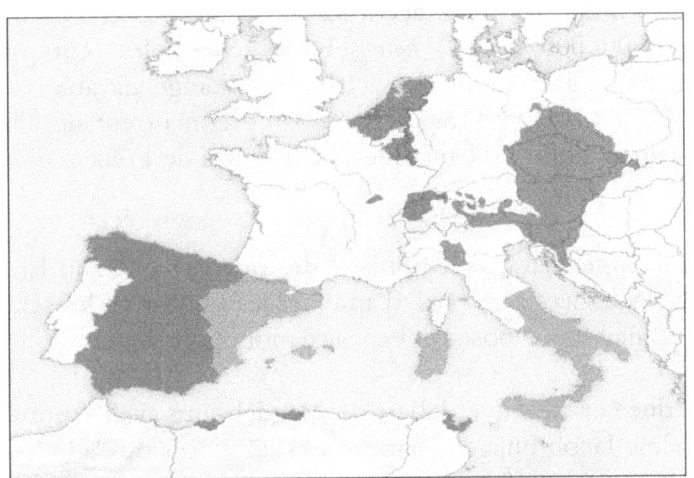

CHARLES QUINT ET LES BANQUIERS FUGGER

Les Fugger sont issus d'une lignée de marchands, qui commerçaient avec le Levant et les pays baltes, avant de devenir les banquiers du Saint Empire Germanique. Jacob 1er, mort en 1469, de la branche Fugger Von der Lilie (Fugger du Lis) va créer la banque la plus prestigieuse, qui sera développée par ses 3 fils, Ulrich (1441-1510), Georg(1453-

1506) et Jacob II le Riche (1459-1525). Ce dernier était propriétaire de mines d'argent et de cuivre en Hongrie, au Tyrol et en Espagne. Il finit par obtenir un quasi-monopole des mines en Europe. De ce fait, les Fugger dominèrent la finance européenne à la fin du Moyen-Âge et pendant la Renaissance. Jacob II était réputé être l'homme le plus riche de son temps.

Cette branche des Fugger avait été anoblie par l'empereur Maximilien II pour services rendus ; Jacob II, le Riche, va être élevé à la dignité de Comte du Saint Empire en 1514, en remerciement des prêts accordés au futur Charles Quint. Ces prêts (800 000 florins) ont servi à acheter les sept princes électeurs, qui reçurent des lettres de change payables « *après l'élection si Charles d'Espagne est élu* ». Le concurrent de Charles d'Espagne au titre d'Empereur, était le Roi de France, François 1er.

Cela n'empêchera pas le ministre des finances du Saint Empire, quelques années plus tard, d'attaquer les Fugger en les accusant d'avoir établi une position bancaire monopolistique.

Le Prince-archevêque Albert de Magdebourg avait emprunté à ce même Jacob Fugger pour s'attirer les grâces du Pape Léon X et pouvoir acquérir l'archevêché de Mayence. C'est pour pouvoir rembourser ce prêt, que le Prince-archevêque se mit à vendre des « indulgences », imitant en cela Léon X, qui vendit des indulgences pour faire construire la basilique Saint Pierre de Rome. Cette pratique fut dénoncée par Martin Luther, qui inonda l'Allemagne de ses pamphlets contre l'Église de Rome. Sa Réforme Protestante le mettra au ban de l'Empire, mais sera soutenue par les Princes allemands, créant ainsi une unité allemande.

Cette Banque Fugger fera faillite le 9 novembre 1607, année du passage de la Comète de Halley à la suite de la troisième banqueroute de l'état espagnol. Vous verrez plus loin pourquoi l'Espagne a fait faillite cette année-là. La dynastie Fugger va croître et prospérer. La branche Fugger de Babenhaussen sera élevée au titre de Prince en 1803 et les Fugger de Glött seront faits Princes en 1913.

Honoré de Balzac citera cette dynastie dans son livre <u>La Maison Nuncingen :</u> « *Pour subsister, le banquier doit devenir noble, fonder une dynastie comme les prêteurs de Charles Quint, les Fugger, créés Princes de Babenhausen et qui existent encore dans l'Almanach de Gotha.* »

La découverte des Amériques va enrichir encore cet immense empire et amener de l'argent frais dans ses différents royaumes. Les Flandres (Bruges, Gand) étaient à cette époque de hauts lieux du commerce et de la finance mondiale. Ces provinces ne feront sécession qu'en 1581 sous le règne de son fils Philippe II. À ce dernier reviendra en plus en 1580, la Couronne du Portugal et de son immense empire.

L'amélioration des techniques de navigation va permettre aux européens de découvrir la route des Indes, puis de la Chine sans passer par l'ancienne route de la soie et ses multiples intermédiaires exigeant un tribut au passage des caravanes. L'Argent des Amériques va permettre le développement du commerce international, comme nous allons le découvrir au chapitre suivant. Par contre les mines d'Argent des Amériques, exploitées par des esclaves indigènes, vont marquer un tournant dans la fortune minière des Fugger. L'Argent des mines européennes est plus coûteux à exploiter, d'une part, et le flux continu d'argent va faire baisser sa valeur relative.

L'Argent à travers l'Histoire

XVIᵉᵐᵉ siècle
Trésor des Amériques

L'ARGENT DES CONQUISTADORS

Si en 1492, Christophe Colomb découvre les Antilles et les Caraïbes en cherchant une nouvelle route pour les Indes, il faudra près de 50 ans aux Conquistadors espagnols pour conquérir ce Nouveau Monde avant de commencer à en exploiter les richesses minières.

Les premières décennies, les Conquistadors rapportèrent essentiellement de l'or, pillé dans les trésors des peuples conquis en Amérique du sud. De 1500 à 1595, 330 tonnes d'or furent expédiées des Amériques vers l'Espagne. Dès le milieu du siècle, ce flux de richesse se tarit au moment même où les conquérants découvrent des mines d'argent d'une richesse inouïe.

L'arrivée d'Argent des Amériques commence en 1550 avec 177 tonnes, puis monte à 942 tonnes en 1570 pour atteindre son niveau maximum en 1595 avec 2000 tonnes. Vers 1625, l'importation d'argent des Amériques en Espagne amorce un déclin qui va se poursuivre jusqu'en 1660.

LE POTOSI

Découvert en 1545, le **Potosi** dans la Cordillère des Andes va se révéler être une montagne de minerai d'Argent extrêmement pur, qui produira 60 tonnes dans les 20 premières années, puis 240 tonnes par an jusqu'en 1680. La production d'argent du Potosi va décliner franchement à partir de 1680. Une fois les très riches filons de surface exploités, la densité du minerai va baisser au fur et à mesure que les mines s'enfonceront dans le sol. L'expression « cela vaut un Potosi », utilisée par Don Quichotte, est toujours utilisée en espagnol, traduit par « c'est le Pérou » en français.

Le Potosi a produit 4 800 tonnes d'Argent soit 170 Moz

Le volume exceptionnel de production de la mine de Potosi a découragé la recherche et l'exploitation d'autres sources minières, en particulier d'or, que les Espagnols ne parviennent pas à extraire en quantités suffisantes, contrairement aux espoirs suscités par la découverte de « l'or des Incas ».

Les mines du Mexique, découvertes après celle du Potosi, vont prendre le relais en 1650 et dépasser rapidement la production du Pérou.

Le pic de production mexicain sera atteint en l'an 1780, avec 24 millions de Pesos produits, soit près de 650 tonnes d'argent ou 22 Moz.

Les nouvelles techniques développées au XXème siècle vont permettre une meilleure prospection, une extraction et un raffinage plus efficace, ce qui explique que le Mexique produise aujourd'hui 128 Moz par an. Pour mémoire, ces améliorations technologiques ont permis de produire plus d'argent entre 1930 et 2012 que durant les 5 000 années précédentes.

Sous le règne de Charles Quint et de ses successeurs, la Couronne Impériale espagnole était propriétaire des mines. À ce titre, elle recevait le « cinquième royal », c'est à dire 20% des lingots ou pièces d'or et d'argent sortis du sol. À cette lourde taxe, se rajoutaient les droits de seigneuriage (taxe sur la fabrication de monnaie). La Couronne Espagnole avait également le monopole de la production du mercure produit à Almaden, et des poudres et explosifs, produits indispensables pour les mineurs et dont elle tirait d'importants bénéfices.

Cet excès de taxes conduisit rapidement à une évasion fiscale considérable par la contrebande et la fuite de capitaux vers l'Asie. L'Espagne mettra 200 ans avant de réagir à retardement, et limiter ce « cinquième royal » à 10%.

LE PESO

Un Peso, la fameuse **pièce de 8** des pirates, ou « Piastre » valait 8 Réals.

Un Péso pesait 27,07 g d'argent en 900/1000ème.

Il avait une valeur marchande équivalente au Thaler produit en Bohème, et équivalait à un Dollar dans l'Amérique coloniale.

3,2 Milliards de Pésos furent frappés au Mexique de 1537 à 1892, soit **86 000 tonnes d'argent**.

Tableau 1: Frappe annuelle moyenne des Hôtels des monnaies des Indes (fin du XVIIIe siècle)

Hôtel des monnaies	Frappe annuelle moyenne 1790-1796
Mexico	24 000 000 de pesos de plata (*piastres d'argent*)
Lima	6 000 000
Potosí	4 600 000
Santa Fe de Bogota	1 200 000
Santiago du Chili	1 000 000
Popayan	1 000 000
Guatemala	200 000

FORTUNES DE MER

L'afflux de métaux précieux des Amériques provoque dès 1503 la création la *Casa de Contratacion*, organisme royal, chargé de réglementer le trafic maritime entre le port de Cadix et ce qu'on appelle encore les Indes Occidentales. Pour se prémunir de l'insécurité qui règne sur les mers, la « Casa » organise un convoi annuel de galions, surnommé la *Flotte de l'Argent*, « plata flota », car l'or ne représentera au mieux que 10% de la cargaison. Ce convoi emporte à l'aller les produits espagnols nécessaires aux colons et aux mineurs et rapporte au retour le butin des Conquistadores pris aux peuples indigènes et surtout la production des mines.

À son départ d'Espagne, la *Flotte d'Argent* comprend entre 30 et 40 galions, navires marchands et « armés «. Ces bâtiments sont accompagnés d'une dizaine de bateaux plus légers, destinés au transport de la poste et des marchandises sans grande valeur. Durant tout le voyage, le convoi est soumis à la loi du navire le plus lent. La moindre avarie de l'un des bateaux retarde tous les autres. Appareillant au printemps, ce convoi se sépare en deux flottes au-delà de Saint-Domingue, dans les Caraïbes. La flotte de la Nouvelle-Espagne se dirige vers Cuba, puis Veracruz au

Mexique et celle de la Terre-Ferme vers Carthagène, dans l'actuel Venezuela.

De Calao, sur la côte péruvienne du Pacifique, une flottille va transporter les trésors des Andes vers l'Isthme de Panama, d'où un convoi terrestre de mulets traversera les terres vers la côte Atlantique. L'Argent du Potosi y attendra la *Flotte d'Argent* pour y être embarquée. Les deux flottes se rejoignent ensuite à Cuba, d'où le convoi maritime de retour repartira pour être de retour à Cadix vers la fin de l'année.

Si ces convois se montrent efficaces pour lutter contre les pirates ordinaires, en revanche, les pertes sont terribles lorsqu'une flotte est prise dans les ouragans des Tropiques. Une erreur d'appréciation du navire amiral peut avoir des conséquences désastreuses dans les Caraïbes.

En 1641, l'Amiral espagnol responsable de la flotte fait embarquer tout l'or et l'argent sur seulement deux galions en mauvais état. L'un coule au large de Saint-Domingue après avoir échappé à un cyclone, qui a déjà envoyé par le fond huit autres navires de la même expédition. Le deuxième poursuit la traversée, mais coule en vue des côtes espagnoles.

En 1563, lors d'une tempête, sept galions coulent dans le port de Nombre de Dios, dans l'actuel Panama, car le port n'offre qu'une protection précaire. Cinq autres navires de la même flotte se fracassent sur les récifs du Golfe de Campêche, pendant la même tempête.

En 1567, un ouragan s'abat sur le convoi au large des Antilles. La majorité des galions sont coulés ou projetés sur les côtes de l'île de la Dominique.

En 1590, quinze galions coulent dans le port de Veracruz durant un cyclone.

Lorsque les « flottes d'argent » finissent par retraverser l'Atlantique, leur calvaire n'est pas terminé pour autant.

En 1591, seize navires coulent aux Açores.

En 1715, c'est toute la flotte d'argent qui sombre dans un ouragan aux Caraïbes, provoquant une crise monétaire dans toute l'Europe.

Au cours des douze premières années, la « Casa » tient des statistiques : sur 391 navires partis, seuls 269 sont revenus.

Au XVIème siècle, les pertes s'élèvent à plus de 30%.

Importations d'Or et d'Argent Espagnoles		
Période	Argent	Or
1503-1510	.....	4 965
1511-1520	.....	9 153
1521-1530	148	4 889
1531-1540	86 193	14 466
1541-1550	177 573	24 957
1551-1560	303 121	42 620
1561-1570	942 858	11 530
1571-1580	1 118 591	9 429
1581-1590	2 103 027	12 101
1591-1600	2 707 626	19 451
1601-1610	2 213 631	11 764
1611-1620	2 192 255	8 855
1621-1630	2 145 339	3 889
1631-1640	1 396 759	1 240
1641-1650	1 056 430	1 549
1651-1660	443 256	469
Totaux 1503-1660	16 886 807	181 327

(en kilos de fin)

D'après E. J. Hamilton (1934)
«American treasure and the price revolution in Spain»

Cette situation ne s'améliore pas dans le siècle qui suit, du fait de la piraterie et de la « guerre de course[3] », organisée par la Hollande, l'Angleterre et la France.

PIRATES DES CARAÏBES

Sir Henry Morgan

Deux phénomènes vont désorganiser le circuit monétaire de l'Argent espagnol : les corsaires et la contrebande. Au lieu de 7 à 8 millions de Pesos traversant l'Atlantique vers Cadix chaque année, il n'y aura bientôt plus que 2 millions de Pesos qui arrivent en Espagne. Une terrible hémorragie pour les finances espagnoles.

L'Île de la Tortue vite délaissée par les Espagnols, est colonisée par des français, les boucaniers, qui vont faire commerce de viande fumée. Ils vendent leurs produits aux bateaux de passage. Comme l'île est proche des routes

---

[3] Une « lettre de course » ou « lettre de marque » est une licence royale pour aller attaquer et piller les navires et territoires ennemis. C'est ce document, qui fait la différence entre corsaires et pirates.

maritimes empruntées par les galions espagnols, elle va devenir la capitale régionale de la « flibuste » et le paradis de la « République des Frères de la Côte » durant tout le XVIIème siècle.

En 1552, le pirate français, François Leclerc, dit « Jambe de bois » va mettre à sac l'île de Porto Santo, avant de ravager Saint Domingue et l'actuel « Port-au-Prince » l'année suivante. En 1554, il va prendre Santiago de Cuba, alors capitale de Cuba et port principal de transfert de l'argent des Amériques pour les espagnols.

La ville est tellement détruite après son passage, que l'Espagne va transférer la capitale à La Havane.

En 1555, le corsaire français Jacques de Sores à la tête de 200 marins prend la ville de La Havane, la pille et l'incendie. Les Espagnols construisent alors des fortifications impressionnantes pour protéger la baie et le port, essentiels aux galions transportant l'Argent des Amériques.

En 1655, les Anglais prennent la Jamaïque aux Espagnols. Henry Morgan, sur ordre du Gouverneur de la Jamaïque, est envoyé prendre Cuba. Avec 10 navires et 500 hommes, il va piller les principales villes de Cuba, avant d'attaquer Puerto Bello au Panama, un centre majeur de regroupement des métaux précieux pour les Espagnols. Henry Morgan est un piètre marin, qui fera souvent naufrage, mais un très bon général pour les attaques terrestres. Sans foi ni loi, sa cruauté légendaire ne rebutera pas l'Amirauté Britannique, qui le nommera Amiral de la flotte de la Jamaïque, avec mission de piller toutes les colonies espagnoles. Sur ordre, il va de nouveau reprendre Cuba puis Panama. Lors de ce deuxième pillage de Panama, le butin des pirates va être évalué à 100 000 Livres Sterling, soit 45 tonnes d'argent.

L'Espagne protestant énergiquement, Henry Morgan sera fait prisonnier et emmené pour être jugé pour piraterie en Angleterre en 1672, alors même qu'il avait des « lettres de marque », l'autorisant à attaquer les navires et les ports ennemis de l'Angleterre alors en guerre. Par un nouveau revirement de la politique internationale, au lieu d'être pendu, Henry Morgan sera fait Chevalier en 1674 en remerciement des services rendus à l'Angleterre. Il recevra de la Couronne deux importantes plantations de canne à sucre en Jamaïque, dont il sera ensuite nommé Gouverneur Général.

Le Royaume de France donnera également des « lettres de marque » aux armateurs français pour qu'ils aillent piller les richesses espagnoles.

Au XVIème siècle, les monarques exigeaient 10 à 20% des prises de leurs corsaires. Au XVIIème siècle, l'État se contentera de droits d'enregistrement, une sorte de patente permettant d'aller écumer les mers pour affaiblir financièrement les royaumes ennemis. Le Butin était alors réparti en 3 parties : 2/3 pour l'armateur et 1/3 pour l'équipage. Ce dernier tiers était divisé en parts. Un marin avait une part, un mousse ½, le capitaine et le médecin 25 parts, selon un code établi à l'embarquement.

À partir de 1678, les gouverneurs français de l'Île de la Tortue vont progressivement désarmer les flibustiers, un peu trop turbulents, pour développer la production de canne à sucre, denrée alors rare et chère. Cette source de grandes fortunes va amener le développement de l'esclavage et du commerce triangulaire avec l'Afrique. Les pirates, chassés de leur République des Frères de la Côte, iront alors écumer les mers du Sud, le Pacifique et l'Océan Indien.

Dans les années 1680, ce sont des boucaniers français du Rendez-vous de l'Île d'Or, le long de l'Isthme de Panama, puis des pirates français qui vont s'attaquer cette fois au pillage de la côte Pacifique. Ils vont participer à une expédition coalisée pour piller Carthagène en 1697.

Sur les côtes européennes, les navires séparés de leur convoi par une tempête deviennent la proie toute désignée des corsaires et des pirates, qui les attendent près des côtes d'Espagne, sur la route du retour. Certains sont pris presque devant Cadix.

En 1697, le Traité de Ryswick entre la France, les Provinces Unies (NL), l'Angleterre, l'Espagne et plus tard le Saint Empire Germanique va mettre fin à cette guerre de course unique en son genre. En 1702, malgré ce traité, dix-neuf galions sont attaqués par une force anglo-hollandaise. La flotte va se réfugier dans la Baie de Vigo en Espagne, où elle tentera de se saborder. Les corsaires de Saint Malo passent le Cap Horn à partir de 1700 pour aller piller les côtes chiliennes et péruviennes.

LA CONTREBANDE

À vrai dire, les pirates et les corsaires ne sont pas seuls responsables de cette considérable baisse du flux d'Argent en provenance des Amériques vers les ports espagnols, la contrebande va jouer un très grand rôle. 135 à 159 tonnes d'Argent de la production américaine étaient ainsi diverties et n'arrivaient pas en Espagne. Cela représentait la moitié de la production minière du Pérou. Des navires marchands au départ des ports de Buenos Aires ou de Sacramento emporteront des cargaisons d'argent vers l'Océan indien, pour aller les négocier directement en Arabie, en Inde et en Chine.

À l'arrivée dans leurs ports d'attache, les navires marchands et les bâtiments des corsaires devaient attendre une visite des autorités de l'Amirauté, qui devaient évaluer la cargaison. La littérature et notamment la saga de Bernard Simiot *Ces Messieurs de Saint Malo* nous a raconté comment l'essentiel de la cargaison était déchargée dans des criques secrètes en contrebande pour éviter de payer des droits à l'état, avant que le navire ne fasse son entrée officielle au port.

Pirates, corsaires et marchands représentaient une économie parallèle proche du triple de l'économie officielle. Cet argent, en grande partie thésaurisé, ressortait lentement dans l'économie réelle. Les fortunes ainsi constituées ont probablement permis plus tard le financement et l'essor de la révolution industrielle. Pour mesurer l'importance de ce détournement financier, **50 tonnes d'argent représentaient en 1600 :**

- la totalité du commerce officiel annuel vers l'Asie du Portugal, de la Hollande et de la nouvelle Compagnie Anglaise des Indes Orientales ou,

- la totalité des échanges vers l'Europe du Nord à travers la Baltique et de là vers l'Europe Centrale, Allemagne, Pologne, Russie.

LES BANQUEROUTES DE L'ESPAGNE

Quand le fils de Charles Quint, **Philippe II**, succède à son père en 1556, l'Espagne est en apparence la plus grande puissance européenne, mais ce n'est qu'une illusion. L'Empire est très mal géré. Philippe II a du mal à financer à la fois la construction de ses palais somptueux, l'entretien des grands d'Espagne et ses guerres incessantes contre la France, les Turcs ou l'Angleterre, alors même que les Flamands, se révoltent et réclament leur indépendance et la liberté religieuse. L'Espagne importe d'Europe tous les produits manufacturés et n'exporte que des matières premières, créant un déséquilibre de la balance des paiements.

Quand les caisses sont vides, le Roi emprunte aux prêteurs étrangers, comme les Fugger allemands ou les banquiers génois. Ces banquiers accumulent des créances, espérant être remboursés grâce à l'Argent des Amériques. Ils savent que s'ils cessent de prêter, ils risquent de tout perdre.

Or, les arrivées de métal précieux sont intermittentes : l'argent des mines du Potosi et du Mexique doit être acheminé jusqu'aux ports sur l'Atlantique, chargé sur des galions, qui doivent ensuite affronter les tempêtes et les corsaires anglais, hollandais et français.

De plus, les taxes trop lourdes imposées par Philippe II et ses successeurs sur les métaux précieux du Mexique vont être la cause de leur perte, créant une véritable hémorragie des recettes de l'état par la contrebande.

À trois reprises, en 1557, 1575 et 1598, Philippe II ne put honorer ses dettes, comme ses successeurs, Philippe III et Philippe IV, en 1607, 1627 et 1647. Ces banqueroutes à répétition ruinèrent ceux qui avaient fait confiance à l'État espagnol, tout en limitant les possibilités de financement de l'économie réelle.

La banqueroute du 9 novembre 1607, qui entraîna la faillite de la Banque Fugger du Lis, était la conséquence de la première bataille de Trafalgar. Le 25 avril, une flotte hollandaise surprend la flotte d'argent de retour de Cuba et la détruit, pillant toute la cargaison de métaux précieux. Par ailleurs, la guerre de succession entre Mathias et Rodolphe de Habsbourg, qui va amener à la destitution de l'Empereur déclaré fou, va coûter une fortune à ses banquiers.

Ces faillites à répétition de l'Espagne, faisant défaut sur ses dettes au XVIème et XVIIème siècle, resteront comme des taches indélébiles qu'aucun financier n'oubliera jamais.

Pour n'avoir pas su stimuler sa production intérieure, l'Espagne du XVIème siècle va s'enfoncer dans la crise et sera, au siècle suivant, dépassée par les pays de l'Europe du Nord à l'artisanat et au commerce plus dynamiques. L'Espagne avait les moyens de monopoliser le commerce avec l'Asie, mais va laisser passer sa chance. N'ayant pas su développer un riche tissu artisanal, elle ne va pas pouvoir suivre la révolution industrielle au XIXème siècle et restera au XXème siècle un des parents pauvres de l'Europe.

INFLATION MONÉTAIRE

Le stock de métaux précieux en Europe en 1500 avant la découverte de l'Amérique est estimé par l'historien Hume à 600 millions de pésos, soit 16 200 tonnes d'Argent, 571 Millions d'onces. En 1800, le stock était de 3 milliards de Pesos, 81 000 tonnes.

Mais le prix des métaux précieux va baisser durant ces trois siècles. D'après l'étude *Histoire des Prix* de l'historien Earl Hamilton, on pouvait acheter plus de blé en 1500 avec 600 Millions de pésos, qu'en 1800 avec 3 Milliards. Toutes les études montrent une forte inflation des prix. Jusqu'au milieu du XVIème siècle la hausse fut faible et n'affecta que les produits alimentaires.

À partir de 1550 jusqu'au début du XVIIème siècle, la hausse devint un phénomène universel, particulièrement intense. Celle des produits alimentaires atteignit son maximum pendant la seconde moitié du XVIème siècle alors que la hausse des salaires demeura inférieure à celle des prix alimentaires pendant toute cette période, d'après Stanislas Hoszowski.

On retrouve un phénomène similaire, décalé dans le temps, en Inde et en Chine. La soudaine abondance de métal précieux et par là-même l'inflation brutale de la masse monétaire, va créer une très forte vague d'inflation des prix dans le Monde.

« INFLATION DES BÉNÉFICES »

Cette « révolution des prix » conjuguée avec le retard de la hausse des salaires créa « l'inflation des bénéfices ». Celle-ci fut un stimulant pour l'entreprise et l'investissement des capitaux. Le développement de l'artisanat, l'essor urbain et la création d'une bourgeoisie va permettre la formation d'une structure économique capitaliste, de nouvelles formes d'artisanat et un large développement du commerce maritime.

La noblesse, propriétaire des terres, ne laissera pas les paysans profiter de la hausse des prix agricoles, se réservant le droit de négocier les céréales sur les marchés. « L'inflation des bénéfices » amena une partie de la noblesse à disposer d'une trésorerie suffisante pour investir dans les manufactures, première étape de la révolution industrielle à venir.

L'Argent à travers l'Histoire

Développement du commerce international & Création des banques centrales

COMPAGNIES DES INDES

C'est au XVIIème siècle que naquirent en Europe les différentes Compagnies des Indes, qu'elles soient anglaises (1600), néerlandaises(1602), portugaises (1628) ou françaises (1664).

Les Hollandais, nouvellement indépendants de la Couronne d'Espagne, vont se lancer dans ce commerce international avec détermination. À Amsterdam, la Guilde des Armateurs, encouragée par le tout nouveau pouvoir en place va chercher à éviter une concurrence contreproductive. Pour unir leurs efforts, armateurs et négociants vont créer en 1600 la « Compagnie Unifiée des Indes Orientales d'Amsterdam ».

D'autres compagnies se créent à la même époque dans les autres villes des « Provinces-Unies », mais en 1602 le nouveau gouvernement va faire pression pour qu'elles fusionnent dans la « Compagnie Néerlandaise des Indes Orientales ». Les Hollandais vont très vite conquérir de nombreuses colonies portugaises pour assurer leur propre commerce. Les Provinces-Unies vont renforcer leur poids dans le commerce international pour devenir « les intermédiaires obligés du commerce universel » pour l'historien Blanqui. Les marchands installaient d'abord des comptoirs commerciaux sur les côtes, les transformaient en forteresse, avant de coloniser l'intérieur des terres, que ce soit en Afrique, en Amérique ou en Asie.

Ces compagnies commerciales vont avoir des succès différents, selon qu'elles seront des compagnies d'état ou des compagnies privées. La Compagnie des Indes espagnole fera faillite très vite. La Compagnie des Indes de John Law sous la Régence marquera un échec retentissant, que nous détaillerons plus loin.

LA ROUPIE DE L'EMPIRE MOGHOL

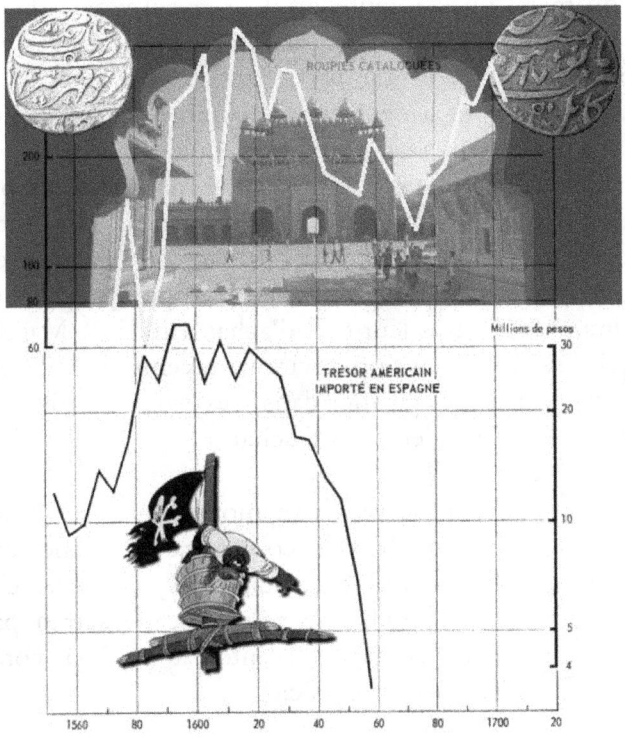

Lorsque l'argent des Amériques arrivait en Europe, cette masse monétaire aboutissait en Inde, dix ans plus tard.

Sur ce graphe, on voit que les pirates ont été efficaces, en coupant les routes maritimes de l'Espagne. L'Argent prenant d'autres chemins, et notamment ceux de la Hollande et de l'Angleterre, arrivait néanmoins en Inde 20 ans plus tard, comme on le voit dans la partie haute de ce graphique.

Lorsque les Pésos mexicains arrivaient en Inde comme paiement des échanges commerciaux, ils étaient immédiatement refrappés pour devenir des Roupies.

La monnaie des empereurs moghols était en argent pratiquement pur, dont la teneur et le poids n'ont pas varié pendant plusieurs siècles. La Roupie valait souvent plus que la valeur du métal qu'elle contenait. Comme il y avait liberté de frappe dans tout l'Empire, il était plus intéressant de transformer ses barres de métal en Roupie, tant pour les particuliers que pour les entreprises commerciales de l'époque. L'Inde ne produisait pas de métaux précieux, mais l'Europe depuis Alexandre le Grand appréciait ses épices et les payait à prix d'or. Ces produits parvenaient du Sud de l'Inde par caravanes, qui devaient payer des tributs ou péages à chaque petit roitelet sur la route. Arrivées en Europe, les épices étaient au minimum à 100 fois leur prix d'achat. En 1519, Magellan va découvrir les Moluques. Son navire va revenir en 1522 avec 26 tonnes de clous de girofle dans ses soutes. Elles seront revendues 10 000 fois leur prix d'achat.

Une telle perspective de profit va motiver tous les armateurs européens à se lancer dans le commerce maritime avec les Indes. Gingembre, poivre, piments, curry, cannelle, clou de girofle, cardamone, coriandre, noix de muscade, safran, paprika, cumin, vanille, thés et autres plantes à parfum vont être échangées contre des métaux précieux.

En 1697, dans un essai sur le commerce avec l'Inde, l'économiste anglais Charles Davenant écrit :

« *L'argent et l'or rapportés d'Amérique et l'argent des mines européennes représentent ensemble une quantité égale à 800 millions de Livres. Je ne peux m'expliquer ce qu'il est advenu de ces 800 millions tirés du sol, sauf à penser que 150 millions ont été emportés et engloutis en Inde.* »

Du fait du développement du commerce maritime entre l'Inde, l'Europe et ses colonies américaines, la masse monétaire en Inde va tripler entre 1592 et 1639, provoquant une inflation égale dans le prix de très nombreux produits (sucre, indigo, clou de girofle, mercure, cuivre).

Pendant ce temps, **la trop abondante production d'argent faisait baisser les cours du métal blanc,** alors même que les coûts de production et de transport jusqu'à Séville s'alourdissaient, diminuant les bénéfices des entreprises minières.

SALAIRES EN INDE EXPRIMÉS EN GRAMMES D'ARGENT PAR JOUR

En Inde occidentale et septentrionale, incluant la plaine de l'Indus, qui forme aujourd'hui le Pakistan et la plaine du Gange, dont une grande partie s'appelle aujourd'hui le Bengladesh, le salaire d'un ouvrier non qualifié est passé de 0,67 g en 1600 à 1,40 en 1700 puis à 1,80 g en 1850. Le salaire d'un ouvrier qualifié est passé de 1,62 g en 1600, puis 2,37 en 1700 et enfin 5,27 g en 1850. **Le prix de l'Argent a donc été divisé par 3.**

Le même salaire exprimé en kilos de blé par jour est passé sur la même période pour l'ouvrier non qualifié de 5,2 kilos à 2,5 du fait d'une amélioration des techniques agricoles et donc de la production de blé. Le salaire en kilos de riz est resté parfaitement stable.

Sur la même période en Chine, le salaire est resté stable, passant de 1,5 g d'argent par jour à 1,7 g par jour. Le salaire de l'ouvrier non qualifié en Inde a rattrapé celui du chinois en 1700, avant de le dépasser très légèrement en 1850.

En Angleterre, le prix de l'Argent a été divisé par 4,3. Nous verrons, que l'Argent en 1850 a déjà été remplacé par le papier-monnaie en Grande-Bretagne.

Date	Southern England	India	Indian wage
	grams of silver per day		as % of English wage
1550-99	3.4	0.7	21
1600-49	4.1	1.1	27
1650-99	5.6	1.4	25
1700-49	7.0	1.5	21
1750-99	8.3	1.2	14
1800-49	14.6	1.8	12

Depuis 1645, la production d'Argent extrait chaque année des mines était **60 fois plus importante que celle de l'or.**

Cette proportion ne changera qu'à partir de 1720 lorsque le Minas Gerais brésilien produira 9 tonnes d'or par an en moyenne, soit 3 fois plus que lors des vingt années précédentes.

Cette extraordinaire amélioration de la productivité sera due aux machines à vapeur de Thomas Newcomen, qui permettaient de pomper l'eau avec beaucoup d'efficacité dans les galeries de mines.

ASIE

Au Japon comme en Chine, l'Argent avait valeur de monnaie. Les taxes étaient perçues en taels d'argent. Le Tael pèse 1,2057 once ou 37,5 g. C'est l'unité de poids. Ces différents poids d'argent avaient donc des valeurs monétaires différentes.

La mine d'Iwami Ginzan au Japon a été la première mine d'argent en Asie. Découverte en 1526, cette mine produisait entre 20 et 30% de l'argent produit dans le Monde au XVIème et au début du XVIIème siècle. Elle a permis au Japon de développer des échanges commerciaux et culturels en Extrême-Orient, Corée et Chine notamment.

Le Japon exportait près de 50 tonnes d'argent vers l'Empire du Milieu avant 1599 puis de 130 à 160 tonnes de 1600 à 1640, jusqu'à ce que les navigateurs portugais et espagnols ne viennent les concurrencer avec des cargaisons pleines d'argent provenant des Amériques.

En 1640, les Hollandais, d'obédience protestante, vont obtenir l'exclusivité du commerce avec le Japon, en accusant les Portugais et les Espagnols de vouloir convertir la population japonaise au catholicisme.

Exactement comme en Inde, cet afflux d'argent en provenance du Japon et du Mexique dans la Chine de la dynastie Ming à la fin du XVIIème siècle, va amener une baisse de la valeur relative de l'argent ou une forte inflation des prix de tous les produits en Chine, qui affectera la totalité de la population.

CHINE

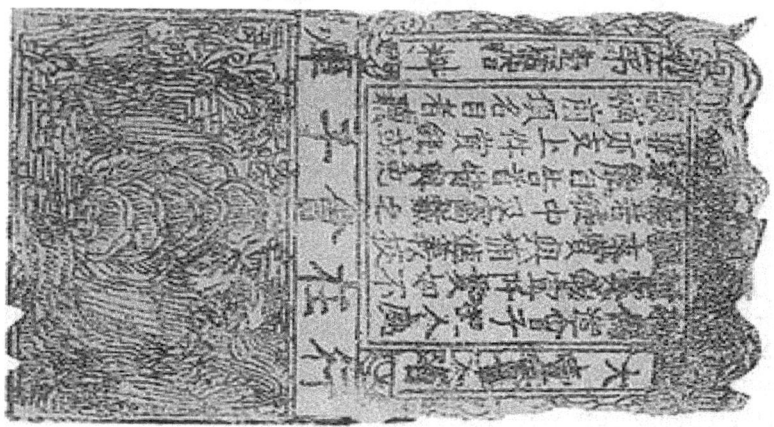

La Chine avait une civilisation beaucoup plus avancée que l'Occident. Au Xème siècle, la dynastie Song en encourageant le défrichage des forêts et l'irrigation va permettre un développement de l'agriculture tel, que la Chine va connaître une explosion démographique. Celle-ci aboutit à une croissance des villes, qui n'avait pas son équivalent en Europe. Le commerce et l'artisanat vont ainsi pouvoir se développer, amenant les riches négociants à créer des sociétés par actions et des effets de commerce valables d'une ville à l'autre, puis d'une province à l'autre. Les grands négociants vont donc devenir des banquiers de fait.

Les monnaies en cuivre, du fait de leur poids et de leur volume, ne se prêtaient pas à de grosses transactions ; les négociants échangeaient donc des certificats en papier pour éviter de déplacer le métal encombrant. Le gouvernement voulant réguler ce marché, où 60 banques œuvrent déjà pour leurs propres comptes, va créer la première monnaie officielle chinoise en papier en 1024 dans le Sichuan. Le gouvernement impérial va imprimer des billets en papier utilisant jusqu'à 6 encres différentes et valables 3 ans seulement. L'imprimerie est donc née en Chine et non pas en Europe. Le papier va disparaître à partir du XIVème siècle à la suite d'émissions excessives des gouvernements, des invasions mongoles et de l'abondance d'argent fourni par les marchands de Venise.

La peste était endémique en Chine, mais localisée dans certaines provinces. La richesse de la civilisation chinoise va attiser la convoitise des hordes mongoles, qui vont répandre la maladie entre 1331 et 1393. La peste détruira un tiers de la population très urbanisée chinoise, avant que les mongols, arrivés aux portes de Constantinople, et les marchands vénitiens commerçant avec le Proche Orient, ne répandent l'épidémie en Occident.

Cette soif d'argent de la Chine provenait du fait que du XIème au XVème siècle, la Chine utilisait une monnaie fiduciaire. Celle-ci avait logiquement dévalué tant de fois au cours des siècles que les billets de papier ne valaient presque plus rien.

À la fin du XVIème siècle, la population chinoise représentait ¼ de la population mondiale et ses villes, plus de 5 fois plus grandes que les villes européennes, dépassaient déjà le million d'habitants. Le passage à un étalon monétaire Argent dans un pays qui n'en possédait pas auparavant explique cette soif de métal blanc de la Chine. Émettre une monnaie d'argent pour une économie de cette taille, impliquait une demande énorme, expliquant la formidable hausse de l'argent-métal.

Manille aux Philippines avait été bâtie par les Espagnols pour être la plaque tournante du commerce asiatique, un grand marché cosmopolite où négociants européens, indiens, chinois et japonais pourraient échanger leurs biens.

L'Europe allait très vite se rendre compte, que le marché était en sens unique. La civilisation chinoise très avancée et extrêmement raffinée ne voulait pas des produits européens relativement frustres, alors que l'Europe était avide des produits chinois. La soie, les porcelaines fines, le thé, ne pouvaient être échangés que contre de l'argent. L'or en Chine était considéré comme une matière première au même titre que la soie, mais non comme une monnaie en tant que telle.

Alors que les autorités espagnoles avaient limité l'exportation d'argent vers l'Asie à 500 000 Pesos (12,8 tonnes), le flux qui passait par Manille, la porte de l'Asie, dépassait annuellement les 5 millions de Pesos (128 tonnes) et a même atteint 12 millions de Pesos (307 tonnes) en 1597.

L'argent valait le double en Chine que partout ailleurs dans le Monde. À Canton, de 1592 jusqu'au milieu du dix-septième siècle, on échangeait l'or à un ratio entre 1/5 et 1/7 contre 1/12 à 1/14 en Espagne.

On estime que 30 à 40% de l'argent produit par les mines de l'Empire espagnol aboutissait en Chine.

Un ratio de 5 en Chine en 1585

Le Document suivant nous en apporte la confirmation.

Il évalue le métal précieux exporté chaque année en Asie à un million et demi de sterling [42]. D'autres observateurs de l'époque témoignent de l'étonnante capacité de l'Inde et de la Chine à absorber le métal blanc. Henry Bornford, employé par la Compagnie Anglaise des Indes Orientales, écrivait à Londres en 1635 après son retour d'un voyage d'affaires dans la ville portugaise de Macao en Chine, que la denrée la plus vendue là-bas était l'argent-métal, et plus particulièrement les réaux de huit : « Les Chinois recherchent ceux-ci avec une telle ardeur qu'ils ne se laissent pas renvoyer de l'endroit où ils savent qu'ils se trouvent. Ils offrent leurs marchandises avec une effronterie extraordinaire, se défaisant plutôt de leur propre sang que de ces pièces une fois qu'ils en ont pris possession » [43].

Duarte Gomez avait déjà compris auparavant une des raisons techniques permettant à de telles quantités d'argent de passer d'Occident en Asie. Tandis que les puissances catholiques s'efforçaient d'établir le rapport or/argent à 10 (entre 1585 et 1600), il n'était que de 5 en Chine [44], ce qui constituait une forte prime sur l'argent.

La plupart des sources confirment ce diagnostic. Les changements dans le rapport or/argent déterminaient sans aucun doute la composition des trésors métalliques qui furent envoyés en Asie. Durant tout le XVIIe siècle, l'argent arrivait en Inde en de telles quantités que pendant un certain temps il y fut moins cher par rapport à l'or qu'en Espagne. Pendant cette courte période, l'or dominait les exportations des compagnies des Indes Orientales. Une contraction de l'offre dans tout le Proche Orient conjuguée avec le développement du commerce entre l'Asie du sud et la Chine semble avoir rétabli l'équilibre et même créé une pénurie d'argent de courte durée [45].

La raison qui faisait préférer l'argent à l'or dans les échanges internationaux de l'Océan Indien n'est pas difficile à expliquer. Traditionnellement, l'argent, avec le cuivre, était l'étalon monétaire de l'Asie méridionale et de la Chine [46].

Ce graphe montre les fluctuations relatives du ratio en France, en Chine et au Japon de 1400 à 1650, expliquant pourquoi les négociants internationaux trouvaient un énorme bénéfice dans le trafic des métaux précieux entre l'Europe et l'Extrême-Orient. L'Argent étant beaucoup plus apprécié en Chine et au Japon que l'Or, les marchands apportaient de l'argent pour acheter de l'or, qu'ils revendaient ensuite en Europe avec un fabuleux bénéfice.

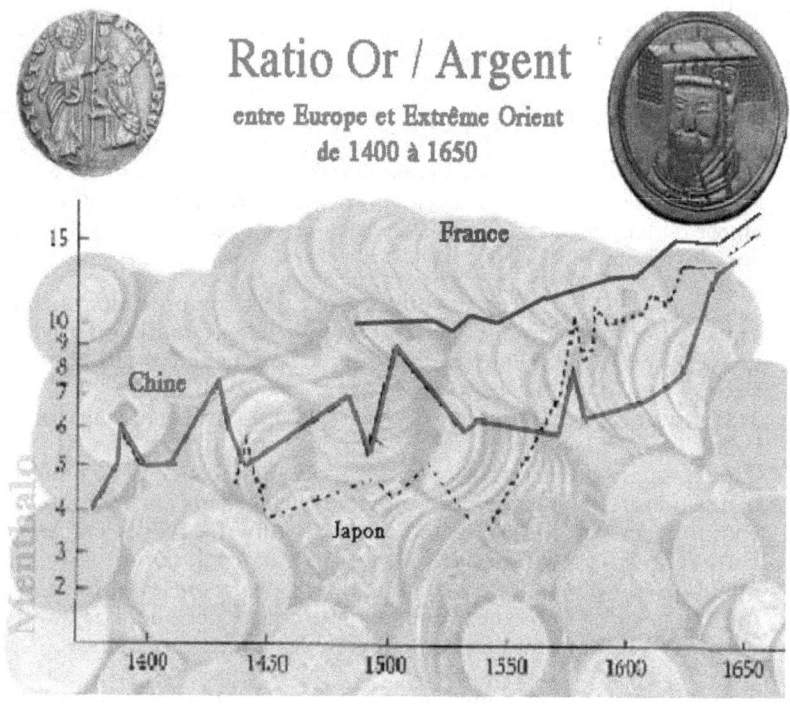

La dynastie Ming a voulu de 1570 à 1580 moderniser le système fiscal avec la réforme du « coup de fouet unique », qui permettait aux paysans de remplacer les corvées jusque-là obligatoires et les taxes en pourcentage de leur production par un paiement en argent.

Mais au fil des années, la valeur relative de l'argent en Chine baissait alors que les prix des produits de l'agriculture et de l'artisanat connaissaient une très forte inflation. Les revenus de l'Empire du Milieu étaient fixes mais diminuaient chaque année en valeur, ce qui amena un appauvrissement de l'état, et la chute de la dynastie Ming.

L'afflux d'Argent des Amériques, mal géré par les ministres chinois, a été la cause de l'effondrement de l'Empire.

À l'inverse, l'Argent des mines japonaises, étroitement contrôlées par le Shogun, a permis à l'Empire du Soleil Levant de mettre au pas les petits seigneurs féodaux, unifiant le pays, d'une part ; tout en développant le commerce international nippon dans tout l'Extrême-Orient, d'autre part. Le Japon va se retrouver renforcé à l'issue de cette phase historique.

En 1635, la fièvre de l'argent retombe en Chine. Les cours de l'or remontent par rapport à l'argent à un ratio de 1/13.

LE PAPIER-MONNAIE EN EUROPE

Alors que le papier-monnaie disparait en Chine au XVème siècle ; il réapparait à Amsterdam en 1609, pour résoudre les problèmes d'un commerce international en pleine expansion dans les Flandres, qui viennent juste de prendre leur indépendance de la Couronne Espagnole. Cette indépendance permet l'essor du protestantisme. Celui-ci n'interdit pas les prêts avec intérêt contrairement à la religion catholique. Les banquiers vont pouvoir affiner leurs pratiques officiellement. Comme tous les grands ports de commerce devant gérer un afflux de monnaies étrangères, Amsterdam a recours aux banques privées pour gérer le change. En 1600, ce sont près de 800 pièces différentes de monnaies métalliques, plus ou moins rognées, plus ou moins trafiquées, qui circulent en Europe, nécessitant des contrôles de qualité complexes, qui s'imposent à chaque échange. La Banque d'Amsterdam va proposer de reprendre les diverses monnaies en dessous de leurs cours théoriques pour les refondre et les transformer en une monnaie métallique d'aloi garanti.

La nouvelle monnaie coûtait 8% de frais que l'on payait lorsqu'on voulait faire un retrait, sinon l'argent restait en compte. On pouvait régler ses factures par une simple « lettre de change ». Comme il n'y avait pas de frais pour des virements de compte à compte, cela attira beaucoup de clients dans cette ville vouée au commerce international. La Banque garde les stocks d'argent des clients en leur faisant payer des frais d'entreposage tous les 6 mois. S'il change son métal en monnaie papier, le **« Florin Banco »**, le client recevra une prime de 5%. Ce Florin Banco ne circulera pas dans le petit commerce.

En interdisant les changeurs traditionnels, la Banque d'Amsterdam va s'octroyer un monopole de fait. Elle devient **la première Banque Centrale**. Lors de sa création, il est défini que la Banque n'a pas le droit de faire des prêts. Brillamment gérée pendant un siècle et demi, cette banque va faire d'Amsterdam une des principales places financières du Monde au XVIIème siècle.

« THE GLORIOUS REVOLUTION »
L'ANGLETERRE SOUS LE JOUG HOLLANDAIS

La puissance financière de la Hollande, née de la conjonction d'une « Compagnie des Indes Néerlandaises » unifiée très performante et d'un système bancaire libéré et bien géré, va permettre aux Princes d'Orange des Pays Bas, devenus extrêmement puissants, de débarquer en Angleterre pour renverser la dynastie anglaise en **1688**.

Ce coup d'état dynastique, appelé la « Révolution Glorieuse », va permettre aux Princes protestants de Hollande de mettre en place une monarchie constitutionnelle et parlementaire à la place du gouvernement autocratique des Stuart catholiques. Par décret, il est désormais interdit à un roi catholique de monter sur le trône d'Angleterre. Cet antagonisme religieux, qui ne nous semble pas important aujourd'hui, était alors extrêmement sensible, les Provinces-Unies des Pays Bas s'étant longuement battus contre le suzerain espagnol pour obtenir la liberté religieuse.

À une époque où la Couronne Espagnole et les puissances catholiques étaient encore dominantes en Europe et dans le Monde, et où le Vatican interdisait aux catholiques les opérations financières et notamment les prêts avec intérêt, ce décret avait une importance considérable. Il va permettre la naissance de la City de Londres dans la cour des grands de la finance internationale.

Cette « Révolution Glorieuse » a été inspirée, si ce n'est fomentée, par les banquiers des Provinces-Unies, inquiets des énormes dettes émises par l'Angleterre, dont la monnaie d'argent était très dépréciée sur les marchés.

CRÉATION DE LA BANQUE D'ANGLETERRE

Le nouveau régime anglais, partiellement dirigé par une élite hollandaise, crée en 1694 la Banque d'Angleterre. Comme la Banque de Hollande avant elle, la Banque d'Angleterre va stocker l'or et l'argent des déposants, créer des comptes, qui permettront à l'argent de circuler par le biais des effets bancaires.

Le premier très gros effort de financement de la Bank of England va être pour créer la **Royal Navy** en émettant les Navy Bills. Cette décision va permettre à peine dix années plus tard à la Grande-Bretagne d'être maîtresse des mers.

Les premières émissions d'obligations de la Bank of England vont connaître une crise de défiance à Amsterdam, amenant une chute de la Livre Sterling (en argent) sur les marchés des changes néerlandais et une forte hausse de la Guinée d'or anglaise. La décote des obligations de la Bank of England va passer à 12%, avant d'atteindre 40%.

Il faut rappeler ici que l'Argent des Amériques a attiré la convoitise des aventuriers de toute l'Europe, et que la piraterie a bloqué l'afflux de métal vers l'Espagne depuis 1650.

Cette pénurie d'argent et donc de monnaies a mis en faillite la couronne d'Espagne de manière récurrente. Les grands prêteurs des Provinces-Unies en ont beaucoup souffert. Ce sont les banquiers hollandais, qui vont rapidement exiger que les Navy Bills et les autres obligations émises par la Banque d'Angleterre soient garantis par le Parlement et couverts par les biens de la Couronne. Cette nouvelle législation mettra fin à cette crise monétaire en ramenant la confiance.

La dette britannique va passer de 1 à 16 millions de Livres de 1688 à 1702, puis à 48 millions de Livres en 1714, essentiellement du fait de la création de la Marine. Plus d'un quart de l'impôt anglais particulièrement lourd à cette époque, va servir à financer la création de la Royal Navy.

Il y a donc une véritable volonté politique et une réelle vision stratégique à l'origine du futur Empire Britannique.

Alors que la Grande-Bretagne avait un très grand retard sur les autres grandes puissances européennes (Portugal, Espagne, Pays Bas) en matière commerciale et surtout coloniale, la constitution de cette flotte de guerre va être le point de départ de la création de l'Empire Britannique. La construction d'arsenaux militaires va amener une amélioration des techniques et une démultiplication de la construction navale commerciale en Grande-Bretagne.

Les forges britanniques seront multipliées par 3 en 25 ans et l'Angleterre va bientôt absorber 60% du fer produit par les mines de Suède.

Simultanément, vont être créées la Lloyd's et la Bourse de Londres. La première n'est pas encore une société d'assurance, mais une bourse, où armateurs et négociants vont échanger et partager des risques sur des expéditions et des cargaisons.

La Banque d'Angleterre doit assurer la stabilité monétaire et financière au Royaume-Uni.

Elle va encourager la création de banques commerciales dans tout le pays, pour lesquelles, elle sera le prêteur en dernier ressort. La multiplication de ces banques et de l'usage de l'argent papier va permettre une accélération de la révolution industrielle britannique.

Simultanément le Parlement va multiplier les primes pour les inventeurs. Le nombre de brevets va immédiatement doubler. C'est ainsi que la « machine à vapeur » pour le pompage de l'eau dans les mines est brevetée en 1698, avant un nouveau brevet par Thomas Newcomen, qui vient l'améliorer en 1705. Cette amélioration des techniques va donner un véritable coup de fouet à l'extraction minière.

On se souviendra qu'en 1600, la totalité du commerce annuel avec l'Asie représentait 50 tonnes d'argent, toutes compagnies confondues. La Compagnie Anglaise des Indes Orientales va prendre une part croissante de ce commerce, contre ses rivales néerlandaises, françaises, espagnoles et portugaises.

De 1660 à 1675, elle ne représente que 7,5 tonnes d'argent par an (240 000 onces), la décennie suivante va voir ces exportations annuelles multipliées par 6 avec 42 tonnes. La « guerre de 9 ans » va ruiner le commerce durant 10 ans. À partir de 1700, ce sont d'abord 31 tonnes d'argent par an qui partent vers l'Asie durant 20 ans, puis 50 tonnes pendant 30 ans et enfin 60 tonnes les 10 années suivantes. Cette guerre de 9 ans selon les auteurs et les pays s'appelle également « la guerre de la ligue d'Augsbourg », « la guerre de la Succession Palatine » ou la « Guerre de la Grande Alliance ». Elle eut lieu de 1688 à 1697. Elle opposa le roi de France, Louis XIV allié à l'Empire Ottoman et aux Jabites irlandais et écossais (cherchant à rétablir les souverains catholiques sur le trône d'Angleterre) à une large coalition européenne, la Ligue d'Augsbourg menée par l'anglo-néerlandais Guillaume III, l'empereur du Saint-Empire Romain Germanique Léopold 1er, le roi d'Espagne Charles II, Victor-Amédée de Savoie et de nombreux princes du Saint-Empire Romain Germanique.

Ce conflit se déroula principalement en Europe continentale et dans les mers voisines, et se prolongea par une campagne limitée entre les colonies anglaises et françaises, chacun utilisant leurs alliés amérindiens en Amérique du Nord.

À cela se rajoutait une guerre de course, qui ne disait pas son nom, où les corsaires des différentes nations pillaient les colonies et galions espagnols dans les Caraïbes et en Amérique latine.

Louis XIV dut enfin reconnaitre Guillaume III d'Orange-Nassau comme roi d'Angleterre, entérinant la « Glorious Revolution » des Hollandais. Maigre consolation, de la perte du Canada, la France gagnait la reconnaissance de son occupation de l'ouest de Saint Domingue dans les Antilles. Ce qui lui permit de devenir premier producteur mondial de sucre dès les années 1740.

Le sucre était une denrée très chère à cette époque, elle permit l'enrichissement des armateurs et négociants de Bordeaux, Nantes et Lorient, très impliqués dans le commerce triangulaire. La culture de la canne à sucre demandant une abondante main d'œuvre, les négociants allaient acheter des troupeaux d'esclaves sur les côtes africaines, qu'ils revendaient aux planteurs, avant de rapporter du sucre, de la mélasse et du rhum en Europe.

Au fil des années, la valeur intrinsèque du métal blanc a baissé et les prix des produits ont monté en Asie. Parallèlement, l'expansion économique en Grande-Bretagne va augmenter la consommation de produits importés des Indes, de Chine et d'Asie en général (thé, épices, soies, indiennes, porcelaines).

Compagnie Anglaise des Indes Orientales
exportation d'or et d'argent vers l'Asie
en kg de fin

Période	Argent	Or
1660-1665	40 145	1 074,47
1666-1670	22 910	1 673,66
1671-1675	49 828	3 669,50
1676-1680	179 252	5 156,62
1681-1685	240 952	6 931,61
1686-1690	30 567	879,18
1691-1695	7 687	221,14
1696-1700	131 511	491,22
1701-1705	166 885	—
1706-1710	173 833	141,11
1711-1715	167 503	145,79
1716-1720	250 851	—
1721-1725	289 349	—
1726-1730	261 401	—
1731-1735	260 102	—
1736-1740	260 378	—
1741-1745	257 882	—
1746-1750	366 289	—
1751-1755	398 041	—
1756-1760	193 458	—

Sources : India Office Records, East India Company Commerce Journals and General Ledgers, L/AG/1/6/ vols. 1-8, L/AG/1/1/ vols. 2-14.

L'argent-métal est alors un produit d'échange indispensable dans le commerce avec les Indes et la Chine, ces pays n'étant pas acheteurs de produits finis britanniques.

De nombreuses voix s'élèvent contre cette fuite de métaux précieux et ces importations asiatiques bon marché mais néanmoins d'excellente qualité, contre lesquelles les manufactures occidentales ne peuvent lutter. Voilà ce qu'écrit

Richard Cautillon en 1730 dans *Essai sur la Nature du Commerce* : « *Il est étonnant de voir la disproportion de la circulation de l'argent en Angleterre et en Chine. Les Manufactures des Indes, comme les Soieries, les Toiles peintes, les Mousselines, etc. nonobstant les frais d'une navigation de dix-huit mois, reviennent à un très bas prix en Angleterre, qui les païeroit avec la trentième partie de ses ouvrages et de ses Manufactures si les Indiens les vouloient acheter. Mais ils ne sont pas si foux de paier des prix extravagants pour nos ouvrages, pendant qu'on travaille mieux chez eux et infiniment à meilleur marché. Aussi ne nous vendent-ils leurs Manufactures que contre argent comptant...*

Les Manufactures des Indes qu'on consomme en Europe ne font que diminuer notre argent et le travail de nos propres Manufactures. »

De 1756 à 1760, le commerce chute de moitié à cause de la guerre entre la France et l'Angleterre ou entre la Compagnie Française des Indes et son homologue britannique. La Bataille de Plassey en 1758 va marquer la fin de la présence française en Inde et le début de la conquête militaire de la Compagnie Anglaise des Indes Orientales.

Pour mémoire, la Compagnie Anglaise des Indes Orientales va progressivement coloniser des territoires avec des armées privées pour son propre compte. Ce n'est qu'un siècle plus tard, que la gestion de l'Inde sera remise à la Couronne Britannique. Les économistes et les financiers anglais considèrent que la monnaie n'a pas besoin d'être en argent ou en or, pour les transactions commerciales et industrielles en Grande-Bretagne ou avec leurs partenaires européens.

« *Le haut de la circulation monétaire est déjà occupée chez elle par les billets de la Banque d'Angleterre et des banques privées* », explique l'historien Fernand Braudel. Une partie croissante de la masse monétaire anglaise va être constituée de billets de banque. La monnaie moyenne et la petite monnaie seules restent purement métalliques.

La Régence en France

La période appelée la Régence (1715-1723), qui suit la fin du règne de Louis XIV en France est intéressante à observer, car elle est marquée par une grave faillite des Finances Publiques.

À la mort de Louis XIV, le Trésor était vide et les revenus des deux années suivantes étaient déjà dépensés. Devant les difficultés du Trésor, le Régent, Philippe d'Orléans, écoute avec intérêt les propositions séduisantes de l'Écossais John Law, qui a étudié le système hollandais. Un pays, disait-il, est d'autant plus riche qu'il fait plus de commerce. Or le commerce dépend de l'abondance de la monnaie et de la **rapidité de sa circulation**.

La monnaie n'étant qu'un instrument d'échange des marchandises, sa nature importe peu. Il n'est pas nécessaire de recourir à l'or et à l'argent, des métaux rares, dont beaucoup de pays sont dépourvus. La monnaie la plus commode est la monnaie de papier qui se fabrique et se transporte facilement. L'État doit devenir banquier et émettre des « billets de banque », du papier-monnaie que l'on pourra échanger contre de l'or ou de l'argent.

Les banques commerciales qui fonctionnaient déjà à Amsterdam, à Nuremberg, à Stockholm et à Londres émettaient des billets à ordre en échange de dépôts en monnaie métallique, ce qui assurait la convertibilité des billets à tout moment, gage de sécurité pour les clients, mais interdisait à la banque de prêter à grande échelle.

John Law imagine de garantir ses billets par les revenus de terres agricoles constituant le capital de base. La convertibilité à tout moment, contre des espèces sonnantes et trébuchantes, ne serait pas garantie, mais les clients auraient l'assurance que la valeur indiquée sur chaque billet émis correspondait bien à une richesse foncière existante.

Ce système est une véritable révolution et un premier pas vers l'abandon de l'or et de l'argent comme uniques moyens de paiement.

Son système, où une nouvelle monnaie peut circuler, indépendamment de l'or et de l'argent, correspondait alors à un besoin des économies européennes de disposer de plus de moyens de paiement, et d'une plus grande souplesse. L'Europe est, à ce moment-là, à la veille de sa révolution industrielle. Mais les arrivages de métaux précieux en provenance des Amériques étaient de moins en moins abondants, la monnaie devenait rare et les économies ralentissaient. Cet état de fait confirmait les théories mercantilistes selon lesquelles, la prospérité est fonction de la quantité d'or et d'argent en circulation. Le système de Law permettait également de régler l'émission de la nouvelle monnaie en fonction des besoins de l'économie et de l'État.

En 1716, Law obtint l'autorisation de fonder une banque privée, la **Banque Générale.** Le régent et la Noblesse participent à la souscription des actions de la nouvelle banque. Il ne s'agissait pas encore d'une banque foncière mais d'une banque sur le modèle hollandais, qui échange des dépôts de monnaie métallique contre des billets. Les bénéfices sont obtenus grâce au change et aux opérations d'escompte. La monnaie émise étant plus pratique pour les négociants, le succès fut très rapide. La banque commença à accroître le volume de ses émissions, imprimant plus de papier-monnaie qu'elle n'avait réellement d'or et d'argent en dépôt. Le succès de la Banque Générale fut tel, qu'elle fut reconnue Banque d'État en 1718.

Pour John Law, l'état doit aussi se faire négociant, ses bénéfices permettant de rembourser la dette publique. C'est ainsi que Law fonda également une compagnie commerciale par actions en 1717 sous le nom de Compagnie d'Occident, puis de **Compagnie des Indes** en 1719. Elle obtint le monopole de tout le commerce colonial français.

Enfin, la Compagnie des Indes fut mandatée pour la levée des impôts indirects. En 1720, John Law fusionna Banque Générale et Compagnie des Indes. Tout le monde voulut alors avoir des actions. On paya alors 20 000 Livres des actions de 500 Livres. Une véritable bulle boursière. Mais, en quelques mois, les dividendes rapportés par chaque action ayant été minimes, la confiance du public disparut.

La situation va s'aggraver assez vite. Pour briser la traditionnelle thésaurisation française de l'or et de l'argent, **Law interdit la possession de plus de 500 Livres[4] de métaux précieux par**

---

[4] 500 Livres = 155 grammes = 26 Napoléons

foyer sous peine de confiscation et d'amende. Une récompense est promise aux dénonciateurs, et des perquisitions ont lieu. Le 11 mars, pour décourager le public de la monnaie métallique, John Law suspend la valeur libératoire de l'or, à dater du 31 décembre. Trois mois plus tard, le 24 mars, c'est la banqueroute du système de Law.

Les actionnaires se présentent en masse pour échanger le papier-monnaie contre des espèces métalliques que la société ne possède plus. Les grands, comme le prince de Conti ou le duc de Bourbon, viennent en personne retirer de l'or au siège de la banque rue Quincampoix, ce qui entraîne des émeutes. Le cours des actions chute, sans que Law ne parvienne à contrôler le krach.

Le 21 juillet, un arrêt institue une semi-banqueroute. Le Parlement, qui tente de résister, est exilé à Pontoise. Le 10 octobre, on annonce la suspension des billets de banque à partir du 1er novembre. Le système de Law est mort. Law s'enfuit de Paris le 14 décembre, avant de s'exiler à Venise.

En 1720, après la banqueroute du système de Law, la dénomination officielle de la Livre Tournois devient la « Livre » (0,31 grammes d'or).

Le Film « Le Bossu » s'appuie sur cette trame historique. Ce gigantesque krach va détourner les français de la bourse pendant plus d'un siècle.

LE KRACH BANCAIRE DE 1763

La Banque d'Amsterdam a servi de modèle pour créer des établissements similaires partout, notamment dans l'Europe du Nord protestante.

Les banquiers d'Amsterdam vont déborder leurs prérogatives de départ en utilisant les « lettres de change » comme prêts à 3 mois gagés par les dépôts métalliques, finançant ainsi notamment les belligérants de la Guerre de 7 ans (1756-1763). Ce conflit est souvent comparé à une guerre mondiale entre toutes les grandes puissances européennes : Russie, Prusse, Grande-Bretagne, Hollande, France. Il va se dérouler sur tous les continents. La France va y perdre l'Inde et le Canada.

À la fin de la guerre, en 1763, les spéculations sur les matières premières à la bourse d'Amsterdam étaient au plus haut et vont, avec la paix, s'écrouler brusquement. Cet effondrement boursier va provoquer une ruée vers les banques, pour transformer les « lettres de change » en pièces d'or et d'argent.

Rien qu'à Amsterdam, 16 banques ont prêté plus qu'elles n'avaient de réserves métalliques dans leurs coffres et font faillite. Les autres banques méfiantes ferment immédiatement le robinet du crédit à leurs clients.

Les sociétés hollandaises sont les premières à en souffrir et le cours des actions s'écroule, amenant un krach boursier.

Comme les clients des banques sont internationaux, le krach se répand en Europe. À Hambourg, 48 établissements financiers ferment leurs portes en moins d'un mois.

1776 - INDÉPENDANCE AMÉRICAINE

En 1776, les banquiers de la City de Londres réussirent à faire voter par le Parlement anglais une loi interdisant aux treize colonies d'Amérique de créer une monnaie locale, le *Colonial Script*. La loi impose à ces colonies d'utiliser pour les échanges, la monnaie frappée à Londres.

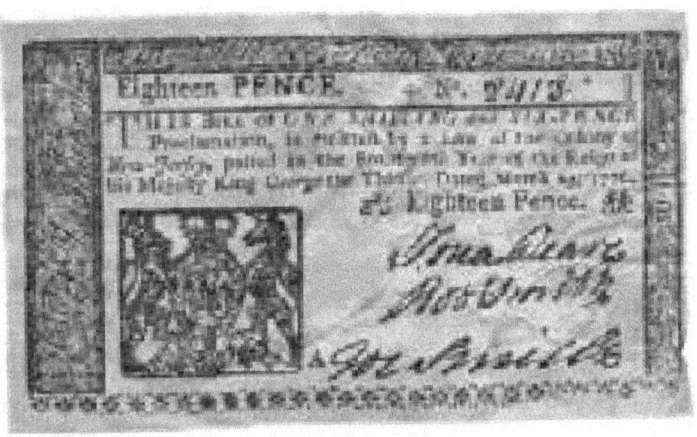

Le Colonial Script

Comme cette monnaie était obtenue moyennant un intérêt, elle devenait automatiquement une dette perpétuelle des colonies. Les monétaristes l'appellent la **monnaie-dette**, qui constitue une rente des banques privées au détriment des États soumis à ce régime.

Au moment de la déclaration d'indépendance des États-Unis, les Pères Fondateurs inscrivirent dans l'article 1 de la Constitution américaine signée à Philadelphie en 1787:

« *C'est au Congrès qu'appartiendra le droit de frapper la monnaie et d'en régler la valeur.* »

Thomas Jefferson était convaincu du rôle pervers des banquiers internationaux. Il a écrit : *« Je considère que les institutions bancaires sont plus dangereuses qu'une armée. Si jamais le peuple américain autorise les banques privées à contrôler la masse monétaire, les banques et les corporations qui se développeront autour d'elles vont dépouiller les gens de leurs biens jusqu'au jour où leurs enfants se réveilleront sans domicile sur le continent que leurs Pères avaient conquis. »*

Jefferson avait donc prophétisé, il y a plus de deux siècles, la crise actuelle des « subprimes », qui jette quarante-quatre millions de citoyens américains à la rue.

Les américains ayant défait les troupes britanniques, l'Indépendance des colonies américaines devint une réalité. Mais les banquiers de Londres ne s'avouèrent pas vaincus. Ils créèrent une banque privée au nom fallacieux de « Banque des États-Unis », pour faire croire que c'était la banque d'état. Cette banque obtint pour 20 ans du Président George Washington en 1791 le droit de battre monnaie, en contradiction totale avec la Constitution.

Le Président Jackson, une fois les 20 années écoulées, chercha à mettre fin aux privilèges de cette banque et à faire respecter l'Article 1 de la Constitution, mais en vain. Les banquiers anglais, menés par Nathan Rothschild firent pression pour imposer des barrières douanières sur les produits américains et des taxes sur les produits à destination des États-Unis, tant et si bien, que la Banque des États-Unis put récupérer ses privilèges en 1816.

Il faudra attendre Abraham Lincoln pour qu'un Président américain cherche à s'opposer aux diktats des banquiers. Ce qu'il fera en 1862 en faisant voter le Legal Tender Act. Trois ans après, Lincoln sera assassiné. Son successeur, Andrew

Johnson, ayant compris le message, abolira le « Greenback » et rétablira les privilèges des banquiers privés.

LES ASSIGNATS
FAILLITE DE L'ÉTAT DE 1793

L'HISTOIRE VA BÉGAYER

Avant la Révolution de 1789, les finances royales sont dans un état catastrophique avec une dette évaluée entre 4 et 5 milliards de Livres et la moitié du budget royal sert à résorber la dette qui ne fait qu'augmenter et à servir de rente pour diverses personnes. Le risque de banqueroute est proche, il faut trouver de l'argent frais. Le député Talleyrand propose de confisquer les biens du clergé (et non pas de les nationaliser car aucune indemnité n'a été versée en échange).

Cet apport de patrimoine, évalué entre 2 et 3 milliards de Livres, constitue une manne considérable pour les finances publiques. La mise en vente est confiée à la Caisse de l'Extraordinaire, créée le 19 décembre 1789 et finalisée le 6 décembre 1790. La vente de tous ces biens doit prendre au minimum un an. C'est un délai trop long ; les caisses de l'État sont vides et les échéances des créanciers sont telles que la faillite arriverait avant que tout ne soit vendu.

C'est ainsi qu'est décidé de créer, le jour même de la création de la Caisse de l'Extraordinaire, des billets dont la valeur est assignée sur les biens du clergé. **L'Assignat est né.**

Le fonctionnement de l'Assignat est simple : comme il est impossible de vendre tout de suite les biens du clergé, des billets seront émis, qui représenteront la valeur de ces biens. Toute personne, qui désire acheter des biens nationaux, doit le faire avec des Assignats, il faut donc avant tout que les particuliers achètent des Assignats auprès de l'État, c'est ainsi que la rentrée d'argent se fait. Une fois la vente effectuée, de retour dans les mains de l'État, les Assignats doivent être détruits. Ainsi, la rentrée d'argent frais est plus rapide que s'il fallait attendre que les biens soient véritablement vendus.

Les premiers billets émis ont une valeur de 1000 Livres. Une valeur si importante ne les destine pas à servir de billets pour la population, mais à être thésaurisés par des particuliers, leur but étant uniquement de faire rentrer tout de suite de l'argent dans les caisses de l'État. La valeur totale de la première émission sera de 400 millions de Livres. L'idée est loin de faire l'unanimité au sein de l'Assemblée Constituante, certains évoquant la banqueroute du système de Law. C'est ainsi que des députés comme Talleyrand, Condorcet ou encore Du Pont de Nemours sont contre. Pour eux, le problème majeur de l'émission d'Assignats est qu'**il ne faut pas qu'il y ait plus d'Assignats en circulation que la valeur des biens nationaux**. Or, à cette époque, les billets sont facilement falsifiables. Il y a donc un fort risque de retrouver en circulation une quantité bien plus importante d'Assignats que ce qu'il devrait véritablement y avoir, et par ailleurs les Assignats émis par les faux-monnayeurs n'apporteront pas de revenus à l'État. Dans un tel cas, les Assignats ne vaudront plus rien.

Dès le début de 1790, les premiers ratés surviennent. Le 30 mars, le député Montesquiou-Fezensac déclare au sujet des Assignats que c'est : **« le plus coûteux et désastreux des emprunts »**.

Dépréciation

Le 17 avril, l'Assignat est transformé en un papier-monnaie. Et l'État, toujours à court de liquidités, l'utilise pour toutes ses dépenses courantes. La machine s'emballe... L'État ne détruit pas les Assignats qu'il récupère ; pire, il imprime plus d'Assignats que la valeur réelle des biens nationaux. Necker, alors ministre des Finances, résolument contre la transformation de l'Assignat en papier-monnaie, donne sa démission en septembre.

L'Assignat perd 60 % de sa valeur de 1790 à 1793. Bien que l'Assignat voit sa valeur réduite, les enchères des biens nationaux restent tout de même très élevées et seules les personnes aisées peuvent les acheter. C'est ainsi que certains s'enrichissent énormément et achètent d'immenses terrains et bâtiments pour presque rien, en comparaison de leur valeur réelle. La surévaluation légale de l'Assignat permet d'acheter des biens par conséquent sous-évalués.

Pour soutenir l'Assignat, plusieurs lois successives sont votées, toujours plus dures, comme de lourdes amendes et de graves peines d'emprisonnement pour toute personne surprise à vendre de l'or ou des pièces d'argent, ou traitant différemment la monnaie de papier et les métaux précieux, ce qui comprend le refus d'un paiement en Assignats.

Le 8 avril 1793, la Convention décide que les prix de tous les achats et marchés conclus avec l'État seront stipulés uniquement en Assignats, mesure étendue le 11 au secteur privé. Dès les premiers jours de la Terreur, le 8 septembre 1793, la non acceptation de l'Assignat est déclarée passible de la peine de mort : les biens sont confisqués et le délateur récompensé.

Le 13 novembre 1793, le commerce au moyen des métaux précieux est interdit. En mai 1794, toute personne qui aurait demandé en quelle monnaie le contrat serait conclu, doit être condamnée à mort.

Malgré tout cela, les pouvoirs politiques ne savent pas faire face à la crise économique qui arrive et l'État continue d'émettre de plus en plus d'Assignats, pour financer la guerre. Le nombre d'Assignats fabriqués correspond à une valeur de 2,7 milliards de Livres en septembre 1792 et 5 milliards en août 1793. Au début de 1794, les Assignats émis passent à 8 milliards. Toutefois, les autorités ont fini par comprendre que la dépréciation continue des Assignats était due à l'excès des émissions. Aussi une partie est-elle retirée de la circulation à partir de 1793 au moyen de l'emprunt forcé. En retranchant les sommes rentrées et brûlées, il n'en reste en circulation que 5 milliards et demi.

En juin 1794, la création d'un nouveau milliard d'Assignats, d'une valeur allant de 1000 Francs à 15 Sous, est décrétée, dans le même temps qu'un emprunt forcé sur les riches de 100 millions est lancé par le comité des finances. Après de nouvelles émissions, les Assignats mis en circulation passent de 10 milliards en août 1795 à près de 45 milliards de Livres en janvier 1796, alors que la somme totale des Assignats n'aurait jamais dû dépasser les 3 milliards, valeur des biens du clergé. La cause de l'inflation réside dans la surproduction des Assignats, le contrôle des prix ne permettant pas de baisser ceux-ci mais ayant pour effet de créer la pénurie.

Un grand nombre de faux assignats a inondé la France ; fabriqués en Belgique, en Hollande, en Allemagne, en Suisse et en Grande-Bretagne, avec la complicité du gouvernement britannique, alors le plus grand ennemi de la France, intéressé à accélérer la crise économique française.

FIN DES ASSIGNATS ET BILAN

Sur décision du Directoire, l'Assignat est finalement abandonné avec faste lorsque les planches à billets, les poinçons, les matrices et les plaques sont brûlés en public place Vendôme, le 19 février 1796.

Le 18 mars, l'Assignat est retiré de la circulation contre un nouveau billet, le Mandat Territorial. L'échange se fait sur la base de 30 Francs Assignats contre 1 Franc Mandat, au lieu de 300 contre 1, sa valeur réelle, ce qui condamne le nouveau titre dès son émission. Le Mandat Territorial connut plus ou moins la même histoire que l'Assignat, sa dépréciation se fit bien plus rapidement que pour son prédécesseur.

Le 4 février 1797, il fut retiré de la circulation et la monnaie sonnante et trébuchante reprit sa place.

L'Assignat est généralement considéré comme un pur échec. Cependant, sa création a non seulement empêché la faillite quasi immédiate de l'État Français mais contribué à la réduction de la dette et permis de trouver l'argent nécessaire au financement de la guerre au cours de l'An II.

CYRILLE JUBERT

Histoire de l'Argent

L'Argent à travers l'Histoire

XIXème siècle

Le bimétallisme

Franc Germinal - An XI

Après les désordres financiers et monétaires de la fin du XVIIIème et l'apocalypse de la monnaie révolutionnaire, le Consulat va mettre en place un système monétaire bimétallique, or et argent, qui va recréer une stabilité économique et financière. Le 7 germinal an XI, soit le 27 mars 1803, le Premier Consul Bonaparte fixe la valeur du Franc, appelé le « Franc Germinal ».

1 Franc vaut 5 g d'argent en 900/1000 soit 4,5 g d'argent pur.

Par décret, il faut 15,5 onces d'argent pour acheter une once d'or.

Toute l'Europe va s'aligner sur ce système monétaire. C'est l'âge d'or du bimétallisme. **Ce système va permettre une stabilité monétaire pour les 75 années à venir.**

Toutes les pièces d'argent ou d'or frappées en Europe, en Amérique et dans les colonies, ont le même poids et la même valeur, les échanges internationaux en sont extrêmement facilités.

La croissance de la masse monétaire mondiale est bridée par la production minière d'or et d'argent, naturellement limitée par les techniques de l'époque.

Corsaires et pirates continuent à écumer les mers, notamment l'Océan Indien durant le XIXème siècle.

Surcouf (1773-1827), le plus brillant de nos corsaires, était tellement riche, qu'il avait fait recouvrir le sol de sa maison de pièces de Napoléon en or.

Lors de sa visite en 1803 pour essayer de convaincre Surcouf d'accepter le commandement d'une des escadres de sa flotte, l'Empereur Napoléon 1er lui fit remarquer qu'il trouvait indécent qu'on lui marche ainsi sur la figure. « *Qu'à cela ne tienne, Sire,* répondit Surcouf, *je les ferai poser sur la tranche.* »

Surcouf aurait-il pu éviter Trafalgar ?

LE TRAFALGAR DE L'ESPAGNE

Napoléon, à l'origine de la stabilité monétaire, va être l'une des causes de la fin du bimétallisme.

Le roi d'Espagne Charles III de Bourbon était lié à la France de Louis XVI par le « Pacte des familles » (1761), liant les Bourbons de France, d'Espagne, de Naples et de Parme. Le but était de contrebalancer l'expansionnisme britannique. En même temps, Charles III se méfiait de son puissant voisin et entretenait des relations étroites avec la Prusse et le Saint Siège. Quand il mourut en 1788, son fils, Charles IV, héritait d'un Royaume ayant retrouvé la place qu'il avait en Europe au début du XVIème siècle. Charles IV, très proche dans son caractère de son cousin Louis XVI, s'intéressait plus à la fabrication de chaussures, d'armes ou de meubles qu'aux affaires publiques. Sa femme, une croqueuse d'hommes, allait mettre l'un de ses amants au pouvoir : Manuel Godoy.

L'Espagne ne fut pas hostile d'emblée aux idées de 1789 ; ce n'est qu'après l'arrestation de Louis XVI, que la monarchie espagnole ferma les Cortes et établit une censure terriblement répressive. Charles IV emprunta auprès de la Banque Lecouteult 2 300 000 Livres pour corrompre les juges, en vain. L'exécution de Louis XVI allait faire basculer l'Espagne du côté des ennemis de la France et des « Lumières ».

Le 7 mars 1793, l'Espagne déclarait la guerre à la France. Le peuple entier se levait pour lancer une croisade contre ces français sans foi, ni loi et sans Dieu. Les contributions populaires à la guerre furent de 45 millions de Francs en Espagne contre 5 dans la France exsangue de la Terreur. Cet état de guerre permettait aux révolutionnaires de perturber le commerce colonial et donc de couper les approvisionnements et les finances britanniques. Bayonne menacée et Montpellier encerclée par les Espagnols, Paris envoya des troupes fin 1793 pour chasser les Espagnols avant d'envahir le Pays Basque et la Catalogne.

La montée en puissance des révolutionnaires espagnols et des indépendantistes basques força Godoy, l'amant de la Reine, à négocier la paix. En août 1796, Paris et Madrid faisaient de nouveau front commun contre Londres. Mais les troupes et les vaisseaux de Charles IV ne connurent que des revers contre les Anglais. Les bateaux espagnols ne pouvaient plus quitter leurs ports, le commerce était bloqué et les colonies en danger. Charles était un faible, dirigé par une femme développant des goûts étranges et décadents, parfaitement décrits par les tableaux de Goya. Le couple royal était la risée de l'Europe.

Quand Bonaparte prit le pouvoir en France, il réussit à avoir un tel ascendant sur Charles IV, qu'on parle de l'Espagne comme d'un pays satellite de la France. Premier Consul, il poussa l'Espagne à entrer en guerre contre le Portugal. Ce fut la brève « guerre des oranges » de 1801.

En 1804, couronné Empereur, Napoléon veut débarquer en Angleterre. Il conçoit une vaste manœuvre navale à travers l'Atlantique pour éloigner la flotte anglaise de la Manche en l'entrainant vers les Antilles. À cette manœuvre, participe toute la flotte de guerre espagnole. Mais les flottes françaises et espagnoles vont connaître une très sévère défaite au large du Cap Trafalgar.

Trafalgar va laisser à l'Angleterre la totale maîtrise des mers. L'Espagne ne peut plus protéger ses colonies et encore moins les convois d'argent en provenance de la Nouvelle Espagne, comme on appelle cet immense royaume, qui va de la Floride au Pérou en passant par le Mexique, source de la richesse de l'Espagne, grâce à ses mines d'argent.

Ces guerres successives avaient encore affaibli le pays en proie à la famine après plusieurs années de mauvaises récoltes. L'économie était en déroute, les finances royales proches de la banqueroute ; et la monnaie ne cessait de se déprécier. Le « Vales », la monnaie de papier, ne valait que le quart de sa valeur nominale.

L'Amant de la Reine, Godoy, faisant fonction de chef de gouvernement, menait double jeu, jurant son allégeance à l'Empereur, tout en écrivant à ses ennemis qu'il allait envoyer ses armées pour prendre les Français à revers. Ses lettres étant tombées entre les mains des Français, en 1807, Napoléon envoie une armée par l'Espagne pour participer à la guerre contre le Portugal, qui ne voulait pas appliquer le blocus continental contre les Anglais. Simultanément, il envoie Murat et son armée à Madrid, au moment où un complot renverse le faible Charles IV, pour mettre son fils Ferdinand VII sur le trône. Napoléon profite de ce désordre monarchique pour forcer les deux souverains à abdiquer et il place son frère Joseph sur le trône.

L'Empereur croyait à tort que les partisans des Français et des « Lumières » constituaient la majorité des Espagnols et que Joseph serait plébiscité. Ce fut l'inverse. Partout le peuple se souleva contre les Français, créant une terrible guérilla, qui va marquer les premières défaites de l'armée impériale sur le continent.

En 1812, les Cortes vont adopter une constitution très proche de la Constitution Française de 1791 et de la Déclaration des Droits de l'Homme et du Citoyen de 1789.

RÉVOLUTION DANS LA NOUVELLE ESPAGNE

La mise sur le trône d'Espagne de Joseph Bonaparte va provoquer des soulèvements en Nouvelle Espagne en général et au Mexique en particulier avec un temps de décalage, dû à la paralysie du trafic commercial entre la métropole et les colonies de Nouvelle Espagne.

Les légitimistes veulent le retour de Ferdinand sur le trône, alors que les indépendantistes se prennent à rêver. La Déclaration des Droits de l'Homme et du Citoyen et les livres des « Lumières » ont réussi à passer outre Atlantique, soulevant les espoirs des créoles nés aux colonies, qui n'ont pas les mêmes droits que les Espagnols, et des métis, qui sont encore plus méprisés. La révolution commence fin 1810. Les armées des insurgés, qui comptent plus de 80 000 hommes vont connaître beaucoup de succès ; mais elles vont commettre tant de massacres, que cette barbarie refroidit une partie des indépendantistes. Les leaders de la première heure ayant tous été tués, le reste des insurgés rentre dans le rang. Seule une guérilla sporadique subsiste dans certaines provinces.

Ce n'est qu'en 1820, après que le roi d'Espagne, Ferdinand VII, ait signé la constitution très libérale de 1812, que la guerre d'indépendance reprend au Mexique. La République du Mexique est fondée fin septembre 1821.

De 1821 à 1850, le Mexique connut 50 gouvernements successifs. Leurs politiques respectives n'avaient qu'une seule constante : elles interdisaient l'exportation de l'argent, la principale richesse du pays, tout en accumulant les dettes.

Qui était assez puissant pour corrompre 50 gouvernements successifs et pendant aussi longtemps ? Qui avait intérêt à déstabiliser le système monétaire universel de l'époque ? La réponse pourrait être la Banque d'Angleterre.

Voilà le territoire de la Nouvelle Espagne en 1819. Il incluait presque un tiers des États-Unis actuels. La Floride en faisait partie. Le roi Ferdinand va la vendre pour 5 millions de Dollars (26 millions de Francs or) pour rembourser une partie de ses dettes.

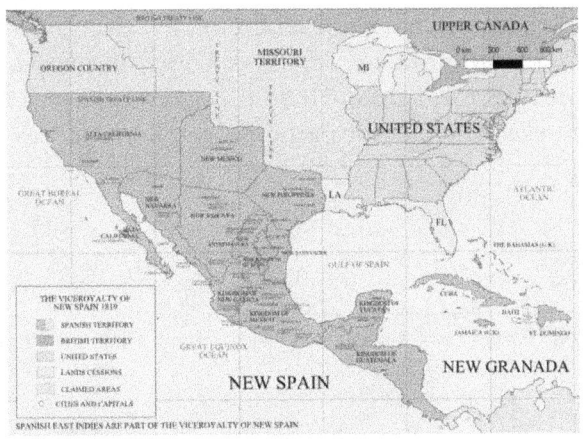

Napoléon va vendre la Nouvelle Orléans, la Louisiane et toute la région irriguée par le Mississipi et ses affluents pour 15 millions de Dollars, soit 80 millions de Francs[5]. En fait, il se rend compte qu'il ne peut pas développer un Empire sur le continent américain et préfère vendre aux jeunes États-Unis, avant que la Grande Bretagne ne prenne possession du territoire par les armes. Ce territoire sera vendu au prix de 7 Dollars le km².

Voici quelques anecdotes amusantes qui ont changé le cours de l'Histoire et notamment de l'histoire monétaire.

ONCLE SAM

Samuel Brannan était né en 1819 dans le Maine, mais ses parents ayant déménagé en Ohio ; c'est là qu'il apprend le métier d'imprimeur. Sam, suivant l'exemple de ses parents, écoute religieusement tous les dimanches les prêches de Jo Smith et fait bientôt partie du cercle étroit des premiers disciples.

---

[5]80 millions de Francs or = 4 millions de Napoléons = 1 milliard d'Euros en août 2012.

À la mort de Smith, Sam Brannan s'enfuit à New York avec un groupe de mormons bannis de leur comté, et publie pendant quelques mois un journal *The Prophet*. Mais à New York aussi, les mormons sont bientôt pourchassés. Sam Brannan décide alors d'aller coloniser les terres vierges de l'Ouest avec ses compagnons. C'est ainsi qu'en février 1846, avec 240 mormons, Sam s'embarque sur un bateau pour la Californie, via le Cap Horn et Hawaï. Dans ses bagages, il emporte une antique imprimerie. Ce long et périlleux voyage, les amène à Yerba Buena le 31 juillet suivant. Leur arrivée triple d'un coup la taille du village.

Yerba Buena est alors un village de tentes avec quelques baraques en planches au bord du Pacifique. La Baie forme un refuge naturel pour les navires qui viennent échanger des biens avec les quelques centaines d'Américains qui peuplent cette région presque totalement déserte. Officiellement Yerba Buena fait partie de ce tout nouveau pays, le Mexique, qui a gagné son indépendance en décembre 1821. Mais la toute jeune république n'est que désordre politique. La Haute Californie est essentiellement peuplée de tribus indiennes mal connues, car cette lointaine province n'intéresse personne.

Enfin personne ou presque.

DE YERBA BUENA À SAN FRANCISCO

Pendant ce temps-là, à Washington, le Président James Knox Polk ne rêve que de « conquête de l'Ouest » pour étendre le territoire des États-Unis, qui vient de fêter ses 70 ans d'existence. Knox a donc envoyé une mission diplomatique à Mexico à la fin de 1845, avec mission d'acheter le Nouveau-Mexique et la Californie pour 25 millions de Dollars. Ne recevant aucune réponse, Washington envoie des troupes au nord du Rio Grande en février pour presser l'ouverture des négociations. Comme toujours, quand on met une allumette près d'un baril de poudre, ou des hommes armés face à d'autres hommes armés, cela provoque des réactions explosives. En avril, à la suite d'escarmouches répétées entre les deux armées en présence, la tension monte jusqu'à ce que la guerre soit déclarée en mai. C'est ainsi qu'est née la guerre américano-mexicaine, qui allait durer presque deux ans. Le 2 février 1848, les États-Unis mettent la main sur 1 300 000 km², la moitié du Mexique pour seulement 15 millions de Dollars, soit 206 millions de Dollars d'aujourd'hui.

John Sutter est l'un de ces innombrables pionniers de la conquête de l'Ouest. Après avoir bourlingué un peu partout, il crée un village fortifié, Sutter Fort, le long d'un petit affluent de la rivière Sacramento. Autour du feu, on se raconte l'épopée de Fort Alamo, qui s'est déroulée il y a à peine dix ans et qui a mené à l'indépendance du Texas. Les chansons de l'Ouest évoquent les hauts faits de ces héros modernes et font rêver tous les aventuriers du Nouveau Monde. Dans l'espoir de rentrer aussi dans l'histoire, Sutter s'engage en 1846 dans un petit bataillon de volontaires pour libérer la Californie de la férule mexicaine.

Le 15 juin, il fait partie des 30 colons qui s'emparent de la garnison de Sonoma, pour y faire flotter le Bear Flag de la Californie Libre. En juillet, il participe à la libération de Yerba Buena, au bord du Pacifique, que l'on rebaptise immédiatement et qui devient San Francisco.

Par un hasard de l'histoire, John Sutter et Sam Brennan, le mormon, assistent ensemble à la naissance de cette ville.

Démobilisé début 47, Sutter retourne en héros chez lui à Sutter Fort, mais pour découvrir que tout son bétail a été volé en son absence. Plein d'énergie, il redémarre donc une fois de plus à zéro. Tous ces pionniers, qui arrivent dans l'Ouest, en longues caravanes, chaque semaine, vont avoir besoin de bois pour construire leurs maisons. Sutter envisage donc de s'enrichir en créant une scierie.

Justement, un charpentier, James Marshall, est de passage à Sutter Fort, et semble connaître son affaire. Autour d'un verre de mauvais bourbon, ils élaborent les plans d'une scierie moderne, dont la scie à ruban serait actionnée par un moulin. Tope-la, affaire conclue ! Marshall, engagé par Sutter, part prospecter et trouve l'emplacement idéal pour leur entreprise à Sonoma, 64 kilomètres en amont, sur l'American River.

La scierie est mise en route avec comme personnel quelques indiens et quelques vétérans d'origine mormone fraîchement démobilisés. Hélas, très vite la puissance hydraulique s'avère insuffisante pour que la scie à ruban fonctionne parfaitement.

Marshall réussit à convaincre John Sutter de la nécessité de creuser un bief, un fossé industriel, permettant de canaliser la rivière pour renforcer la puissance hydraulique. Une nouvelle équipe de journaliers est embauchée, qui n'est autorisée à travailler que de nuit, pour ne pas déranger le fonctionnement de la scierie durant la journée. Les terrassiers creusent dans le noir et vont se coucher au petit matin.

Ce 14 janvier 1848, au chant du coq, Marshall, comme tous les matins, vient inspecter l'avancement des travaux du canal dans la roche. Son regard est tout de suite attiré par des éclats de lumière au fond du bief. Descendu pour observer de plus près, il trouve des roches extrêmement brillantes, comme faite d'un métal pur. En les frappant l'une contre l'autre, ces roches ne se brisent pas mais semblent un tant soit peu malléables. Est-ce de l'or presque pur ? Il ramasse sa trouvaille pour faire quelques expériences. James Marshall est amusé par cette découverte, mais c'est un ingénieur, qui n'a en tête que la mise au point de la scierie. Le personnel, très excité, n'a droit de chercher de l'or que pendant les pauses règlementaires. Quelques jours plus tard, Marshall descend rendre compte de son travail à la scierie à Sutter, resté à Sutter Fort, dont il est devenu officiellement maire. Il lui montre les pépites et son patron, après quelques tests, se rend à l'évidence, c'est bien de l'or à 23 carats. Contrairement à ce que vous pourriez croire, Sutter ne saute pas de joie. Il craint, à juste titre, que cette découverte n'amène une horde d'orpailleurs sans foi ni loi dans la région, alors qu'il rêve de bâtir un empire agricole. Il demande donc à Marshall de garder le secret.

L'histoire aurait pu en rester là, mais certains ouvriers de la scierie sont partis livrer des planches à San Francisco et en profitent pour acheter quelques outils pour chercher de l'or. L'un des très rares magasins de cette bourgade naissante appartient à Samuel Brannan.

Ce mormon, fraîchement installé, est à la fois prêcheur à l'église, journaliste, éditeur de la feuille de chou locale le *California Star*, et tient un magasin, où les fermiers trouvent de tout. Les employés de Sutter y débarquent pour acheter pelles, pioches et tamis d'orpaillage et payent avec des pépites. Est-ce que ce filou de Sam leur a servi un petit coup de tord-boyaux pour délier les langues, ou a-t-il entendu ses frères mormons en confession ; l'histoire ne le dit pas. Quoiqu'il en soit, Brannan prend immédiatement les bonnes décisions.

Il commence par acheter toutes les pelles et pioches disponibles dans la région et passe une commande complémentaire en urgence à son courtier. À la suite de quoi, il embauche quelques-uns de ses compagnons de voyage pour ouvrir un magasin secondaire à Fort Sutter et y bâtir une chapelle. L'histoire locale dit que grâce aux seuls Deniers de l'église, la dîme due par tous les croyants, Samuel Brannan aurait pu devenir millionnaire.

Une fois ses différents commerces installés, mais pas avant, Brannan édite un numéro spécial sur la découverte d'Or en Californie dans son *California Star* de mars 1848. Dans la journée, toute l'édition est vendue. Sam a parcouru les rues de San Francisco en criant « On a trouvé de l'or en Californie ». Evidemment, ce numéro spécial met en avant que seul Brannan's dispose du matériel pour mineurs. *« Charité bien ordonnée commence par soi-même ! »*

Trois jours plus tard, San Francisco est une ville-fantôme ; tous les habitants sont partis chercher de l'or.

LA RUÉE VERS L'OR

Le 19 août 1848, le *New York Herald* fut le premier grand journal de la Côte Est à rapporter qu'il y avait une ruée vers l'or en Californie. On estime à seulement 500, les pionniers partis de la Côte Est dès 1848 ; mais à la fin de l'année, 6 000 chercheurs d'or venus du Mexique, du Pérou ou même d'Australie avaient gagné la Californie. À cette époque les nouvelles circulent relativement lentement et les voyages sont plus difficiles, lents et dangereux qu'aujourd'hui. Néanmoins, en 1849, 90 000 chercheurs d'or envahissent la Californie. Près de 50 000 sont américains, le reste vient du Monde entier, avec curieusement une bonne proportion de Français ayant fui la Révolution de 1848. Beaucoup de ces chercheurs d'or ne travaillent que 6 mois et repartent chez eux heureux en ayant gagné l'équivalent de 6 ans de salaire.

En 1849, le seul magasin de Fort Sutter générait 150 000 $ de chiffre d'affaires par mois. Sam Brannan avait des magasins dans toute la Californie et sa fortune était considérable. Intelligemment, Sam achetait tous les terrains de San Francisco et fondait des villes ailleurs, qu'il reliait par le chemin de fer. Après un divorce coûteux et du fait de son penchant pour le whisky frelaté, ce génial Oncle Sam mourut ruiné.

Paix à son âme.

L'OR DE LA CALIFORNIE EN CHIFFRES

En 1848, la loi sur l'indépendance du Trésor séparait les comptes du gouvernement fédéral et du système bancaire, et imposait au Département du Trésor un étalon strict. Mais, le taux de conversion or-argent surévaluait ce dernier par rapport à la forte demande d'or nécessaire au commerce avec l'étranger, notamment la Grande-Bretagne. Suivant la loi de Gresham, l'argent affluait et l'or fuyait le pays. Cette érosion de la quantité d'or en circulation en faveur de l'argent a rendu la prospection d'or nécessaire, et amené la Ruée vers l'or de Californie en 1849.

Cette ruée vers l'or était-elle voulue par les banquiers et organisée par le biais des médias ? C'est fort possible.

Lorsque tous les médias dans le Monde se sont mis à vanter les fortunes rapides faites par les chercheurs d'or, des dizaines de milliers de personnes se sont mis à en chercher. Quand on cherche, on trouve. C'est ainsi qu'il en a été trouvé presque simultanément en Californie, en Australie, en Alaska ou en Afrique du Sud. Les petits ruisseaux font les grandes rivières. C'est cet afflux d'or qui a permis, quelques années plus tard, le passage à l'étalon or désiré par certains banquiers. Le pic de la production en Californie fut atteint en 1852 avec 121 tonnes, soit 3,9 millions d'onces. En 1865, tout l'or de surface et d'orpaillage était épuisé, il ne restait que l'or chèrement gagné au fond des mines. La production chuta à 27 tonnes. On estime à 80 millions de Dollars d'or envoyés en France par des prospecteurs français. Les historiens s'entendent pour dire que la production mondiale d'or depuis que l'homme existe est d'environ 150 000 tonnes, dont 30 000 tonnes ont été perdues ou détruites par l'industrie. Avant le « Gold Rush » de Californie, seules 13 000 tonnes d'or avaient été découvertes, ce qui justifiait le ratio Or/Argent. Il est établi que 90% de l'or sorti des mines dans le Monde à ce jour a été produit après 1848.

1848 est donc une année charnière dans l'histoire monétaire.

L'Argent à travers l'Histoire

1848-1900

La Révolution Industrielle que va connaître la deuxième moitié du XIXème siècle va permettre la création d'objets manufacturés en grand nombre, autorisant une nouvelle forme de distribution de masse aux consommateurs, avec la naissance des Grands Magasins et des Magasins Populaires à succursales multiples comme « Felix Potin », les GMMP.

Au cours de ce siècle, l'amélioration des infrastructures et des matériels de transport (navires à vapeur, réseaux ferrés) va progressivement faciliter le commerce national et international, augmenter la vitesse de circulation de l'argent.

L'expansion industrielle du XIXème siècle n'aurait pas été possible si toutes les transactions avaient été effectivement réglées en pièces d'or ou d'argent. Depuis la création de la Banque d'Amsterdam, la monnaie-papier s'est multipliée, les banques nationales, à l'image de la Banque d'Angleterre, ont structuré le marché financier améliorant les échanges internationaux.

Au XIXe siècle, les banquiers vont jouer un rôle majeur en développant les comptes en banque, tant pour les administrations que pour les entreprises et le grand public. La monnaie scripturale et les effets de commerce permettent l'augmentation de la masse monétaire indispensable au développement économique, indépendamment de la masse métallique.

Comme toujours, il y aura plus de monnaie qui circule, que d'or ou d'argent réellement stocké dans les coffres des banques. Cela donnera lieu, de manière récurrente, à des retentissantes faillites, chaque fois que les clients, en proie au doute, voudront récupérer leur trésorerie en métal précieux.

Mines d'argent russes

Il y a très peu d'informations disponibles sur les mines d'or et d'argent en Russie. Ce texte mélange des observations du membre de l'Académie des Sciences, Jean Chappe d'Auteroche (1728-1765), avec des informations plus tardives de la fin du XIXème siècle.

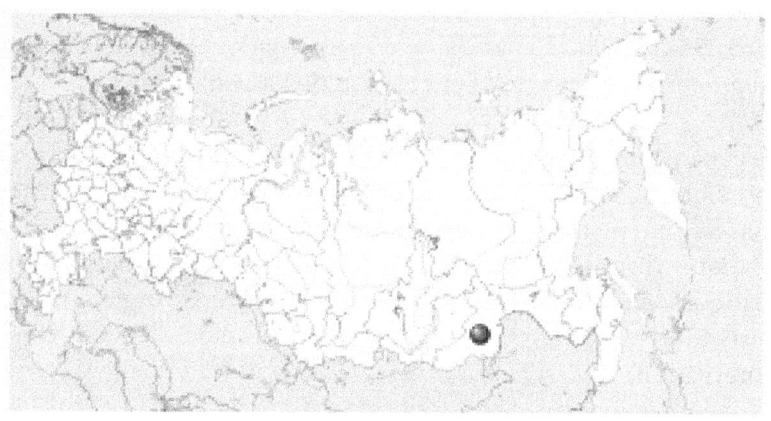

« *Si la majeure partie du vaste territoire sibérien est peu susceptible d'être cultivée, le sous-sol recèle des réserves précieuses de charbon ou de métaux divers. Au temps de Chappe, les métaux qui fascinent le plus l'homme, l'or et l'argent, ont seuls été soumis à une exploitation active.*

En Sibérie, les mines d'or ont été en grande partie épuisées. Les procédés d'extraction employés n'ont permis de traiter que les parties les plus riches. En dehors des mines de l'Oural, rattaché à la Russie d'Europe, et de celles de l'Altaï, exploitées depuis l'Antiquité, la plus grande partie des minerais aurifères se retirent des terrains alluviaux, en particulier de ceux de la Lena aux environs de Nijneoudinsk, Kansk ou Minousinsk dans le bassin du Ienisseï.

Les gisements se trouvent dans des fonds recouverts par des terrains marécageux. L'exploitation y est fort coûteuse, car elle nécessite l'enlèvement de couches superficielles stériles et le transport de ces déblais à distance de l'exploitation. Les mines forment, dans la Sibérie moyenne, cinq groupes, comprenant un ensemble d'environ 380 mines, dont 260 situées dans la zone des forêts, 120 dans la zone agricole.

Elles occupent environ 10 000 ouvriers et fournissent annuellement jusqu'à **400 millions de F. d'or (137 t)**. *L'arrondissement minier de l'Altaï est tombé au second rang. Les gisements les plus riches se trouvent dans les bassins de l'Amour et de la Lena, où de grandes compagnies se sont constituées pour l'exploitation du précieux métal.*

En l'année 1880, 8,4 tonnes d'or *furent extraits par une seule compagnie, la compagnie d'Olëkma, pour la valeur de 25 millions de Francs. La valeur de l'extraction s'y maintenait encore, dans à la fin du XIXème siècle, à 18 millions de Francs soit 6,2 tonnes. »*

La production d'argent est en grande diminution sur toute l'étendue de la Sibérie. Dans l'Altaï, la production fut autrefois abondante. 2 000 tonnes d'argent ont été extraites de 1750 à 1863, date de l'abolition de l'esclavage. À la fin du XIXème siècle, ces mines ne fournissent qu'une quantité insignifiante.

À Nertchinsk, en Transbaïkalie, au Sud-Est de la Sibérie, l'exploitation des mines d'argent remonte aux premières années du XVIIIe siècle. Après des débuts lents et modestes, la production atteignit 10 tonnes par an, vers l'année 1763, et se maintint jusqu'à 1786. Ces mines étaient réputées pour être le pire des bagnes de l'Empire de Russie.

Deux siècles plus tard, sur 90 mines d'argent que compte cette région, 10 seulement sont encore en exploitation; elles fournissent environ 800 kg par an ; l'ensemble de la Sibérie en produit à cette époque de 6 à 7 tonnes. Il convient d'ajouter à la production des métaux précieux, celle du platine, abondant surtout dans l'Oural.

JAPON

LE DERNIER SHOGUN

Sous le régime du Shogunat, le Japon s'était coupé du monde extérieur. Les mines d'argent appartenant à la famille du Shogun, celui-ci maintenait un ratio Or/Argent de 1/5 alors que le reste du Monde était à 1/15, cela ne s'est terminé qu'en 1867.

Avant l'Expédition Perry en 1853-1854, les étrangers n'étaient pas acceptés au Japon. En 1856, le Consul Général Américain Townsend Harris, envoyé pour négocier un traité dut se battre pied à pied pour que les pièces d'argent japonaises puissent être échangées à poids égal contre des pièces d'argent étrangères. Ayant réussi à inclure cette clause, le Consul s'empressa de changer ses Silver Dollars et Mexican Pesos, contre leurs équivalents nippons, avant d'échanger les pièces d'argent japonaises contre de l'or au ratio de 5 pour 1. Il envoya ensuite son or à un correspondant à Shanghai, où il fut changé au ratio de 15 ou 16 pour 1 contre des Dollars mexicains, avant de recommencer. Le Japon n'avait pas assez d'or pour que ce jeu puisse perdurer longtemps. En moins de deux ans, le Japon aligna le ratio Or/Argent sur les règles en vigueur dans le reste du Monde.

En 1867, l'Empereur Mutsuhito prend le pouvoir et décrète un « gouvernement éclairé » équivalent à celui du « Siècle des Lumières » qu'a connu l'Europe au XVIIIème siècle. Cette période restera dans l'Histoire comme l'Ère **Meiji**. L'Empereur va moderniser et ouvrir le pays aux étrangers. Après des velléités d'instaurer un étalon argent, c'est finalement un étalon or qui est mis en place en 1871. Néanmoins la monnaie intérieure reste provisoirement en argent. La Japon va essayer d'imposer une monnaie en argent pour le commerce extérieur le « Trade Dollar » espérant supplanter le Dollar Mexicain, mais en vain. L'étalon or va être dans un premier temps un échec. Le gouvernement nippon adoptera un bimétallisme avec un ratio de 16 pour 1.

La modernisation du Japon, qui a adopté une monarchie parlementaire et mis en place une structure économique permettant un développement rapide des industries, et notamment de la métallurgie, va simultanément permettre de moderniser son armée. Très vite, son expansionnisme va le mettre en conflit ouvert avec la Chine, notamment pour le contrôle de la Corée.

Le Japon, vainqueur du conflit sino-japonais de 1894-1895, va percevoir d'importantes indemnités de guerre, qu'il va demander en or. Cette manne va lui permettre de mettre en place l'étalon or en 1898, avec succès.

De 1871 à 1898, 165 millions de Yen-argent avaient été frappés. Les 2/3 avaient été exportés du fait du commerce extérieur et avaient été fondus en d'autres monnaies, notamment chinoises. Seuls 11 millions de Yen d'argent revinrent de l'étranger, qui vinrent s'ajouter aux 75 millions en circulation au Japon, que la Banque Centrale dut racheter.

Mais les guerres hispano-américaines provoquent une hausse de l'argent, qui avait beaucoup baissé par rapport à l'or après la démonétisation de l'argent par Bismarck en 1870, puis par l'Inde en 1885. La Bank of Japan va pouvoir revendre l'essentiel de cet argent en Chine et en Corée en ne perdant que 5,5 millions de Yen.

LA REINE VICTORIA & LES GUERRES DE L'OPIUM

Les chinois utilisaient l'opium pour diminuer la douleur. Certains chinois vont l'utiliser comme drogue à partir du XVIIème siècle. Ce sont les navigateurs portugais, forts de leurs comptoirs en Inde, qui vont les premiers échanger l'opium contre des produits chinois.

La Compagnie Anglaise des Indes Orientales, dont les échanges internationaux vont passer de 40 tonnes d'argent en 1660 à 280 tonnes vers 1720, est confrontée à un grave problème. Les européens raffolent des porcelaines, des meubles et objets laqués en provenance de Chine et se sont entichés du thé, qu'ils consomment en très grande quantité.

L'Empire du Milieu est centré sur lui-même et cultive la tradition en s'opposant à toute innovation et tout apport extérieur. Le commerce est très sévèrement contrôlé par des fonctionnaires de l'État, passages obligés pour tout étranger cherchant à acheter ou à vendre de la marchandise. L'empereur refuse d'acheter quelque produit que ce soit à l'extérieur et exige que toutes les marchandises achetées en Chine soient payées en lingots d'argent.

Les négociants de la Compagnie des Indes cherchant à résorber cette fuite permanente d'Argent, qui affaiblit les comptes de la Compagnie, vont s'intéresser au trafic de l'Opium. En 1729, 200 caisses d'opium vont être introduites en Chine et négociées clandestinement contre de l'argent. L'empereur va réagir immédiatement en promulguant un édit condamnant cette contrebande.

Mais la Compagnie Anglaise des Indes Orientales n'est pas prête à lâcher ce trafic extrêmement rémunérateur, d'autant moins qu'elle a investi dans de grandes plantations en Inde, pour alimenter ce commerce parallèle.

En 1795, ce ne sont plus 400 mais 4 000 caisses qui entrent dans les ports chinois. L'empereur Jiaqing (1796-1821) durcit la loi en 1796. Les trafiquants sont passibles de la peine de mort et les consommateurs sont passibles de peines de prison. En 1800, la culture est interdite dans l'Empire du Milieu.

En 1813, une caisse d'opium vaut 240 Roupies d'argent en Inde et 2 400 Roupies en Chine. La Compagnie fait dix fois la culbute par voyage. La Roupie depuis 1765 vaut 176 grains d'argent pur, soit 11,4 grammes.

En termes de SMIC journalier, une caisse d'opium au départ de l'Inde vaut 1 520 journées de travail d'un indou (4 ans et un mois) contre 40 ans de travail d'un ouvrier chinois à l'arrivée.

La CAIO va augmenter son trafic passant de 100 tonnes d'opium en 1800 à 2 400 tonnes en 1838. Le marché de l'Opium représente alors près de 1 000 tonnes d'argent par an et deux millions d'opiomanes en Chine. Le commerce avec la Chine devient enfin profitable pour les Britanniques.

Un grand débat va être ouvert par l'Empereur au sujet de l'Opium. Faut-il légaliser la production en Chine, pour diminuer le trafic et les marges des trafiquants. Il devient impératif d'arrêter l'hémorragie d'argent. L'Empereur nomme Lin Zexu commissaire impérial pour faire cesser le trafic. Lin va confisquer tous les stocks des revendeurs en 1839 et saisir 200 000 caisses d'opium, 1 188 tonnes vont être détruites. Une perte sèche de 500 tonnes d'argent pour les trafiquants.

Lin va en outre écrire à la Reine Victoria pour lui signifier que la consommation d'opium est interdite en Chine, que tous les navires étrangers seront désormais fouillés et qu'elle est priée de faire cesser ce trafic. La Reine Victoria n'est alors qu'une demoiselle de 20 ans et vient juste d'accéder au trône. Sans expérience, elle est sous la coupe de Lord Melbourne, qui sera bientôt démis de ses fonctions pour sa politique étrangère. Quoiqu'il en soit, 300 sociétés commerciales font pression pour une intervention du Gouvernement Britannique auprès des autorités chinoises et demandent le remboursement de leurs cargaisons de drogue.

Le Premier Ministre convainc le Parlement Britannique d'envoyer un corps expéditionnaire à Canton au nom de la liberté du commerce. Quelques échanges de coups de canon plus tard entre jonques chinoises et navires marchands britanniques, l'Empereur interdit désormais aux navires britanniques de mouiller dans les ports de Chine en janvier

1840. Lorsque la nouvelle arrive en Grande Bretagne, un débat houleux entre les partisans de l'arrêt de ce trafic de drogue et ceux défendant la liberté du commerce et exigeant des réparations de la Chine.

Les traineurs de sabre vont remporter la victoire et une escadre britannique de 16 vaisseaux de ligne, 4 canonnières et 28 navires de transport, est affrétée, dotée de 540 canons et de 4 000 hommes. À l'arrivée dans les eaux chinoises, les Britanniques bombardent Canton et occupe l'archipel voisin. Les faibles troupes de l'Empereur vont être rapidement défaites, et Canton et sa région conquises par les troupes britanniques.

En août 1842, une escadre anglaise remonte le Yang Tsé jusqu'à Nankin, obligeant le Gouvernement Chinois à signer un traité. Le commerce de l'Opium est toléré. Les ports chinois restent ouverts aux étrangers. Hong Kong est concédé à la Couronne Britannique. Les commerçants étrangers peuvent s'installer dans des quartiers, qui leur sont attribués, les « concessions », et la Chine va devoir payer 6 millions de Dollars. L'ouverture forcée de la Chine va rapidement doubler le commerce international du thé et de la soie. Le trafic d'Opium va passer de 40 000 caisses en 1838 à 80 000 caisses en 1863.

LA FIN DE LA COMPAGNIE DES INDES

En Mai 1857, la « Révolte des Cipayes », les soldats indiens de l'Armée de la CAIO qui fut la première guerre d'indépendance de l'Inde, va affaiblir la Compagnie, qui va perdre en 1858 ses fonctions administratives. Deux ans plus tard, toutes les possessions de la Compagnie passent sous le contrôle de la Couronne. Le 1er

janvier 1874, La Compagnie des Indes Orientales sera dissoute par décret.

LES GUERRES DE L'ARGENT

Le Gouvernement de la Grande-Bretagne, bientôt officiellement suivi par ceux des États-Unis et de la France, vont utiliser la puissance de leurs forces armées pour développer ce trafic de drogue, qui apporte d'immenses ressources financières à quelques grandes compagnies et aux banques, qui gèrent ces fonds.

Cette guerre était avant tout une « Guerre de l'Argent »

Le Trésor de la Bank of England était vidé de son métal blanc par le commerce de la Compagnie Anglaise des Indes Orientales avec la Chine. Cette première guerre de l'Opium sera suivie de beaucoup d'autres.

Au XXème siècle, la CIA affinera le concept durant la guerre du Vietnam, en important l'opium du Triangle d'or. La « Compagnie » développera le système à très grande échelle en Amérique Latine avec la cocaïne.

Plus récemment, la guerre en Afghanistan a permis de mettre la main sur la production de pavot, qui a connu, avec l'efficacité américaine, une croissance extraordinaire. La production en 2000 était de 185 tonnes. Elle a culminée en 2007 à 8 400 tonnes. Des usines de transformation ont été créées en Afghanistan par l'Alliance, pour produire de la morphine et de l'héroïne, plus faciles à exporter que l'opium. Cette production de produits finis représente 630 tonnes.

La CIA, comme la Compagnie Anglaise des Indes Orientales avant elle, est un véritable Cartel américain de la drogue. Les flux financiers de ces trafics alimentent un réseau bancaire, dont les plus grandes banques mondiales occidentales sont des rouages essentiels du blanchiment.

Napoléon parlait de l'Angleterre avec mépris en disant « cette nation de boutiquiers ». Comme la Hollande, l'Angleterre a été dirigée en fonction de son commerce, puis dans un deuxième temps pour diriger les flux financiers mondiaux.

NAPOLÉON III ET L'ARGENT

La découverte de l'or en Californie en 1849, puis les découvertes simultanées d'or en Australie, en Sibérie, en Alaska et en Afrique du Sud ont rendu l'or plus abondant que l'argent. La production aurifère mondiale en 25 ans, de 1850 à 1875, a excédé la production des 350 années précédentes.

L'or affluait de partout. Il y en avait une telle profusion que son prix relatif baissait tandis que celui de l'argent augmentait. La France et quelques autres nations, dont les systèmes monétaires étaient basés sur l'argent, souffraient d'une pénurie sévère de métal blanc. Depuis la loi promulguée en 1803, le ratio officiel or/argent était de 15,5. Conscient de cette pénurie, les citoyens thésaurisaient l'argent, de sorte qu'il en restait peu pour produire les pièces de monnaie.

En 1854, la Belgique, indépendante depuis 22 ans, cesse de produire des pièces pour des raisons de coût et sous-traite la frappe de sa monnaie à la France. Or, cette année-là fut celle où la France a frappé le moins de pièces de monnaies depuis la Révolution de 1789. Les importations d'argent par la Belgique en provenance de France passèrent de 6 millions de Francs en 1850 à 78 millions en 1859. La France avait désespérément besoin de métal argent. Au même moment, la Suisse affrontait le même problème. La spéculation des citoyens thésaurisant les monnaies d'argent aggravait cette pénurie.

Le retrait des monnaies d'argent entraînait une crise des règlements et de la circulation monétaire, par absence de signes monétaires en quantité suffisante. À cet égard, pour la France, la diminution des frappes en argent entre 1856 et 1864 est importante :

Année	Frappes en argent	Frappes en or
1856	54,4	508,24
1857	3,47	572,56
1858	8,63	488,67
1859	8,38	702,70
1860	8,08	446,04
1861	2,52	84,66
1862	2,51	210,16
1863	0,25	230,20
1864	0,16	273,84

Frappes des monnaies d'or et d'argent, au titre de $900\%_0$ en France entre 1856 et 1864 (en millions de Francs)

L'Aventure Mexicaine

En 1861, la Guerre de Sécession américaine faisant rage, les nordistes mirent en place un blocus maritime des ports du Sud, interdisant l'exportation de coton des états de la Confédération.

Cela pénalisa gravement l'industrie textile française des cotonnades et « indiennes », alors florissante. Cette pénurie mit de nombreuses petites filatures françaises en faillite, alors que les plus grandes entreprises textiles affrontaient de graves difficultés financières. Rapidement, 223 336 personnes se retrouvèrent au chômage, affectant le pouvoir d'achat de près de 670 000 Français. Les importateurs durent se tourner vers l'Inde à contrecœur, car le coton indien était de moindre qualité. Sa fibre, plus courte, donnait un fil plus fragile et plus cassant. De surcroit, si les producteurs du Sud des États-Unis préféraient les **paiements en or, l'Inde exigeait un règlement en argent.**

Seul le Mexique produisait alors de l'argent. Il représentait alors les ¾ de l'offre mondiale. Les plus grosses réserves étaient autour de Sonora, dans le désert au Nord-Ouest du Mexique, depuis la conquête de l'Empire Aztèque en 1519, le Mexique inondait l'Europe de l'argent de ses mines et par le biais des échanges commerciaux, irriguait l'Inde et la Chine. La Guerre d'Indépendance du Mexique, de 1810 à 1820, mit fin à ce flux continu. Entre 1821 et 1850, cinquante gouvernements s'étaient succédés à Mexico. En 1836, la première guerre avec les États-Unis lui avait fait perdre le Texas. La deuxième guerre (1846 à 1848) lui a coûté 2,4 millions de km². Une nouvelle guerre civile de 1859 à 1861 laissait le pays épuisé, perclus de dettes vis à vis de l'Angleterre, l'Espagne et la France.

Dans les années 1850, les Apaches faisaient régulièrement des raids dans la région de Sonora, dont les habitants ignoraient que d'énormes réserves d'argent existaient dans leur sous-sol. Les défaites récentes contre les États-Unis avaient laissés les mexicains ruinés et démoralisés. La ruée vers l'or en Californie amena à Sonora une vague d'aventuriers, qui pensaient que la région devait être riche en or. Ils se désintéressaient de l'argent.

Le Marquis Charles de Pindray qui avait fui la France lors de la Révolution de 1848, avait débarqué aux États-Unis. En 1849, il se joint à une caravane de colons à la conquête de l'Ouest.

Avec près de 88 aventuriers français, il débarque à Sonora pour exploiter des mines. Sa colonie va compter jusqu'à 150 personnes. Mais faute d'approvisionnement alimentaire par les autorités mexicaines dans ce désert, et harcelée par les Indiens, la colonie s'effondre. Pindray sera lui-même abattu le 5 juin 1852. Une seconde expédition française fut lancée en 1852 par Pierre Charles de Saint-Amant, qui était alors Consul de France en Californie. Il quitta San Francisco avec 80 hommes mais ils échouèrent également dans leur tentative d'exploitation des mines de Sonora.

Le Comte de Raousset-Boulbon en 1852, inspiré par Pindray, va essayer la diplomatie plutôt que la force. À Mexico, Raousset fonde une compagnie minière, *la Compañia Restaudora del Mineral de Arizona*. Les principaux actionnaires sont le président

Mexicain Arista, l'ambassadeur de France au Mexique et la banque Jecker & Torre. Le Gouvernement Mexicain l'autorise à explorer la Sonora et à y établir des mines. En échange, l'État s'engage à fournir des hommes pour protéger les mines des attaques des Indiens.

De retour à San Francisco, il recrute 270 hommes prêts à tenter l'aventure. Raousset n'a nullement l'intention de se contenter de jouer le rôle de prospecteur qui lui est assigné. Le Nord du Mexique s'offre à qui veut le prendre. Les aventuriers américains ou européens comme William Walker ou Charles de Pindray rêvent de s'y tailler un état indépendant. Raousset s'affiche comme républicain, mais a des visées monarchiques. Il pensait établir un état pour offrir un trône à la famille d'Orléans. Les diplomates français au Mexique ne voient pas d'un mauvais œil la perspective d'une colonie française, riche en mines d'Argent. Napoléon III, sans soutenir officiellement le comte, espère tirer les marrons du feu.

Aristra renonça à la présidence en janvier 1853 et son successeur, Santa Anna, annula le contrat sur l'argent avec la France. Napoléon III fit tout ce qui était en son pouvoir pour obtenir de l'argent mexicain, mais en vain.

Les dettes mexicaines avaient amené un débarquement de forces espagnoles, anglaises et françaises au Mexique. Elles servirent de prétexte pour que Napoléon III mette en œuvre son projet d'Empire Mexicain, dont il voulait confier la couronne à l'Archiduc Maximilien de Habsbourg.

Les conditions géopolitiques étaient optimales, vu que le remuant voisin du nord était empêtré dans une guerre civile interminable.

En 1863, Napoléon entreprenait sa guerre de conquête, mais les armées françaises se heurtaient à une guérilla soutenue. Mexico City fut conquise au début de l'été 1863 et en juillet, les notables de Mexico offraient la couronne impériale à l'Archiduc d'Autriche Maximilien de Habsbourg.

Empire éphémère !

L'armée française chercha à pacifier le pays en éradiquant la guérilla, mais elle avait affaire à des cavaliers, alors que les français se déplaçaient à pied.

En 1865, le président Juarez en exil à la frontière américaine, entouré de ses troupes, renforcées par les anciens combattants de la guerre de Sécession, obtenait l'aide des États-Unis.

Sous la pression nord-américaine, sans débattre, ni combattre, Napoléon III retira progressivement ses troupes de Mexico, Puebla et Vera Cruz. En 1867, le dernier navire français quittait les rives du Mexique. Quant à l'Archiduc, Empereur du Mexique, il fut fusillé par les Mexicains.

Durant la guerre de Sécession américaine, la Banque Rothschild de Londres finançait le Nord des États-Unis, alors que la Banque Rothschild de Paris finançait le Sud, extorquant des deux côtés des fonds à des taux usuraires proches de 25%.

Derrière les guerres d'indépendance du Mexique, la politique de la jeune république vis à vis de l'argent-métal et les révolutions qui vont suivre, il y a la stratégie d'un acteur très puissant, qui reste dans l'ombre pour manipuler l'équilibre monétaire de l'époque. Cette puissance, c'est la Banque d'Angleterre et ses actionnaires privés, qui seront les premiers à passer à l'étalon-or. La Livre Sterling sera la première monnaie de référence des transactions internationales pour les 50 ans à venir.

LES DIFFICULTÉS DU BIMÉTALLISME ET L'UNION LATINE

5 Francs, France 1866

La seconde moitié du XIXème siècle va se révéler funeste au système bimétalliste. Les premières difficultés résultent d'une dépréciation de l'or sur le marché à la suite de l'entrée en production des gisements aurifères californiens, australiens et sibériens, découverts lors de cette fameuse ruée vers l'or. Dans le même temps, souvenez-vous que de 1821 à 1850, les 50 gouvernements successifs du Mexique n'eurent qu'une seule constante : ils interdisaient l'exportation de l'argent, la principale richesse du pays. Or le Mexique était, à cette époque, le principal producteur mondial d'argent.

L'argent métal vaut plus sur le marché mondial que l'argent monnayé des pays bimétallistes. Thésaurisé, ou fondu pour être exporté, le numéraire argent se raréfie dans la circulation.

Après quelques tentatives de réponse en ordre dispersé, la France, l'Italie, la Belgique et la Suisse créent, en 1865, l'Union Latine, première forme d'union monétaire entre des pays européens. Au terme de l'accord, les pièces d'or et les pièces d'argent de 5 Francs restent inchangées ; les autres pièces d'argent sont transformées en monnaies divisionnaires, avec un titre réduit (835 millièmes au lieu de 900) et un pouvoir libératoire limité.

Napoléon III souhaite étendre l'Union et propose la tenue d'une conférence, en marge de l'Exposition Universelle de 1867, pour « réaliser l'unification monétaire internationale ». La conférence a lieu mais n'est suivie d'aucun résultat concret. Seule la Grèce rejoint l'Union Latine en 1868.

À partir des années 1870, les attaques spéculatives auxquelles est confronté le système bimétalliste s'inversent. La production d'argent est en pleine expansion et la valeur du métal diminue. Avec une quantité de ce métal payée 16 Francs, on peut faire frapper quatre pièces de 5 Francs et les échanger contre une pièce d'or de 20 Francs. Les pays de l'Union Latine sont envahis de pièces d'argent dévaluées et voient fondre leur encaisse or.

Même si l'on continue à définir officiellement les monnaies en or et en argent, le bimétallisme devient de plus en plus boiteux. La frappe libre de l'argent est supprimée en France en 1876 et dans l'ensemble de l'Union Latine en 1878. La Banque de France réduit progressivement ses réserves en argent au profit de l'or.

Le monométallisme or s'impose peu à peu et, même s'il faut attendre 1928 pour voir l'abrogation officielle du bimétallisme, la monnaie de référence de la Belle Époque n'est plus la pièce de 5 Francs en argent mais le Napoléon de 20 Francs en or, encore appelé *Louis*.

Pièces d'Argent de l'Union Latine

Toutes ces pièces ont le même poids et la même valeur : elles sont l'équivalent des 10 Francs Hercules.

1869 - LE CORNER SUR L'OR

En 1869, deux banquiers de New York, Jay Gould et son associé James Fisk, vont tenter un corner sur l'or. Avant la Guerre de Sécession (1861-1865), le Dollar était échangeable contre de l'or au cours fixe de 20,67$ l'once. Durant la guerre civile américaine, le Président Lincoln avait suspendu la convertibilité pour ne pas affaiblir la monnaie-papier qu'il avait créée, le Green-Back. En 1869, quatre ans après la fin de la guerre, cette convertibilité n'avait toujours pas été rétablie. À la bourse du New York Gold Exchange, 100$-or, soit 5 pièces de 20$-or, étaient négociées en green-back (GB).

Durant la guerre, alors que nul ne savait qui serait le vainqueur, 100$-or avaient atteint un sommet de 250 GB$. Le Nord ayant vaincu le Sud et la solvabilité du gouvernement devenant plus rassurante, le prix de l'or baissa pour se stabiliser à 130 GB$.

Jay Gould avait auparavant participé à des manipulations de marché sur les actions et était passé maître dans l'art de lancer des euphories ou des paniques chez les investisseurs. Mi-septembre 1869, l'or reprit une tendance haussière, qui s'accéléra la semaine du 20 septembre, grâce à des journalistes complaisants, sollicités par Gould pour écrire des articles sur la pénurie d'or.

Le 24 septembre, l'or était à 140$ lorsque ces journaux parurent. Les courtiers, agissant sur ordre de Gould et Fisk, commencèrent à acheter au cours d'ouverture de 145 GB. Jouant avec des warrants, Gould et Fisk contrôlaient 5,5 millions d'onces, soit l'équivalent de 110 millions de Dollars, l'équivalent des réserves du Trésor américain en 1869. Chaque fois que l'or montait de 1 GB, Gould et Fisk gagnaient 5,5 millions de GB.

Ce vendredi 24 septembre, resté dans les mémoires sous le nom de « Black Friday », la panique s'empara de Wall Street, qui voyait la valeur du Green-Back chuter. Tous les marchés s'effondrèrent. Ceux qui jouaient avec levier, devant répondre à des appels de marge, se retrouvèrent ruinés. L'or était monté jusqu'à 162 GB. En milieu de journée, un banquier, James Brown, vendit 250 000 onces aux courtiers de Fisk & Gould à 160 GB, entrainant d'autres spéculateurs à la vente.

C'est alors que le Trésor américain annonça qu'il vendait de l'or contre des Green-Back. Lorsque la nouvelle se répandit à la Bourse, tout le monde se mit à vendre. L'Or termina la journée à 132 GB.

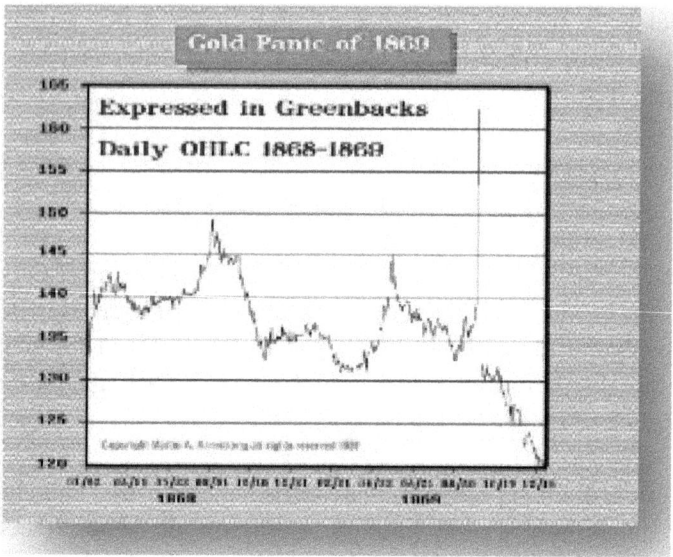

Cette hausse brutale en séance et la chute violente avant la clôture ruina beaucoup de spéculateurs.

Gould avait fomenté la hausse et laissé son associé Fisk sur le devant de la scène qui, entouré de ses courtiers habituels continuait d'acheter sur le parquet de la bourse. En secret, Gould avec un courtier personnel, avait vendu la totalité de sa position à 150 GB et avait pris des positions à la baisse avec levier. À la fin de la journée, alors que Fisk pensait être ruiné, Gould lui révéla la vérité, c'est à dire qu'ils avaient gagné 12 millions de GB. Deux millions de GB furent confiés à deux avocats pour gérer les 300 procès qui s'ouvrirent contre eux et pour graisser la patte des politiciens des finances, de la bourse et de la ville de New York.

Cette manipulation de 1869 montre assez bien les méthodes des banquiers, jouant sur deux marchés, celui du physique et celui des produits dérivés, cherchant à en tirer profit quels que soient les dommages collatéraux. Là aussi, les banquiers ont utilisé la presse pour réussir leur manœuvre.

L'Allemagne était alors constituée de principautés indépendantes, avec 31 banques autorisées à frapper la monnaie. Elles avaient alors un étalon argent exclusif.

Dirigé alors par **Bismarck**, l'Empire Allemand est agité depuis quelques années par la volonté de certains de passer à l'étalon-or, un mouvement qui prenait corps simultanément au Royaume-Uni.

La première phase de ce changement monétaire sera votée en 1871 en **interdisant la frappe de pièces d'argent** et en imposant à la France de verser ses indemnités de guerre en Gold-Mark.

Puis, le 9 juillet 1873, Bismarck fera voter la loi monétaire allemande établissant l'étalon-or et imposant une Banque Centrale unique. Cette décision finalisera de fait l'unification de l'Allemagne. Pour certains analystes, ce changement monétaire allemand aggravera la crise financière, qui commençait alors à sévir en Europe.

1873 - DÉMONÉTISATION DE L'ARGENT AUX USA

Le Congrès Américain passe la loi monétaire de 1873, **« Coinage Act » de 1873**, qui va parler de l'Or et omettre d'évoquer le Silver et leur valeur relative. L'Argent va être de fait démonétisé, ouvrant la voie à l'étalon-or. Le sujet créera un scandale qui durera longtemps aux États-Unis. Le magazine *The Nations* publiera en 1877 un éditorial accusant Ernest Seyd, qui avait débarqué à Washington en 1873, d'avoir corrompu des membres du Congrès et du Gouvernement pour le compte de financiers de Londres. Le journal cite même la somme de 500 000 $ apportée par Seyd pour soudoyer les contrôleurs des Finances.

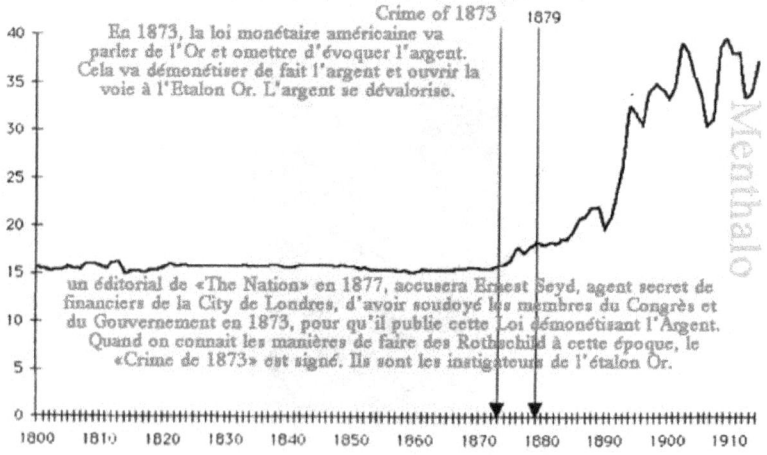

Cette démonétisation de l'Argent est la résultante des révolutions mexicaines et de la politique imposée aux 50 gouvernements mexicains successifs de ne pas vendre d'argent sur les marchés. Politique secrètement imposée par l'oligarchie financière, probablement menée par les Rothschild au XIXème siècle.

Les Banques Rothschild dominaient l'Europe dans cette deuxième moitié du XIXème siècle. Chacun des cinq frères dirigeait une banque dans l'une des capitales européennes dominantes. La branche de Londres était la plus entreprenante et avait le leadership sur les autres. Ce « crime de 1873 » semble signé. Les Rothschild ont très probablement voulu et mis en place l'étalon-or. Pour mémoire, ils règneront sans conteste sur le marché de l'Or de Londres jusqu'en 2004, date du lancement de l'ETF GLD. Ont-ils voulu à cette date se démarquer de l'escroquerie à grande échelle, qui se mettait en place ou comme certains l'avancent, ont-ils été évincés après un corner sur le marché de l'Or ?

L'abandon du bimétallisme or-argent en 1873 va être une catastrophe économique pour les dizaines de milliers de chercheurs d'or de l'Ouest américain qui, dans leur quête, trouvent 16 fois plus d'argent que d'or. Les nombreux propriétaires de petites mines d'argent dénoncent ce « crime de 1873 », année où le Congrès a décidé d'abandonner la frappe de monnaies en argent.

Les mineurs n'apportaient plus leur production aux presses fédérales en raison d'un prix officiel (seize grammes d'argent pour un gramme d'or) qui était inférieur à celui du marché mondial. Leur colère les amène à s'allier sur le plan politique avec les agriculteurs, au sein du National Greenback Labor, qui recueille un million de voix aux élections de 1878.

En 1878, une première loi, le **« Bland-Allison Act »**, oblige le gouvernement à acheter pour les transformer en pièces d'argent de 2 à 4 millions de Dollars d'argent par mois.

En 1890, renforcés par l'entrée dans les États-Unis de nombreux états de l'ouest, les propriétaires de mines obtiennent une nouvelle législation, le **« Sherman Silver Purchase Act »**, selon lequel le gouvernement doit acheter, avec des bons remboursables dans l'un des deux métaux, une quantité minimum de 4,5 millions d'onces d'argent par mois.

La Grande Dépression de 1873
Un hiver économique étudié dans les cycles de Kondratiev
Bulle immobilière

Napoléon III, suivi d'un certain nombre de souverains en Europe, avait décidé quelques années plus tôt de moderniser sa capitale. Sous l'égide d'Haussmann à Paris, des grands travaux sont entrepris pour faciliter la circulation, moderniser l'évacuation des eaux usées et de vastes zones péri-urbaines sont aménagées et loties. Les gouvernements tant en France, qu'en Autriche ou en Prusse, empruntent pour ces travaux et favorisent les investissements privés par le biais de prêts hypothécaires. Les financiers se ruent dans la brèche espérant des plus-values faciles. Les prix des terrains flambent et très vite l'abondance d'immeubles fraîchement sortis de terre rend leur vente plus difficile. La bulle immobilière, la surproduction et l'effondrement des prix conduisent logiquement au krach financier.

Crise agricole

L'Angleterre, alors premier importateur de céréales, choisit d'importer son blé des États-Unis, où le début de la mécanisation de l'agriculture et l'apparition des engrais, ont permis un meilleur rendement à l'hectare et une forte diminution des coûts de production. L'amélioration des transports (chemin de fer, bateau à vapeur) va favoriser cette option. Ce choix britannique va faire chuter les cours des céréales en Europe et en Russie, régions où l'agriculture reste encore un des piliers de l'économie.

CRISE DE CONFIANCE INTERBANCAIRE

Il est probable que la décision américaine de démonétiser l'argent a déséquilibré les finances des pays européens encore sous un régime monétaire bimétallique, perturbant la confiance interbancaire et amenant un coup de froid dans le crédit à un moment où la Révolution Industrielle était en plein essor.

Beaucoup de banques et de banques centrales détiennent à cette époque d'importantes réserves en Argent, qui pourraient se retrouver dévaluées brutalement, comme ce fut le cas pour les banques de Florence au Moyen-âge. Une crise bancaire va frapper une centaine de banques à Vienne en mai, amenant l'effondrement de la bourse en Autriche, puis celle de Paris et de Berlin avant que le Krach ne se propage à Wall Street.

Les faillites en séries dans la banque et l'industrie vont amener une longue dépression, qui durera 20 ans.

L'ÉTALON-OR (1879-1933)
« L'ÂGE D'OR » (1879-1914)

Jusqu'à la fin des années 1870, l'or et l'argent ont coexisté comme moyens monétaires. Les billets de banque sont rajoutés progressivement au cours du XIXème siècle. Ces billets émis par des banques privées n'étaient pas toujours totalement couverts par des réserves métalliques, ce qui, de manière itérative, provoquait des crises bancaires, exacerbées par le jeu de la concurrence entre banques. La création des banques centrales nationales, qui devinrent bientôt seules détentrices du monopole de l'émission monétaire, mit un terme à cette situation.

En théorie, les banques centrales devaient détenir une réserve d'or et d'argent capable d'assurer une couverture totale des billets qu'elles émettaient. Sur simple demande, les porteurs de billets de banque pouvaient demander la contrepartie en or ou en argent, sous forme de pièces ou de lingots, aux guichets de la banque émettrice. Ces billets de banque n'étaient qu'une modalité de détention d'or ou d'argent, du fait de cette couverture intégrale.

Le système de l'étalon-or, issu de l'échec du système bimétallique, ne survivra pas à la crise économique et financière créée par la Première Guerre Mondiale.

Principes de fonctionnement

Le succès de l'étalon-or a été imputé à ses mécanismes d'ajustement automatique. Cette capacité d'ajustement s'expliquait par le lien établi par l'étalon-or entre les conditions économiques nationales et internationales.

Pour bien fonctionner, l'étalon-or supposait donc une libre circulation internationale de l'or, autrement dit la liberté des mouvements internationaux des capitaux. Le mécanisme automatique d'ajustement de la balance des paiements qui opérait est connu sous le nom de « mécanisme de Hume ».

Un pays qui enregistre un déficit commercial va perdre de l'or au bénéfice de ses partenaires commerciaux, ce qui contracte son offre de monnaie et gonfle celle du reste du Monde, hausse le taux d'intérêt national et favorise en retour un afflux de capitaux étrangers. L'excédent ainsi créé du compte financier contrebalance le déficit commercial. La contraction de l'offre de monnaie va réduire les prix domestiques, ce qui améliore la compétitivité du pays et tend à terme à rétablir son équilibre commercial.

Avantages et inconvénients

Avec le système étalon-or, la politique monétaire est limitée par le stock d'or mondial, qui n'est pas extensible à volonté mais dépendant de la production minière. Cette contrainte naturelle empêche la croissance de la masse monétaire et limite les possibilités d'inflation.

L'activité économique va être limitée par cette impossibilité d'augmenter la croissance monétaire. En période de croissance, les entreprises peuvent difficilement trouver du capital pour investir en vue de se développer et en période de récession, elles sont obligées de couper dans les effectifs salariés, créant des périodes de fort chômage.

LIMITES DE L'AJUSTEMENT AUTOMATIQUE

Pour fonctionner parfaitement, l'ajustement automatique des différentes balances des paiements nationales assuré par l'étalon-or, exigeait que chaque pays suive une stricte discipline en matière de couverture-or de sa monnaie et garantisse la libre circulation des capitaux. Dans les faits, ce n'était pas toujours le cas pour au moins deux raisons :

La première tenait à la domination économique et financière du Royaume-Uni, qui conféra à la Livre Sterling le statut de monnaie internationale de réserve, alors que sa gestion était fonction de la conjoncture britannique.

La seconde tenait au coût d'une telle discipline en matière de chômage et de variabilité de la croissance économique. Ainsi, la plupart des pays engagés dans l'étalon-or, y compris le Royaume-Uni, prirent certaines libertés en matière de gestion monétaire.

La puissance financière du Royaume-Uni a largement facilité l'indépendance de sa politique monétaire. Avant 1914, le Royaume-Uni était le plus grand exportateur mondial de capitaux, avec une position extérieure nette très largement créditrice. Ainsi, il fournissait au reste du Monde des avoirs en Sterling (les « Balances Sterling ») qui servirent de devises de réserve pour les autres banques centrales. Dans ces conditions, c'était la Banque d'Angleterre qui tendait à fixer le taux d'intérêt pour le reste du Monde, mais d'abord en fonction de la conjoncture britannique, qui n'était pas nécessairement celle des autres pays européens. De plus, pour donner à la politique monétaire britannique une marge de manœuvre suffisante en cas de modification de la conjoncture, la Banque d'Angleterre prit rapidement l'habitude de ne pas couvrir ses engagements (billets émis et réserves bancaires) à 100%, **mais au mieux à 30-50%**. De cette façon, le Royaume-Uni échappait partiellement au mécanisme de l'ajustement automatique des balances en déconnectant l'évolution de sa masse monétaire et, par voie de conséquence, de son taux d'intérêt, des évolutions de sa balance courante.

D'autres pays n'ont pas hésité à prendre des dispositions pour briser le lien étroit entre déficits commerciaux et encours de la masse monétaire : limitations sur les exportations et les importations d'or ; couverture des billets nationaux assurée davantage par des réserves en devises internationales (Livre, mais aussi Franc français et Mark allemand) que par des réserves en or. Malgré cela, le système de l'étalon-or a relativement bien fonctionné. En dépit de ses écarts, le Royaume-Uni, pilier du système, a maintenu des taux d'intérêt relativement élevés, en liant d'une façon étroite l'émission de billets à son encaisse métallique, alors qu'il a toujours détenu très peu d'or, beaucoup moins par exemple que la France.

Une telle politique crédibilisait la Livre mais freinait le rythme des investissements et la croissance de l'économie britannique.

Avant 1914, le rôle de la Livre Sterling comme monnaie internationale de réserve est resté relativement modeste, si on le compare avec celui du Dollar après la Seconde Guerre Mondiale. Les « Balances Sterling » restaient faibles, d'un montant à peu près égal à l'excédent de la balance des services britanniques. Ce sont les deux conflits mondiaux qui vont les gonfler exagérément (multiplication par deux puis par six), par le financement de l'effort de guerre qu'ils entraînèrent.

À la déclaration de guerre, le 5 août 1914, le Franc entra dans une période de cours bloqué et l'obligation faite à la Banque de France de rembourser en or les billets qui lui étaient présentés fut suspendue. Le coût exorbitant de la guerre conduisit le Gouvernement, non pas à réquisitionner les avoirs en or et en argent, mais à faire appel au patriotisme et à interdire l'exportation des métaux précieux. À l'été 1915 les patriotes français avaient apporté environ 725 tonnes d'or en échange de papier-monnaie.

Avec le développement du marché noir de l'or, **le 12 février 1916, le Gouvernement français va interdire la vente ou l'achat de monnaies métalliques au-delà de leur cours légal**. Cette interdiction devait être renouvelée à la fin de la guerre et maintenue jusqu'en 1928, année de la fin du cours forcé de la monnaie nationale.

L'ENTRE DEUX-GUERRES (1919-1939)

La Première Guerre Mondiale marqua la fin du système de l'étalon-or sous sa forme originale avec la suspension de la convertibilité-or par tous les belligérants (cours forcé). L'inflation consécutive à la guerre fut si forte que le retour à l'étalon-or fut lent (de 7 à 10 ans), partiel et provisoire (il sera définitivement abandonné dans les années 1930). On distingue donc trois périodes :

1919-1926, période de flottement libre

1927-1931, retour à l'étalon-or

1931-1939, le flottement administré

LE FLOTTEMENT LIBRE (1919-1926)

Le principal souci des économies européennes au lendemain de la Première Guerre Mondiale était la lutte contre l'inflation engendrée par quatre années de conflit et par la reconstruction. Les économies européennes subirent une inflation plus forte que celle des États-Unis.

Il existait des écarts importants d'inflation au sein même de l'Europe. Ainsi, conformément à la règle de la parité des pouvoirs d'achat, les principales monnaies européennes se sont mises à flotter.

La politique britannique était tournée vers la restauration de la valeur de la Livre au moyen d'une politique fortement déflationniste, marquée par la restriction monétaire et l'austérité budgétaire. Dès 1921, la Livre retrouvait sa parité d'avant-guerre avec le Dollar, mais restait surévaluée en raison du déclin de l'économie britannique. Les prix britanniques étaient trop élevés par rapport aux prix américains. La libre circulation internationale de l'or ne fut rétablie qu'en 1925. La France revint également à l'étalon-or en 1926 avec la stabilisation Poincaré. La politique britannique de désinflation a été critiquée dès 1930 par Keynes.

Destinée à maintenir le leadership du Royaume-Uni en matière financière, elle s'est révélée particulièrement désastreuse pour son industrie et sa croissance économique. Sur la période 1919-1930, la croissance annuelle moyenne du PIB britannique a été pratiquement nulle, alors qu'elle atteignait 2,10% aux États-

Unis et près de 4% en France. La faible activité économique aboutit à un niveau élevé de chômage, autour des 8-9% durant toutes les années 1920, alors qu'il était tombé à moins de 2-3% aux États-Unis et en France.

WEIMAR

L'Allemagne, l'Autriche et les pays d'Europe Centrale ne rejoignirent l'étalon-or qu'après avoir jugulé leurs hyperinflations respectives.

Pour mémoire, l'Allemagne et l'Autriche ayant perdu la guerre ; elles furent condamnées à payer des indemnités de guerre beaucoup trop élevées. 132 Milliards de Marks-Or furent imposés aux Allemands alors que Keynes préconisait de limiter ces indemnités à 20 Milliards de Marks-Or. La France et la Belgique ayant subi la guerre sur leur territoire exigèrent le remplacement de leur outil industriel. Les Allemands cherchant à renégocier le paiement des indemnités, les armées françaises et belges vont envahir le bassin industriel de la Ruhr en janvier 1923.

Les armées d'occupation vont priver l'Allemagne non occupée de charbon. Les usines de la Ruhr vont être démontées et exportées, privant l'Allemagne d'une partie de son appareil de production et limitant ses capacités de remboursement.

La monnaie allemande va perdre rapidement toute valeur.

En 1919, une once d'or valait 170 Marks.

En janvier 1924, une once valait 87,000 milliards de Marks.

L'argent passa de 12 marks à 544 milliards de Marks.

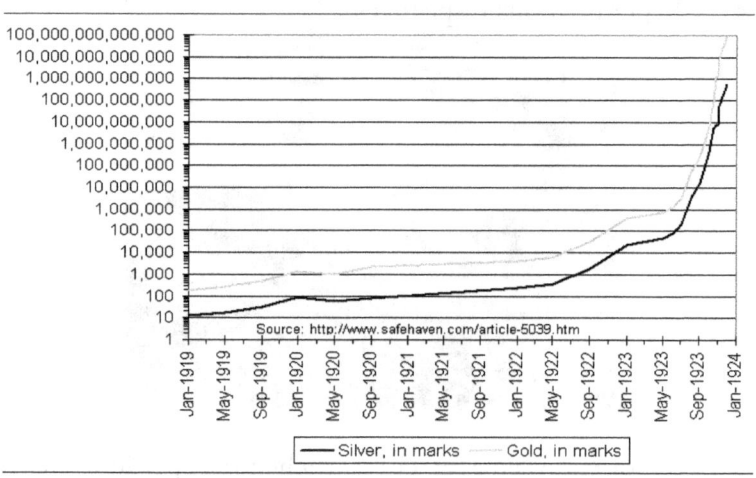

Pour la petite histoire, mais celle-ci n'est pas confirmée et certains doutent de sa véracité, le ratio Gold/Silver se serait très violemment détérioré dans les deux derniers mois de cette hyperinflation, passant de 1/16 à 1/160.

Le 23 octobre 1923, des émeutes communistes déferlèrent sur Hambourg. Certains Allemands gardant en mémoire la révolution bolchevique de 1917, 6 années plus tôt seulement, prirent peur et vendirent leur argent contre de l'or pour pouvoir fuir à l'étranger, sans être trop chargés.

Avec un ratio de 16, le poids de votre fortune en argent est 16 fois plus important et plus lourd à porter que si votre fortune était en or. La panique aidant, quelques sots auraient bradé bêtement leurs pièces d'argent. Deux mois plus tard, le ratio était de nouveau à 1/16. Certains changeurs avaient ainsi fait dix fois la culbute en 2 mois. Pour que cette mésaventure ne vous arrive pas, déplacez sans attendre, vos pièces en argent dans l'endroit tranquille où vous pourriez vous retirer en cas de troubles sociaux.

Retour à l'étalon-or (1927-1931)

À partir de 1927, la reconstruction du système de l'étalon-or était achevée. Il regroupait à nouveau la majeure partie du Monde, à l'exception de l'Espagne, de la Chine et de l'Union-Soviétique. Cependant, il était devenu passablement différent et beaucoup plus fragile que le système originel d'avant 1914.

La première cause de fragilité du système fut due au fait que tous les pays avaient aboli la convertibilité des billets en or et suspendu ou limité la circulation des pièces d'or. Donc, l'ajustement automatique des balances par le mécanisme de Hume disparut. Seule la convertibilité externe (échanges de devises) et la fixité des changes demeuraient. Les monnaies étaient convertibles en or, mais seulement entre banque centrale, les nouvelles règles imposant un taux de couverture-or des monnaies de 40 %. Normalement, la coordination des politiques monétaires nationales était prévue par la conférence de Gênes de 1922 et devait pouvoir pallier à la disparition de l'ajustement automatique. Dans les faits, cette coordination fut défaillante, en partie en raison du refus des États-Unis d'y participer.

La seconde raison de fragilité du système tenait à son caractère bicéphale. Depuis 1918, il était dominé par deux centres rivaux : Londres et New York, et deux monnaies à statut international, la Livre et le Dollar. Or, à cette époque, les États-Unis n'étaient pas prêts à subordonner leur politique économique intérieure à la gestion d'une monnaie internationale et le Royaume-Uni n'en avait plus la capacité.

La surévaluation persistante de la monnaie britannique révéla rapidement les dysfonctionnements du système. La France et l'Allemagne, pays dont les monnaies étaient sous-évaluées par rapport à la Livre, menèrent une politique monétaire rigoureuse destinée à empêcher tout retour de l'inflation. À partir de 1926, cette politique les conduisit à échanger leurs réserves en Livres contre de l'or, ce qui gonfla les stocks d'or français et allemands au détriment du stock britannique.

Cependant le déficit courant britannique et l'excédent courant français persistèrent en raison de la fixité des changes et de l'absence d'ajustement sur les prix. La conséquence de l'absorption de l'or par la France et l'Allemagne fut de pousser les autres banques centrales européennes à hausser les taux d'intérêt et à restreindre le crédit pour défendre des réserves de plus en plus rares.

Les États-Unis auraient pu rétablir le fonctionnement du système. Détenteur du plus important stock d'or mondial depuis 1918, une politique américaine d'expansion monétaire et de baisse des taux d'intérêt auraient encouragé les sorties de capitaux et favorisé la redistribution de l'or dans le Monde. Or, à partir de 1927, la politique de la Réserve Fédérale s'orienta au contraire vers un durcissement des taux pour freiner la spéculation boursière et limiter la baisse du taux de couverture du Dollar par rapport à l'or provoqué par la croissance monétaire des années 1920.

À partir de 1929 et le déclenchement de la Grande Dépression, les fuites d'or firent fondre les réserves britanniques au point que le passif de la Banque d'Angleterre devint très supérieur à ses réserves. En septembre 1931, elle décidait de suspendre la convertibilité externe de la Livre et de la laisser flotter librement.

LE FLOTTEMENT ADMINISTRÉ (1931-1939)

Le flottement entraîna une forte dépréciation de la Livre par rapport au Dollar. Tous les pays détenteurs d'importantes Balances Sterling, comme la Norvège ou le Danemark, virent alors leur devise se dévaluer.

À partir de 1933, la situation empira. Les États-Unis, seul pays à adhérer encore à l'étalon-or, mirent en place un embargo sur les exportations d'or (le Dollar s'était fortement apprécié par rapport aux autres monnaies), un contrôle des changes et déprécièrent le Dollar par rapport à l'or de 20,67 à 35 Dollars l'once.

Ce qui restait du système éclata en 1935 avec la dévaluation du Franc belge, qui provoqua l'éclatement du bloc-or formé en 1931 par la France, la Belgique, les Pays-Bas, l'Italie, la Suisse et la Pologne pour maintenir les parités-or et empêcher les dévaluations compétitives.

Pourtant, bien que désormais flexibles, les taux de change fluctuèrent moins qu'ils ne le firent dans les années 1920. Le Fond International de Stabilisation des Changes créé en 1931 intervenait sur les marchés pour réguler les cours. Et les politiques monétaires et budgétaires apparurent aussi moins erratiques que ce qu'elles avaient été une décennie plus tôt, même si l'absence de coordination internationale, souvent par peur de certains pays d'un retour de l'inflation, affaiblissait considérablement l'efficacité des politiques de relance.

Dévaluations compétitives, 1931-1938 (valeur des devises en % de leur parité-or de 1929)						
	États-Unis	Royaume-Uni	France	Allemagne	Italie	Belgique
1931	100,0	93,2	100,1	99,2	98,9	100,1
1932	100,0	72,0	100,3	99,7	97,4	100,2
1933	80,7	68,1	100,0	99,6	99,0	100,1
1934	59,6	61,8	100,0	98,6	97,0	99,9
1935	59,4	59,8	100,0	100,3	93,0	78,6
1936	59,2	60,5	92,4	100,1	82,0	72,0
1937	59,1	60,0	61,0	99,7	59,0	71,7
1938	59,1	59,3	43,4	99,6	59,0	71,8

Après-guerre, la France est dans un état de délabrement économique et financier exceptionnel. Les tentatives de retour à l'étalon-or dans les conditions totalement irréalistes, c'est-à-dire sans prise en compte de la réalité inflationniste de la période de guerre, et les exigences des vainqueurs en matière de réparations, ont ouvert la voie à une série de crises économiques et financières qui ont pesé sur les monnaies.

En 1914, avant l'ouverture des hostilités, le Franc était défini par 0,2903 grammes d'or (en fait le Franc Germinal était défini à l'origine comme 5 grammes d'argent titré à 90% de fin).

En 1928, après les quelques années nécessaires à la stabilisation de l'économie, il fallait alors 0,05895 gramme d'or fin pour obtenir un Franc Poincaré de 1928. **Soit une dévaluation de près de 80% du Franc.**

SYNTHÈSE

Avant d'ouvrir une page d'histoire plus contemporaine, il est intéressant de faire une pause pour synthétiser les siècles précédents.

L'Empire du Portugal se termine brutalement lorsque le roi et l'élite du pays meurent dans une bataille.

L'Empire espagnol ne sera jamais géré. Les fortunes qui passent par Cadix ne vont pas servir à bâtir un artisanat, une industrie, une marine de commerce et des bâtiments de guerre pour la protéger. En perdant les Provinces-Unies des Flandres, pour une question de religion, l'Espagne catholique va permettre aux Princes d'Orange de créer la Banque d'Amsterdam et la Compagnie des Indes Néerlandaises. Ces Princes d'Orange vont prendre la place de la dynastie anglaise et reproduire leur réussite en Grande-Bretagne. Cette île, dès le cinquième siècle, avait été en partie conquise par les Angles et les Saxons, tribus germaniques de l'Ouest européen. Ce n'est qu'un cycle de plus de l'histoire. Les Princes d'Orange créent la Banque d'Angleterre et la Compagnie des Indes et immédiatement lancent un grand emprunt pour bâtir une flotte de guerre pour régner sur les mers et le commerce international. Cet investissement initial va permettre à l'Angleterre de ruiner l'Espagne, en pillant ses colonies et ses flottes d'argent, avant de la couper définitivement de ses colonies à Trafalgar.

Les banquiers hollandais et anglais maîtrisent la monnaie fiduciaire et utilisent très tôt au XVIIIème siècle la finance comme une arme de guerre et d'asservissement des nations. Ils vont peaufiner ces techniques avant de supprimer les monnaies métalliques pour mieux diriger le Monde à leur guise. Ces deux compagnies des Indes et ces deux banques dominantes vont façonner le Monde et continueront à le diriger en sous-main.

L'Argent à travers l'Histoire

1900-2000

JOHN PIERPONT MORGAN

John Pierpont Morgan (1837-1913) est un banquier américain. Tout d'abord concentré sur les banques, l'empire de Morgan s'est progressivement étendu à de nombreux autres domaines comme l'électricité, l'acier, le chemin de fer et la navigation, notamment la prestigieuse White Star Line. J.P. Morgan est de fait le propriétaire du *Titanic* qui sombre un an avant sa mort.

Un jour, dans un bar, Morgan hurle au serveur en commandant sa bière: « Quand Morgan boit, tout le monde boit ! » Tous les clients prennent une bière pour cette tournée générale. Morgan vide son verre, plaque une pièce de 10¢ sur la table, vociférant : « Quand Morgan paie, tout le monde paie ! »

Evidemment, cette anecdote ne peut pas résumer un géant du siècle, qui a bâti et géré des empires bancaires et industriels.

Son père, Junius Spencer Morgan, dirigeait la firme J.S. Morgan & Co à Londres. Son fils John va développer la branche New-Yorkaise de la compagnie sous le nom J.P. Morgan & Co. Au moment de la guerre de sécession, Il fit l'acquisition de 5 000 fusils défectueux qu'il paya 17 500 $ et qu'il revendit 110 000 $ à l'Armée Fédérale. Comme les fusils explosaient à l'usage, Morgan fut poursuivi, mais fut acquitté et un juge confirma la validité du contrat.

Il acquit rapidement le contrôle de quelques firmes, dont Drexel, Peabody et Carnegie. En 1891, Morgan fusionna Edison et Thomson pour former la General Electric.

En 1895, il s'empara de la flotte Leyland, ainsi que de nombreuses lignes navales, créant la White Star, devenant armateur et opérateur des vaisseaux Britannic, Olympic et le Titanic de sinistre mémoire.

En 1899, J.P. Morgan contrôlait quatre des cinq principales compagnies de chemin de fer d'Amérique, regroupant les intérêts des Rockefeller, Vanderbilt et Harriman. En 1900, Morgan finançait les recherches de Nikola Tesla, un génie scientifique à qui l'on doit la radio, le courant alternatif, la distribution polyphasée, le moteur AC, ainsi que de fortes contributions à la cybernétique, au radar, à la balistique, à l'aéronautique, à la navigation. Lorsque Tesla montra à Morgan un système qui permettrait la distribution gratuite d'électricité, sans fils ni câbles, sur toute la planète, J.P. Morgan demande : « Mais comment pourrais-je facturer ? » L'énergie libre pouvant couler General Electric, J.P.M. va couper tout budget de recherche à Tesla et le discréditer.

En 1904, J.P. Morgan fusionne neuf aciéries pour créer United States Steel Corporation, la première entreprise du Monde à posséder des actifs d'un milliard. En 1912, le comité Pujo, chargé d'enquêter sur les activités des banques US évalua le groupe bancaire contrôlé par J.P.M. à 22 000 milliards de Dollars. En 1913, J.P. Morgan plaça un de ses hommes à la Présidence des États-Unis, Woodrow Wilson.

« Seuls l'Or et l'Argent sont monnaies, tout le reste n'est que du crédit. »

J.P. Morgan

Création de la Federal Reserve

Le 22 novembre 1910, le Sénateur Aldrich, beau-père du magnat du pétrole John D. Rockefeller, va inviter de grands banquiers à une chasse aux canards, qui va changer la face du Monde pour le siècle qui va suivre. Cette partie de chasse va avoir lieu dans une petite île au large de la Géorgie.

Trois des hommes dirigeant les groupes bancaires de J.P. Morgan vont être présent à cette réunion secrète de **Jekyll Island**. Henry Davison, associé principal de la J.P. Morgan Company et considéré comme son émissaire personnel.

Charles Norton, président de la First National Bank de New York, dominée par J.P. Morgan Company.

Benjamin Strong, le directeur général de la J. P. Morgan's Bankers Trust Company, et connu pour être également un lieutenant de J.P. Morgan. Il devint d'ailleurs le P.D.G. de la banque, trois ans plus tard, à la suite à l'adoption de la Loi sur la Réserve Fédérale. Ces deux banquiers représentaient, eux aussi, les intérêts des Rothschild.

George F. Baker qui était l'un de ses associés les plus proches. Était également présent, Frank Vanderlip, président de la National Bank de New York, la plus grande et la plus puissante banque américaine. Il représentait les intérêts financiers de William Rockefeller et de la société d'investissement internationale Kuhn, Loeb & Co.

Le personnage sans doute le plus important parmi ces participants était Paul Warburg. C'était l'un des hommes les plus riches du Monde. Son expérience du fonctionnement des banques européennes et sa forte personnalité l'amenèrent à diriger cette réunion. Il peut être considéré comme l'initiateur de la création de la Federal Reserve. D'origine allemande, il se fit ensuite naturaliser citoyen américain.

En plus d'être un partenaire de la Banque Coon Loeb and Company ; il avait épousé en 1893 la fille du banquier Salomon Loeb, propriétaire de cette banque à New York. Il représentait sur place la dynastie bancaire des Rothschild d'Angleterre et de France. Associé avec son frère Felix, il entretenait également des liens étroits avec son autre frère Max Warburg, le directeur en chef du « Consortium Bancaire Warburg d'Allemagne et des Pays-Bas ».

Le sénateur Nelson Aldrich était Président de la National Monetary Commission, créée par le Président Théodore Roosevelt en 1908 à la suite de la panique monétaire de 1907. Notez que le démocrate Woodrow Wilson sera élu grâce au fait que Teddy Roosevelt se présentera contre le Président républicain sortant Taft, divisant ainsi les électeurs de son propre parti. Une tactique toujours employée de nos jours pour faire passer l'homme choisi par le cartel des banques.

Ces financiers représentaient les intérêts croisés des plus grands groupes bancaires mondiaux : Morgan, Rothschild, Warburg et Rockefeller. Lors de cette réunion secrète, qui dura 9 jours ; ces banquiers créèrent le règlement régissant le fonctionnement de la Réserve Fédérale.

Le **Federal Reserve Act** fut présenté au Congrès dans une discrétion absolue, dans la nuit du 22 au 23 décembre 1913 entre 1h30 et 4h30, au moment où la plupart des membres du Congrès était endormi ou en vacances pour les fêtes de Noël. Les députés démocrates présents, appuyés par le Président Wilson, affirmèrent qu'ils avaient voté pour *la réduction des privilèges des banquiers de Wall Street*.

Le projet fut voté au Sénat immédiatement, si bien que le 23 Décembre 1913, à 6h02, le projet était définitivement adopté.

Le député républicain Henry Cabot Lodge Sr. a dit de ce vote, qu'il engendrerait un « *flux de papier-monnaie non échangeable* » qui « *noierait la monnaie d'or* » et provoquerait une « *inflation énorme des moyens de paiement.* »

John Pierpont mourut cette année-là, au cours d'un voyage en Italie. À sa mort, on découvrit que J.P. Morgan ne détenait que 19% des actions de sa banque. Il n'était donc que le brillant président d'une banque financée par l'oligarchie anglo-saxonne. Le nom des Rothschild est souvent cité.

En août 1914, son héritier, J.P. Morgan Junior, signa un contrat avec la Bank of England, lui assurant le monopole de l'émission des obligations de guerre de l'Angleterre et de la France. Extrêmement bien informé, ses firmes investissaient massivement dans la fabrication d'armes, dont il détenait maintenant l'exclusivité de l'approvisionnement aux Alliés de l'Entente Cordiale (France et Angleterre). Ses banques prêtèrent 12 millions à la Russie et 50 millions à la France pour leur permettre d'acheter ses propres armes. La totalité des munitions américaines et britanniques achetées durant la Première Guerre Mondiale furent manufacturées par les compagnies de J.P. Morgan.

En 1929, J.P. Morgan Junior se retire du marché boursier avant l'explosion de la bulle boursière, sa position d'actionnaire de la Fed lui permettant évidemment de jouer avec un coup d'avance. L'envolée de la bourse de New York était due au crédit facile. Le taux d'intérêt avait été abaissé par la Fed de 4,5 à 3% en 1927 et les banques prêtaient sans difficulté. Les spéculateurs empruntaient à faible taux et pouvaient jouer en bourse avec un levier 10. L'envolée des actions créa une véritable euphorie spéculative. Le titre R.C.A. par exemple, passa de 80 $ en 1928 à 505 $ en septembre 1929. Il a été multiplié par 6,5.

Durant l'été 1929, la Réserve Fédérale remonte les taux d'intérêt à 6%, ce qui met en danger les spéculateurs ayant emprunté. Le premier événement négatif va déclencher un krach boursier sans précédent. Les Barons de la Finance et notamment les actionnaires secrets de la Réserve Fédérale vont pouvoir racheter pour une bouchée de pain les entreprises américaines les plus florissantes ainsi que les **deux tiers des terres agricoles à l'Ouest du Mississippi**.

C'est la Grande Dépression. La classe moyenne est lessivée, la classe ouvrière jetée à la rue et beaucoup de financiers ruinés. J.P. Morgan va voir ses entreprises General Electric et US Steel perdre 90% de leur valeur boursière. Mais J.P. Morgan, vendeur à découvert, tire profit du krach comme ses compères actionnaires de la Fed. Ils vont pouvoir racheter leurs concurrents une bouchée de pain. De ce fait, le secteur bancaire se concentre fortement après 1929.

Aux États-Unis, en 1900, les 20 plus grandes banques contrôlaient 15% des dépôts contre 27% en 1939.

RÉVOLUTIONS MEXICAINES - 1910-1920

À partir de 1910, le Mexique est secoué de troubles politiques. Le célèbre bandit Pancho Villa et sa bande de 400 guerilleros, vont être engagés pour prendre part à la révolution par un homme politique ; Francisco Madero, un richissime juif portugais, lui-même apôtre de la révolution.

Madero devenu président, Pancho Villa est quelque temps assigné à résidence à El Paso. Mais l'assassinat de Madero en 1913 relance la révolution. Pancho Villa va prendre le contrôle des centres miniers.

Le Mexique est, avec les États-Unis, le principal producteur d'argent. Les producteurs d'argent américains avaient tout intérêt à perturber la production mexicaine, d'autant plus que l'argent n'était plus l'étalon monétaire universel, indispensable à toutes les banques centrales.

Pancho Villa sera fourni par des américains en chevaux et armes modernes (canons, mitrailleuses, munitions) contre de l'argent-métal.

En 1914, Pancho Villa signe avec la compagnie cinématographique américaine « Mutual Film Corp » un contrat d'exclusivité pour filmer ses combats pour 25 000 $. Ces films montrent crûment les atrocités commises de part et d'autres. Mutual Film paiera en plus une prime de 500 $ à Pancho Villa pour filmer chaque exécution. Le 9 mars 1916, Pancho Villa et ses forces armées vont entrer aux États-Unis pour attaquer le Nouveau Mexique. Le Kaiser Guillaume aurait promis 800 000 Marks à Villa pour qu'il créé des problèmes aux États-Unis, afin que ceux-ci soient obligés de détourner une partie de leurs troupes et ne puissent les envoyer en Europe.

L'Allemagne négociera effectivement avec le Mexique, pour que celui-ci ouvre un deuxième front, promettant au Mexique de récupérer les états pris par les États-Unis lors des guerres américano-mexicaines. Des attentats seront effectivement organisés soit par les Mexicains, soit par les espions Allemands, qui vont détruire des aciéries et des dépôts de munitions américains. La révolution sera suivie de la guerre civile jusqu'en 1920.

De 1910 à 1920, la production de cuivre et d'argent au Mexique chute de 65% ; et la production d'or va s'effondrer de 80%.

Il est évident que cette baisse de la production mexicaine d'argent va profiter à ses principaux concurrents, qui sont les producteurs américains de cuivre et d'argent.

Le prix du cuivre du fait de la guerre était passé de 13 $ la Livre en 1914 à 37 $ en 1917. Toutes les mines de cuivre vont travailler à plein régime durant la guerre avec des équipes faisant les 3/8, pour répondre à la demande de munitions des pays en guerre.

De là à penser que les industriels et financiers Américains ont mis de l'huile sur le feu du brasier mexicain, il n'y a qu'un pas à franchir.

L'ARGENT DE 1914 À 1920

En 1860, un ouvrier gagnait 2,50 Francs par jour en Province. En 1914, le salaire quotidien d'un mineur est de 5 Francs soit 22,5 grammes d'argent fin.

La Première Guerre Mondiale va amener une hausse sans précédent du prix de l'argent, qui sera suivie d'une forte chute à ses niveaux antérieurs avec la dépression à la fin des hostilités.

Le bimétallisme au XIXème s'était soldé par un échec, du fait du choix d'une partie de l'oligarchie financière. En 1914, seule la Chine et quelques pays qui n'avaient qu'un rôle mineur dans le commerce international étaient encore à l'étalon Argent. L'Argent était néanmoins utilisé de manière quasi universelle pour frapper les pièces secondaires à usage intérieur. Certains pays avaient de vastes stocks de pièces, comme le Silver Dollar aux États-Unis, ou la pièce de 5 Francs en France, qui avaient une valeur légale ; mais comme ces stocks n'étaient pas augmentés, ils devinrent progressivement moins importants. En Inde, la Roupie d'argent avait toujours un cours légal et était refrappée en fonction des besoins. La Roupie d'argent avait une valeur fixe par rapport à l'or. Elle valait plus que son poids en argent, comme cela avait toujours été le cas dans l'histoire, du temps de l'Empire Moghol. Les fluctuations du prix de l'argent n'avaient théoriquement plus aucune influence politique.

En 1914, toutes les matières premières, qui n'avaient pas d'utilité militaire connurent une forte chute. L'argent à New York chuta de 0,58 $ à 0,52 $.

Avant-guerre, **la production mondiale était de 225 Moz**, dont un tiers, soit 75 Moz, venait du Mexique. La révolution mexicaine va encore réduire la production mexicaine à 30 Moz, qui seront bientôt contingentées par des quotas aux États-Unis, qui cherchaient à protéger leur production intérieure.

Les lobbies des compagnies minières d'Argent étaient toujours très actifs aux États-Unis. Les producteurs d'Argent étaient tous dans l'Ouest des États-Unis et s'opposaient traditionnellement aux représentants des États du Nord-Est. Le sénateur de l'Utah proposa une loi au Congrès pour que le gouvernement achète 25 Moz d'argent pour la frappe de monnaies divisionnaires, alors que les cinq années précédentes l'achat moyen n'était que de 4 Moz. Cette loi fut recalée, car considérée comme favorisant des intérêts particuliers à un moment, où le commerce extérieur était en forte chute, amenant une baisse des recettes du gouvernement. De ce fait, l'Argent chuta encore à 0,46 $ en septembre 1915. De nombreuses mines américaines durent fermer, faute de rentabilité.

Alors que les hommes sont au front, la guerre va amener toute une population féminine au travail. Cette population active va nécessiter d'augmenter la masse monétaire en circulation et notamment la frappe de monnaies divisionnaires d'argent. Aux États-Unis, la frappe de monnaies divisionnaires d'argent va passer de 3 millions de Dollars en 1913 à 9 millions de Dollars en 1916.

United States Coinage of Subsidiary Silver, 1913-1921

Calendar Years	Millions of Dollars
1913	3
1914	6
1915	4
1916	9
1917	29
1918	25
1919	11
1920	25
1921	1

Ce phénomène va se reproduire simultanément partout dans le Monde. L'Inde ayant importé 84 Moz à un moment où la Chine et tous les pays européens avaient augmenté leur demande d'argent pour frapper des monnaies divisionnaires, tous les surplus se retrouvèrent épuisés en 1915. En 1916, l'argent monta à 0,77 $ en mai, puis à 1,08 $ en septembre 1917.

Achat d'Argent monétaire par l'Inde
1915_1920

Année Fiscale se terminant au 31 mars	Sur les Marchés internationaux	Au Gouvernement Américain Pittman Act
	en onces d'argent fin	
1915-16	7.989.000	
1916-17	115.195.000	
1917-18	65.604.000	
1918-19	98.429.000	141.079.000
1919-20	48.285.000	56.240.000
Total	335.502.000	197.319.000

En 1917, l'Inde avait beaucoup de mal à trouver de l'argent pour frapper des nouvelles Roupies nécessaires à la circulation monétaire et pour garantir la monnaie papier.

La Roupie d'argent était resté la monnaie de référence en Inde et sa teneur en argent fin 0,917 **n'avait pas changé depuis 1835**. La hausse du cours de l'Argent au-dessus de la valeur faciale de la Roupie entrainait le risque que la monnaie soit fondue pour répondre à la demande de bijoux. Cette situation mettait toute l'économie en danger et risquait même de déstabiliser la Grande-Bretagne, très impliquée dans la Guerre Mondiale. Le Gouvernement britannique dut entrer en négociation avec le Trésor américain pour stimuler la production américaine d'argent et rationner la répartition de cette production à un prix préalablement négocié entre les gouvernements américains et britanniques.

Après négociation avec les compagnies minières, le prix de l'once d'argent fut fixé à 1 $ l'once, pour permettre la réouverture de mines, qui affirmaient ne pas pouvoir rentabiliser la production en dessous de ce prix. Néanmoins, la part qui pouvait être allouée à l'Inde dans cette nouvelle production américaine ne pouvait pas répondre à ses besoins monétaires. Il fut décidé que 259 millions de Silver Dollars provenant de la réserve du Trésor, qui totalisaient alors 500 millions de Dollars d'argent, seraient fondus et livrés à la Bank of England pour le compte de l'Inde. Cette masse d'argent devant être remplacée au sein du Trésor par un volume équivalent les années suivantes, l'argent devait impérativement provenir des mines américaines. L'argent était commandé aux compagnies minières à prix fixe de 0,99 $. Cette résolution fut votée sous le nom de **Loi Pittman**. (Pittman Act) le 23 avril

1918. Une fois fondus, ces 259 millions de Silver Dollars représentèrent 200 Moz d'argent pour l'Inde.

Au lendemain de la guerre, l'Argent sur le marché international était descendu à 0,70 $ l'once autorisant certaines compagnies minières américaines à faire de jolis bénéfices, pour peu qu'elles jouent à importer de l'argent étranger en contrebande pour le vendre ensuite au Trésor comme une production nationale. Toutes les tentatives du Congrès de créer des commissions de contrôle à ce sujet furent des échecs. La bataille juridique entre le Cartel de l'argent, le Congrès et le Secrétaire au Trésor au sujet du prix de l'Argent et de sa provenance perdurera jusqu'en 1926.

L'argent qui valait 0,46 $ en septembre 1915 va culminer à 1,37 $ en novembre 1919. Son prix a été multiplié par 3.

Dans la totalité de l'Asie (Inde, Chine, Indonésie), mais également en Amérique latine (Mexique, Chili, Pérou...) les pays connaissaient une sévère dépréciation de la monnaie papier. La hausse de l'Argent-métal provoqua une thésaurisation des pièces d'argent, dont la valeur au poids dépassait la valeur faciale. Les commerçants refusaient de donner le change de billets-papier en petites monnaies d'argent, préférant refuser une vente que de se dessaisir de monnaies sonnantes et trébuchantes. Les gouvernements furent obligés de frapper à plusieurs reprises de nouvelles monnaies divisionnaires avec une teneur en argent-fin de plus en plus faible.

La Grande-Bretagne dut passer ses pièces divisionnaires de 900/1000e à 500/1000e. La composition de ces pièces était de 500 parts d'Argent, 400 parts de cuivre et 100 parts de nickel.

Leur couleur jaunâtre fit que ces pièces furent impopulaires. Le Gouvernement britannique interdit à son tour l'exportation d'argent.

La France avait un très gros stock de pièces de 5 Francs en argent ainsi que de très nombreuses pièces de moindre valeur faciale en circulation et en réserve dans les banques. Elle connut les mêmes problèmes. En 1919, dès que le prix de l'Argent dépassa la valeur faciale, les pièces disparurent de la circulation. Le Gouvernement français interdit de fondre les pièces et d'exporter l'argent. Des pièces en bronze furent frappées, mais la Banque de France se refusa à imprimer des billets d'une valeur inférieure à 5 Francs.

Avec la baisse de l'argent en 1920, la dévaluation du Franc maintenait les pièces d'argent au-dessus de leur valeur faciale. On estime que 2 Milliards de Francs en pièces d'or et d'argent étaient thésaurisés par la population durant cette période.

En 1926, le gouvernement offrit une prime pour faire sortir ces réserves cachées. Il acheta les pièces de 1 Franc-or contre 5,70 Francs papier, et **2,40 Francs-papier pour les pièces de 1 Franc en argent**. Cette offre ne fut effective que 3 semaines. Elle fut très vite retirée avec la chute des cours internationaux de l'Argent. Pour éviter la thésaurisation, le Gouvernement français va frapper de nouvelles pièces de 10 F. et de 20 F. Turin en 635/1000e en 1929.

À la fin de 1920, la révolution et la guerre civile mexicaine vont se terminer, permettant à la production minière du Mexique de revenir progressivement vers les niveaux d'avant 1910.

La production mondiale, qui était tombée à 160 Moz en 1920 et 1921 va revenir à 250 Moz en 1923 et se stabiliser à ce niveau jusqu'en 1930.

Cette production va arriver alors que la demande de matières premières liées à la guerre (pétrole, caoutchouc, cuivre, acier…) est en chute brutale sur tous les marchés, entrainant une baisse généralisée. La demande d'argent du Trésor américain est contractuellement limitée à la production des mines nationales et ne pèse pas sur les marchés internationaux. L'Inde ayant acheté une grande quantité d'argent directement au Trésor américain, n'achètera que très peu d'argent durant quelques années et la Chine entre dans une période troublée.

La production mexicaine supplémentaire arrive sur un marché à très faible demande et va provoquer la chute des prix.

Le prix va retomber à 0,52 $ en juin 1921, puis de l'automne 1921 à 1926, le prix va fluctuer entre 0,62 $ et 0,74 $; avant de retrouver un range entre 0,53 $ et 0,60 $ jusqu'en 1929.

Le cours de l'Argent s'effondre en 1929 et atteint son plus bas absolu à 0,24 $ l'once en décembre.

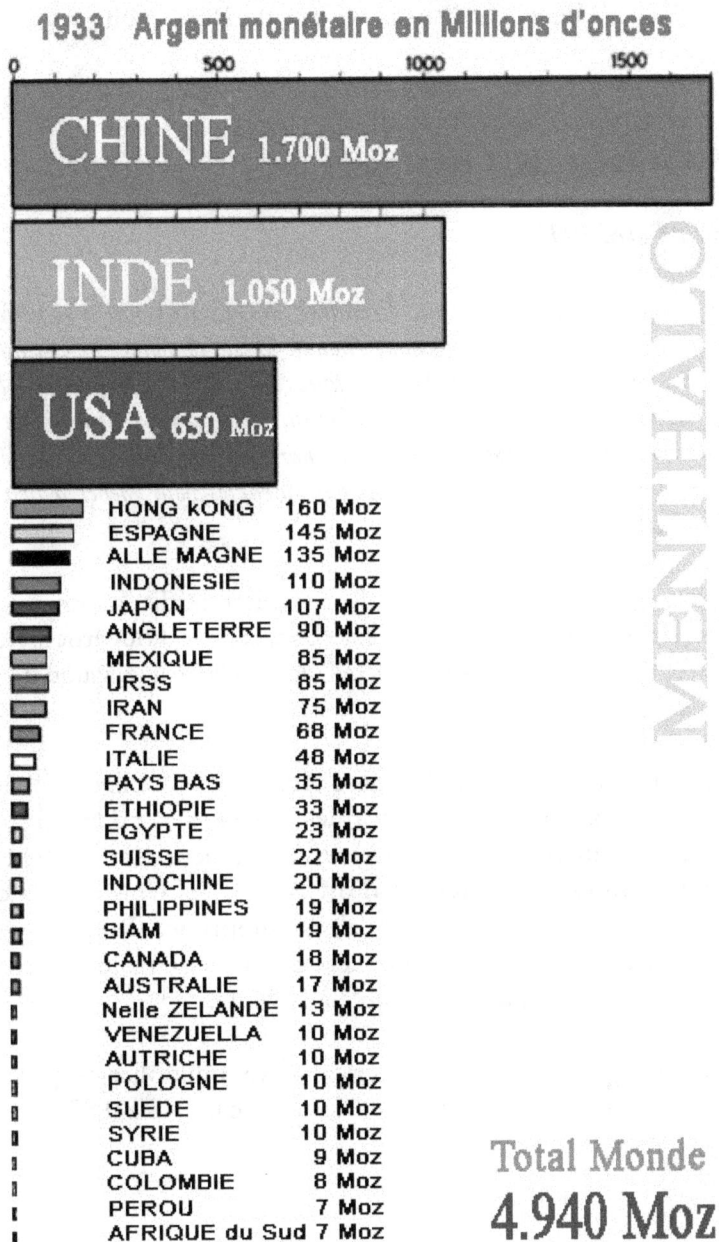

1934

The Silver Purchase Act de Roosevelt

Du : Président des États-Unis d'Amérique Franklin D. Roosevelt

Au: Congrès des États-Unis

Daté : 5 avril 1933

Moi, Franklin D. Roosevelt, Président des États-Unis d'Amérique, déclare officiellement que l'urgence nationale existe toujours et exerçant les dispositions de ladite section pour ce faire, interdit la détention de pièces d'or, de lingots d'or et de certificats d'or sur le territoire métropolitain des États-Unis aux personnes privées, partenariats, associations et sociétés et prescrit par la même, les réglementations suivantes pour mener à bien les objectifs de ce décret.

Le 5 avril 1933, le Président Roosevelt interdit la possession d'or par les particuliers. L'or est repris par le gouvernement à 20,67$ l'once. Le 31 janvier 1934, le Dollar est dévalué à 35$ l'once.

Simultanément, le Silver Purchase Act de 1934 oblige le Trésor américain à acheter d'énormes quantités d'argent, le gouvernement voulant que les réserves d'argent représentent en valeur **le tiers des réserves d'or**. Aux États-Unis, le marché des futures sur l'argent est alors supprimé. Roosevelt va nationaliser l'argent des particuliers aux États-Unis et acheter à l'extérieur tout l'argent disponible à la vente.

Cette très forte demande américaine va multiplier le prix de l'once d'argent par trois dans le Monde, de 0,24 $ à 0,82 $.

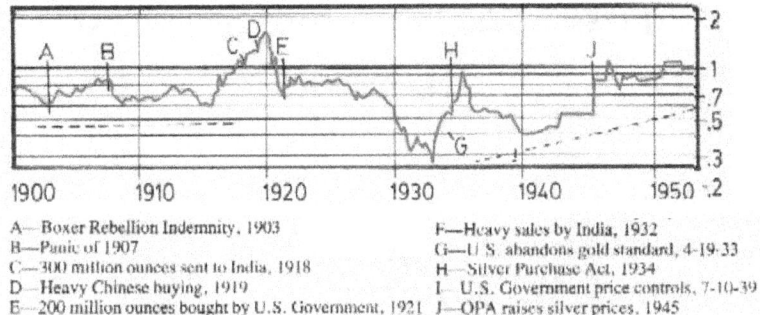

A — Boxer Rebellion Indemnity, 1903
B — Panic of 1907
C — 300 million ounces sent to India, 1918
D — Heavy Chinese buying, 1919
E — 200 million ounces bought by U.S. Government, 1921
F — Heavy sales by India, 1932
G — U.S. abandons gold standard, 4-19-33
H — Silver Purchase Act, 1934
I — U.S. Government price controls, 7-10-39
J — OPA raises silver prices, 1945

Du fait de cette nouvelle hausse brutale de l'argent, la Chine fut obligée d'abandonner son étalon monétaire argent.

1927-1935 - LES BANQUES CHINOISES DANS LA TEMPÊTE

Jusqu'en 1927, la Chine avait un système bancaire relativement libre. Des banques privées opéraient à travers la Chine. Les plus grandes banques chinoises et les quelques banques étrangères avaient leur siège à Shanghai. Elles émettaient des billets de banque, qui pouvaient être échangés contre leur valeur faciale en argent, l'étalon monétaire en vigueur. Les billets des différentes banques circulaient sans problème et sans régulation gouvernementale. Une saine concurrence limitait les abus.

En 1927, les banques chinoises se sont retrouvées piégées entre nationalistes et communistes. La violence organisée par les leaders communistes fragilisait l'industrie à Shanghai. Tchang Kai Chek fit aux banques de Shanghai une offre qu'elles ne pouvaient refuser. Ses forces interdiraient les grèves et arrêteraient la violence en échange de prêts pour le gouvernement nationaliste. En 1927, pour la première année du gouvernement nationaliste, ces prêts représentaient 49% des revenus de l'État. Le gouvernement continua à accroître ses dépenses et sa dette.

Au printemps 1928, Soong, beau-frère de Tchang Kai Chek très introduit dans les Triades, força les banques de Shanghai à acheter des obligations gouvernementales à haut rendement. Les banquiers sceptiques ou récalcitrants furent arrêtés. En 1932, les banques de Shanghai détenaient entre 50 et 80% de ces Obligations gouvernementales.

Dans le courant de 1928, Soong fonda une Banque Centrale, sur le modèle de la US Federal Reserve, la Banque d'état de la République de Chine. Soong appointa plusieurs dirigeants de banques privées au conseil d'administration. Les apparatchiks du gouvernement, qui contrôlaient l'émission des obligations étaient invités à siéger aux conseils des banques privées. Exactement comme en occident, ces insiders, connaissant les manipulations à venir de la Banque Centrale, devinrent une classe privilégiée de ploutocrates.

L'étincelle qui fit exploser la relative liberté du système financier chinois vint de l'administration du New Deal de **Franklin Roosevelt**. En 1933, le gouvernement américain commença à acheter de grandes quantités d'argent. En juin 1934, « The Silver Purchase Act » passa au Congrès, amenant les USA à acheter de l'argent jusqu'à ce que la valeur monétaire de ce stock atteigne le tiers de la valeur du stock d'or américain. Du fait de cette manipulation américaine, le prix de l'argent tripla entre 1933 et 1935. Les dettes des chinois dont la monnaie était basée sur l'argent triplèrent brutalement, à un moment où les affaires s'effondraient et que de très nombreux travailleurs se retrouvaient au chômage.

Le Gouvernement Nationaliste interdit l'exportation d'argent, brisant de fait les principes même de l'étalon argent, ce que les Banques Centrales occidentales avaient déjà fait pour l'étalon-or. Des taxes furent mises en place sur l'Argent visant à interdire la rentabilité de trafic d'Argent vers l'occident. La Banque Centrale de Soong fut seule exemptée de ce contrôle et des taxes, ce qui lui permit d'en faire l'institution financière la plus rentable de Chine. Alors que cette banque ne représentait que 11% des richesses détenues par l'ensemble des banques chinoises, elle représenta 37% des profits en 1934.

La plus grosse banque privée, la Banque de Chine, chercha à couper les ponts avec le Gouvernement Nationaliste et se mit à vendre à perte ses Obligations du Trésor.

Tchang Kai Chek nationalisa alors la Banque de Chine, ainsi que la deuxième plus grosse banque privée, dont la direction fut remplacée par des fonctionnaires des finances.

En juin 1935, Kung, le Ministre des Finances utilisa la puissance des 3 banques nationalisées pour acheter sur le marché tous les billets de banque émis par les autres banques privées de Shanghai, avant de présenter tous ces billets aux guichets en exigeant leur contrepartie en Argent. Ce qu'aucune d'elles ne put faire immédiatement. Kung les déclara en faillite, nationalisa en bloc toutes les banques privées en juillet 1935 saisissant tous leurs biens.

Le 3 novembre 1935, les nationalistes annoncèrent le lancement d'une monnaie fiduciaire, qui n'était plus échangeable contre de l'argent. Seuls les billets émis par les trois plus grosses banques, la Banque Centrale de Chine, la Banque de Chine et la Banque des communications, eurent alors cours légal.

Nationalisation de l'Argent chinois

Toutes les institutions et tous les particuliers avaient obligation de changer leurs réserves d'argent-métal contre cette nouvelle monnaie dans les 6 mois. Le gouvernement nationaliste chinois reproduisait à l'identique, ce que Roosevelt avait fait pour l'or en 1933.

Une fois cette monnaie fiduciaire lancée, le gouvernement de Tchang Kaï Chek fit marcher la machine à imprimer les billets pour essayer de résorber les déficits budgétaires.

Entre 1935 et 1949, les prix furent multipliés par 1,000.

La démonétisation de l'argent en Chine va provoquer une suroffre d'argent sur le marché et une forte décrue des cours à partir de 1935.

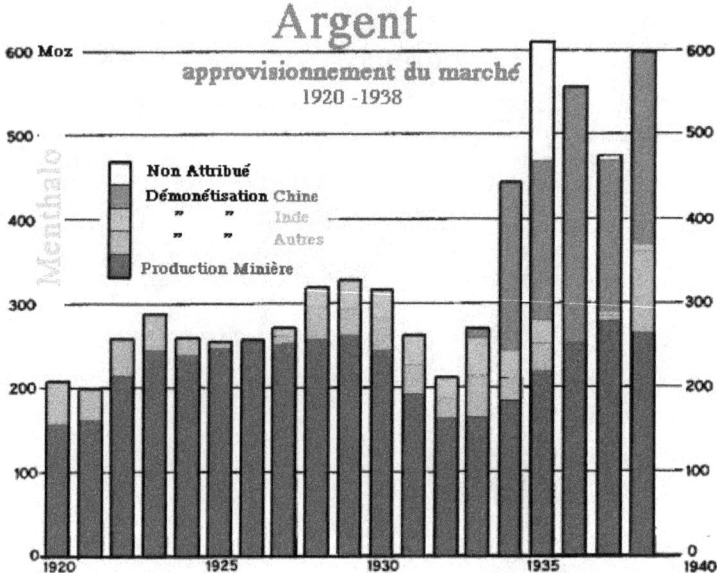

À partir de 1934, le Gouvernement américain va acheter la plus grande partie de l'argent mis sur le marché par les pays qui démonétisent le métal blanc. Il semblerait qu'il y ait eu une entente de l'oligarchie financière mondiale dès 1933, pour remplacer les étalons monétaires or et argent par le futur Gold Exchange Standard du Dollar, qui ne verra officiellement le jour qu'à Bretton Woods en 1944.

Le Trésor américain prépare le Dollar à son rôle de réserve internationale en renforçant ses réserves monétaires de métal précieux. Son immense stock d'Argent va lui permettre de contrôler le prix du métal blanc pendant les 5 décennies suivantes.

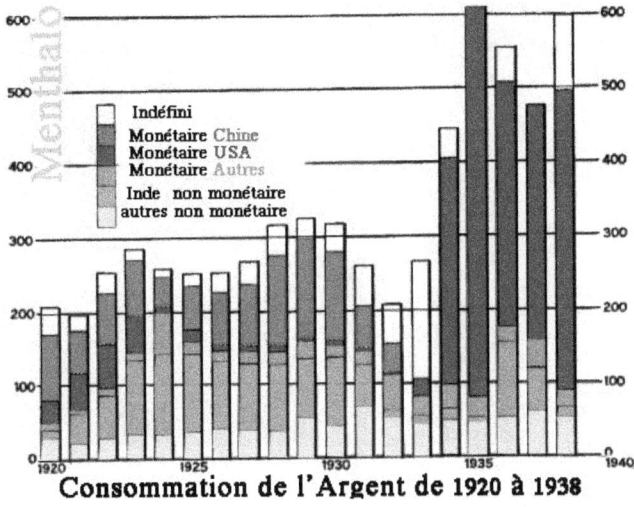

Consommation de l'Argent de 1920 à 1938

Les différentes crises monétaires (Dollar, Livre Sterling, Mark...) poussèrent, une fois encore, les investisseurs à lâcher le papier pour thésauriser la monnaie métallique. L'accroissement de la demande d'or aux guichets de la Banque de France, en échange de monnaie papier, poussèrent le gouvernement à promulguer le 1er octobre **1936** une loi invitant les détenteurs d'or à se déclarer et à restituer leurs avoirs, **au prix d'achat, à la Banque de France**. 87 tonnes furent ainsi récupérées par la Banque de France.

Devant un tel enthousiasme le Gouvernement va durcir le ton dans un décret du 17 février 1937 **assimilant la détention d'or à de la contrebande**. L'impopularité de ces décisions amena le Gouvernement à faire machine arrière le 9 mars, soit seulement 3 semaines plus tard. La détention et le commerce de l'or redevenaient ainsi libres. Le Trésor dédommagea ceux qui avaient apporté leur or.

Le coût des guerres mondiales va ruiner les trésors des banques européennes, obligées de vendre leur or pour payer leurs dettes de guerre. Cela entraînera après-guerre des dévaluations de la plupart des monnaies par rapport à l'or.

En 1944, à **Bretton Woods,** la puissance américaine est telle, qu'un système monétaire est mis en place avec une monnaie internationale fiduciaire, le Dollar. Ce dernier peut être échangé à tout moment contre sa contre-valeur en or, dont le cours est figé. Une once d'or vaut 35$.

C'est le Gold Exchange Standard

Monnaies d'argent aux États-Unis

Roosevelt en 1934 avait édité des billets appelés « Silver Certificate », de simples billets de un, cinq ou dix Dollars, mais que les détenteurs pouvaient à tout moment changer contre des « Silver Dollars », de la monnaie sonnante et trébuchante en Argent.

Le Trésor américain, principal acheteur de l'argent issu des mines américaines, achetait jusqu'à 90,5 cents l'once pour revendre à 91 cents. Le prix moyen s'échelonnant de 25c dans les années 30 à 75c en 1950. Son poids sur le marché avait tendance à brider le cours de l'argent. Néanmoins le marché était théoriquement libre.

Officiellement, le Trésor américain avait droit d'acheter de l'argent :

- jusqu'à 1,29$ l'once, la valeur monétaire du Silver.
- aussi longtemps que la valeur monétaire des stocks d'argent n'atteignait pas le tiers de la valeur monétaire des stocks d'or.

Après-guerre, à partir de 1950, la demande de reconstruction notamment électrique, d'une part, puis le développement de la société de consommation, renforça fortement la demande d'argent. Le Trésor US en profita, vendant une partie de ses stocks pléthoriques qui culminèrent en **1950 à 2 Milliards d'onces soit 56. 700 tonnes,** soit 7 fois l'argent que prétendait détenir l'ETG SLV en janvier 2012.

Jusqu'en 1960, le gouvernement vendait ses stocks pour faire baisser les cours de l'argent et les maintenir sous le cours officiel de 1,29$ l'once, afin d'éviter que les américains ne fassent fondre leurs pièces pour les vendre sous forme de lingots sur le marché.

Sans cette politique, les cours internationaux de l'argent auraient fortement monté dès le début des années soixante.

Kennedy, le 4 juin 1963, signa l'Ordre Exécutif n° 11110 par lequel le gouvernement retrouvait un pouvoir inscrit dans la Constitution, celui de créer sa monnaie, sans passer par la Federal Reserve Bank de New York.

Il fit imprimer 4,3 milliards de billets de 1, 2, 5, 10, 20 et 100 Dollars, qui étaient gagés par les réserves d'or et d'argent du Trésor et échangeables contre des monnaies sonnantes et trébuchantes. **L'argent étant au prix fixe de 1,29$ l'once.** Ces billets sont libellés « United States note » au lieu de Federal Reserve note.

Kennedy supprima le Silver Purchase Act de 1934 et toutes les lois interdisant aux américains d'acheter de l'argent. Le Trésor Américain à ce moment-là ne possédait plus que 1,7 Milliard d'onces d'argent. La demande des particuliers et des spéculateurs fut extrêmement forte, obligeant la US Mint à passer de 1,6 million de pièces à 4,3 millions.

Cette tentative de Kennedy de reprendre le pouvoir que les banquiers privés détenaient depuis 1913, fut probablement le mobile principal de son assassinat cinq mois après sa réforme monétaire, le 22 novembre 1963. Au lendemain de sa mort, l'autorisation d'imprimer ces nouveaux billets fut abrogée et l'application du décret présidentiel fut suspendue.

La demande étant trop forte, la loi monétaire de 1965 amènera une diminution de la teneur en argent des pièces d'un demi-Dollar, qui va passer de $900/1000^e$ à $400/1000^e$. L'argent est supprimé dans les monnaies divisionnaires inférieures, où il est remplacé par du cupro-nickel. Le nouveau gouvernement put alors mettre en œuvre une politique visant à couper les ponts entre la monnaie en circulation et le marché du Silver.

Entre le début et la fin des années soixante, l'argent utilisé par le Trésor américain pour la frappe des pièces en circulation passa **de 180 Moz à 40 Moz par an.**

Lyndon Johnson, en 1965 constata avec lucidité que l'argent se faisait rare et que son prix allait monter en conséquence.

Pour y remédier, Johnson décida de ne plus faire frapper de pièces en argent et d'engager les réserves gouvernementales pour maintenir le prix bas.

Voici son discours du 23 juillet 1965, annonçant que les pièces en argent allaient être retirées de la circulation.

*« Chacun de vous sait que ce changement est nécessaire, pour une raison très simple : **L'argent est un métal rare.***

Notre consommation d'argent augmente avec notre population grandissante et avec le développement de notre économie. C'est un fait qu'on consomme deux fois d'argent qu'on en extrait annuellement.

Considérant cette pénurie mondiale d'argent et aussi l'augmentation rapide de notre besoin de pièces, il ne restait qu'une façon de procéder : nous devions réduire notre dépendance à l'argent, lors de la production de pièces. Si nous n'avions pas sauté ce pas, nous aurions risqué, dans très peu de temps, un manque chronique de pièces.

S'il venait à l'esprit de quiconque de vouloir thésauriser nos pièces d'argent, je veux lui dire ceci : le Ministère des Finances dispose amplement d'argent. Il peut servir et il sera employé à maintenir le prix de l'argent là où se situe également la valeur de nos pièces en argent. »

Le Gouvernement vendait ses réserves pour maintenir le prix de l'Argent à la valeur faciale du Dollar de 1,29$ l'once. Cette politique perdurera jusqu'au 14 juillet 1967, où le Trésor n'eut plus les moyens d'empêcher l'Argent de se réévaluer.

En 1969, l'argent fut retiré progressivement de toutes les pièces de monnaie en circulation aux États-Unis.

Les états européens firent de même avec quelques mois ou quelques années de retard. Les pièces furent fondues et converties en lingots pour les industriels, les bijoutiers et quelques rares investisseurs.

LE GOLD EXCHANGE STANDARD VACILLE
PERTE DE CONFIANCE DANS LE DOLLAR

Au fil des années, la politique monétaire américaine va devenir de plus en plus laxiste, certains pays dont la France vendent les Dollars provenant de leurs échanges commerciaux pour encaisser l'or, mettant le Trésor US en danger.

CRÉATION DU LONDON GOLD POOL

Le 1er novembre 1961, après une série d'attaque particulièrement virulente contre le Dollar, huit Banques Centrales, à l'instigation de John Kennedy, forment le « London Gold Pool » pour essayer de contenir la valeur de l'or à 35$. Les États-Unis doivent fournir 50% de l'or proposé à la vente dans cet accord interbancaire.

Le principe de fonctionnement est simple. Chaque fois que les investisseurs du marché de Londres se ruent sur l'or, les Banques Centrales vendent de grosses quantités pour faire baisser les cours. Quand l'Or baisse, les Banques Centrales rachètent l'or pour regarnir la caisse commune.

United States	50%	120t	($135 MM)
Germany	11%	27t	($30 MM)
United Kingdom	9%	22t	($25 MM)

France	9%	22t	($25 MM)
Italy	9%	22t	($25 MM)
Belgium	4%	9t	($10 MM)
Netherlands	4%	9t	($10 MM)
Switzerland	4%	9t	($10 MM)

Ce « London Gold Pool » fonctionnera parfaitement six années durant, jusqu'à ce que la France se retire, après un discours fracassant du Général de Gaulle en février 1965 :

« Le fait que beaucoup d'états acceptent par principe des Dollars au même titre que de l'or pour les règlements des différences qui existent à leur profit dans la balance des paiements américaine, ce fait entraîne les Américains à s'endetter, et à s'endetter gratuitement vis-à-vis de l'étranger, car ce qu'ils lui doivent ils le lui payent, tout au moins en partie, avec des Dollars qu'il ne tient qu'à eux d'émettre.

Étant donné les conséquences que pourrait avoir une crise qui surviendrait dans un pareil domaine, nous pensons qu'il faut prendre à temps les moyens de l'éviter.

Nous estimons nécessaire que les échanges internationaux soient établis comme c'était le cas avant les grands malheurs du Monde, sur une base monétaire indiscutable et qui ne porte la marque d'aucun pays en particulier.

Quelle base ? En vérité on ne voit pas qu'il puisse y avoir réellement de critère, d'étalon, autre que l'or. »

De Gaulle va joindre le geste à la parole et exiger des américains, qu'ils échangent les Dollars du commerce extérieur de la Banque de France contre de l'or.

En 1967, une attaque sur la Livre Sterling et l'or va forcer la Banque d'Angleterre à dévaluer la Livre le 18 novembre. Les investisseurs craignant une dévaluation équivalente du Dollar, affaibli par le coût de la guerre du Vietnam, déclenchent une nouvelle ruée vers l'or.

LA FIN DU POOL DE L'OR DE LONDRES

Le 5 mars 1968, Londres dut vendre 100 tonnes dans la journée, soit 20 fois plus que d'ordinaire. Le dimanche suivant, le pool de Londres réaffirma sa détermination de maintenir le prix de l'Or à 35$ par once. Le président de la Fed, William McCesney-Martin déclara qu'il défendra ce prix **« jusqu'au dernier lingot »**. Dès le milieu de la semaine, un véritable pont aérien de cargaisons d'or fut mis en place entre les États-Unis et Londres pour répondre à la demande. Le mercredi, Londres vendit 175 tonnes, 30 fois la demande habituelle et le jeudi la demande dépassa les 225 tonnes. Ce soir-là, il y eut une réunion d'urgence à Buckingham Palace et officiellement la Reine décréta la fermeture des banques pour le lendemain, vendredi 15 mars. Roy Jenkins, alors Chancelier de l'Echiquier, annonça à la presse la décision de clore le marché de l'Or « à la demande des États-Unis ».

Le Marché de l'Or fut fermé durant deux semaines, pendant lesquelles les marchés de Paris et de Zürich restèrent ouverts. L'or s'y négociait à 44$ l'once, soit 25% plus haut que les prix officiels de Londres. Ce dernier ré-ouvrit le premier avril. Une nouvelle règle avait été instaurée, avec un prix bloqué pour les échanges entre banques centrales à 35.20$ et un prix libre pour le Marché Libre. Sur ce dernier, l'or s'envola rapidement à 3 fois la valeur officielle. À cette date, le Trésor américain a été réellement vidé de son or, **« jusqu'au dernier lingot »**. L'or de Fort Knox n'est depuis lors qu'un mythe, qui mériterait un livre entier pour raconter cette saga au fil des dernières décennies. Ce n'est pas le sujet de celui-ci.

FIN DU GOLD EXCHANGE STANDARD

En août 1971, Nixon annonce que l'Amérique abandonne le « Gold Exchange Standard » unilatéralement. Officiellement, le Dollar n'a plus pour valeur que celle de la confiance, qu'on lui accorde. Il devient **monnaie fiduciaire** (du latin fides = confiance).

Une monnaie, qui n'est garantie par aucun actif tangible, comme l'or, est néanmoins valorisée par le pouvoir de taxation de l'état émetteur et par l'équilibre de son budget. Dans une économie en croissance, la confiance dans la monnaie est forte. Dans une économie en récession, production et consommation faiblissent, diminuant les rentrées potentielles de l'état (par la TVA et autres taxes sur les sociétés). La confiance dans sa monnaie s'affaiblit d'autant. La guerre du Vietnam, puis l'externalisation de la production industrielle vont affaiblir l'économie US et ronger la valeur du Dollar.

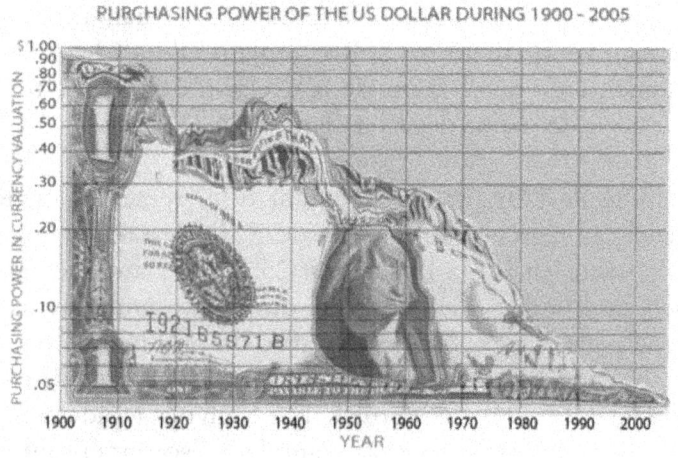

En 1945, après la reddition japonaise, les USA ont passé un accord avec les « zaibatsus », les conglomérats industriels au Japon, qui avaient bâtis la puissance militaire de l'Empire du

Soleil Levant. Ces derniers ont dû transformer leur outil industriel pour produire des produits de grande consommation pour l'Occident. En contrepartie, les américains se sont engagés à laisser leurs frontières ouvertes, dans la mesure où les japonais réinvestissaient un pourcentage prédéterminé des Dollars ainsi gagnés en Bons du Trésor US.

À cette époque, les US T-Bonds valaient de l'or au sens propre et rapportaient en plus des intérêts. Les Américains achetaient donc des produits d'équipement ou de consommation par un système de crédit perpétuel, qui, un demi-siècle plus tard, se traduit par un endettement massif. Ce système est devenu une escroquerie pyramidale. Il n'aurait pas été possible sans une corruption massive des élites des pays « producteurs-prêteurs ». Cette corruption a été possible grâce au Trésor de Yamashita, cf. « Operation Golden Lily ». Le trésor des rapines japonaises dans leurs guerres de conquêtes en Corée, en Mandchourie et en Chine a été en grande partie récupéré par le général Mc Arthur à la fin de la guerre. Depuis 1945, l'or de Yamashita finance les opérations noires de l'aile droite américaine et notamment, la corruption active des élites, pour mettre en place, puis maintenir un ordre mondial léonin, la « Pax Americana ».

En délocalisant leur production au Japon d'abord, puis en Chine, les États-Unis ont appauvri leur outil industriel, diminuant ainsi la création de richesse américaine.

L'Amérique a concentré la création de richesse sur le secteur tertiaire (finance, assurance, recherche, pharmacie, agronomie, etc.). Sa puissance militaire a pu imposer aux nations du Monde des pesticides, des semences OGM ou des ersatz chimiques comme les édulcorants de synthèse, pour ne citer que quelques exemples avant d'imposer que toutes les transactions financières passent par le Dollar et les sociétés de clearing agréées. Un véritable racket systémique a ainsi été mis en place.

L'Amérique de 2012 n'a plus rien à voir avec celle de 45.

Depuis les années 50, le nombre de fonctionnaires du gouvernement a été multiplié par 3. Il y a 22 Millions de fonctionnaires aujourd'hui aux États-Unis contre 11 Millions de travailleurs dans l'industrie. La ville de New York compte 1,5 Millions de fonctionnaires contre seulement 0,67 Millions de personnes travaillant dans la finance.

Depuis des décennies le budget US est totalement déséquilibré et l'État américain tellement endetté qu'il est au bord d'un cataclysme financier, qui n'est retardé que par une falsification de plus en plus importante des statistiques, des données économiques et par une manipulation patente des marchés.

ANNÉES 70

Alors que Kennedy cherchait à assainir les finances et la politique américaine, notamment en diminuant la participation américaine aux guerres d'Indochine, Lyndon Johnson (63-69), puis Nixon (69-74) vont céder au lobby militaro-industriel en engager les États-Unis dans la guerre du Vietnam, qui va coûter très cher au Trésor américain.

Le Général de Gaulle avait dénoncé l'hégémonie monétaire américaine et un système qui permettait aux États-Unis de « s'endetter gratuitement vis-à-vis de l'étranger ».

La décision de Nixon de mettre fin au Gold exchange Standard va amener une dévaluation de fait du Dollar par rapport à l'or, l'étalon monétaire universel. Le prix de l'argent va alors être multiplié par 4.

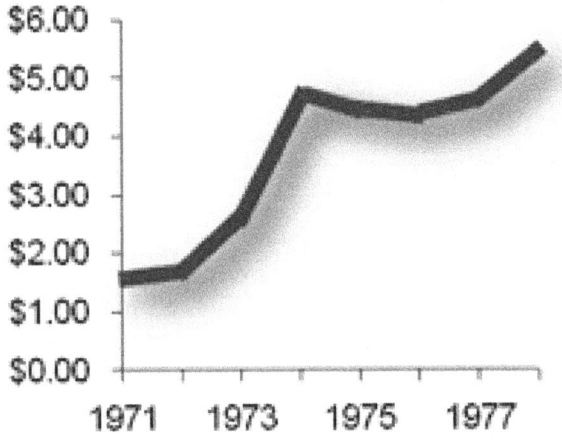

En 1970, le coût croissant de la guerre du Vietnam avait généré une forte inflation aux États-Unis. Le déficit du commerce extérieur et de la balance des paiements va amener les financiers internationaux à préférer détenir de l'or que du Dollar. Le Trésor américain voit ainsi sa couverture « officielle » d'or chuter de 55 à 22%.

Le 15 août 1971, Nixon ferme la « fenêtre de l'or » et met fin unilatéralement au Gold Exchange Standard mis en place à Bretton Woods à la fin de la guerre. L'économie américaine est au plus mal, l'inflation galope, le Dollar est attaqué, Wall Street et la City de Londres vacillent. L'or s'envole sur le marché libre.

CHOCS PÉTROLIERS

C'est alors qu'une stratégie est mise au point et présentée par Kissinger en mai 1973, au groupe Bilderberg, composé de 84 des personnalités les plus influentes du pétrole, de la finance et de la politique lors d'une réunion en Suède à l'Hotel Bilderberg. Cette stratégie va générer la « Guerre du Kippour », la fallacieuse menace d'embargo pétrolier par l'OPEP complice et « les Chocs pétroliers », qui ont amené dès 1974 une hausse de 400% du prix du baril. Londres et Washington et Wall Street étaient sauvés par un accord passé avec l'OPEP, obligeant les producteurs à vendre leur pétrole en Dollar sur le marché de Londres, au travers de banques agréées, et d'investir un pourcentage de ces « pétrodollars » en Bons du Trésor américains. Si la City, Washington et l'OPEP y trouvaient leur compte, le Monde subissait un tsunami inflationniste.

LE CORNER SUR L'ARGENT DES FRÈRES HUNT

William H. Hunt et Nelson B. Hunt lors de leur procès

Texte de **Tristan GASTON-BRETON**

Une véritable catastrophe ! Ce 27 mars 1980, Nelson Bunker Hunt et son frère William Herbert assistent, impuissants, à l'écroulement de leur empire spéculatif. Eux qui, en quelques années, étaient parvenus à accaparer près de la moitié des stocks d'argent disponibles dans le Monde, suscitant une hausse vertigineuse des prix, ne peuvent empêcher les cours de s'effondrer. En une seule journée, le prix de l'once est divisé par deux, envoyant au tapis l'International Metal Investment Group, la société créée par les frères Hunt avec l'aide d'investisseurs du Moyen-Orient. Un coup d'arrêt brutal aux ambitions des deux Texans, orchestré de bout en bout par les autorités fédérales, Fed en tête. Pour Nelson Bunker et William Herbert, c'est, comme le dira un journaliste, *« la fin de la récréation »*.

Humiliant ; cet échec l'est d'autant plus pour les deux frères qui, depuis leur plus jeune âge, ont vécu avec une idée fixe : qu'un riche n'est jamais assez riche !

Cette conception des choses, c'est leur père, Haroldson Lafayette Hunt, qui la leur a inculquée. Surprenant personnage que cet autodidacte devenu l'un des hommes les plus riches des États-Unis. Né en 1889 dans une famille prospère de l'Illinois, il a quitté le domicile de ses parents à quinze ans et multiplié les « petits boulots » : bûcheron, travailleur agricole, plongeur dans un restaurant, muletier, et même joueur de base-ball !

La mort de son père quand il avait vingt-deux ans lui a permis de récupérer quelques milliers de Dollars. Avec ce pécule, il est parti dans l'Arkansas, où il a créé de toutes pièces une plantation de coton. Quasi ruiné par l'effondrement des cours provoqué par la Première Guerre Mondiale, il a repris ses pérégrinations et s'est installé à El Dorado (Arkansas), où du pétrole venait d'être découvert. Se spécialisant dans la vente et le rachat de terres, il a très vite accumulé une confortable fortune qui lui a permis de se lancer lui aussi, et avec succès, dans l'exploration pétrolière. Propriétaire, à la fin des années

1920, d'une centaine de puits en Louisiane, dans l'Arkansas et dans l'Oklahoma, il a eu le flair de racheter le gigantesque gisement découvert en 1930 à Kilgore, non loin de Dallas, gisement auquel les grandes compagnies ne croyaient pas.

Ce coup de génie a fait de lui l'un des principaux pétroliers indépendants des États-Unis et l'un des hommes les plus riches du pays. En 1940, ses revenus dépassent déjà le milliard de Dollars. Des sommes systématiquement réinvesties dans d'autres entreprises. Car Hunt n'est pas seulement un riche pétrolier, à la tête de plusieurs compagnies indépendantes comme la Hunt Oil Company ou la Placid Oil Company. C'est aussi l'un des plus grands fermiers des États-Unis. Au milieu des années 1950, ses intérêts s'étendent sur cinq continents et vont du pétrole aux médicaments et à l'immobilier en passant par le coton, le bétail et le bois de construction ! Ses activités sont regroupées dans une myriade de sociétés implantées dans une vingtaine de pays et dont il possède personnellement 90% des parts.

Plus texan que les Texans eux-mêmes, cet homme, marié trois fois et à l'avarice légendaire, a adopté tous les clichés de son État d'adoption : puritain à l'excès - ce qui ne l'empêche pas de s'adonner sans réserve à sa passion : le poker -, proche des milieux d'extrême droite, il finance des programmes de radio et de télévision qui dénoncent pêle-mêle les libéraux, les communistes, les programmes sociaux fédéraux, les impôts et les intellectuels. Au début des années 1960, il vouera une haine si forte au Président Kennedy que certains iront jusqu'à le soupçonner d'être l'un des commanditaires de l'assassinat de Dallas.

« Aussi riche que Crésus, aussi astucieux qu'un joueur de riverboat, aussi serré qu'une nouvelle paire de chaussures..., il pense que le communisme a commencé dans ce pays quand le gouvernement a pris en main la distribution de courrier. S'il avait plus de flair et d'imagination, s'il n'était

pas essentiellement un péquenaud, il pourrait être l'un des hommes les plus dangereux en Amérique », écrira de lui un journaliste.

Tel est donc l'homme qui sert de modèle à Nelson Bunker Hunt et à son frère William Herbert.

Né en 1926, Nelson Bunker n'a jamais mis les pieds à l'école, ou presque, contrairement à son frère cadet, qui a poussé jusqu'à l'université. Comme tous les enfants de Haroldson Lafayette Hunt - 15 au total -, les deux frères ont connu une vie dorée et totalement insouciante à Dallas, la ville d'élection de la famille.

« Faites ce que vous voulez » n'a cessé de répéter leur père, trop accaparé par ses affaires pour s'occuper de ses rejetons. Profitant de l'immense fortune de leur géniteur, Nelson Bunker et William Herbert ont créé leur propre entreprise de forage pétrolier, la Penrod Drilling Company, avant de se voir donner par leur père l'un des morceaux du gigantesque empire Hunt : la Placid Oil Company. On est alors au début des années 1960 et la demande de pétrole bat son plein.

Après un premier échec cinglant au Pakistan - qui leur a tout de même coûté la bagatelle de 11 millions de Dollars -, Nelson Bunker et William Herbert se lancent à l'assaut des nouveaux gisements de la planète. Un pays les attire plus particulièrement : la Libye.

Au milieu des années 1950, de grosses réserves d'or noir y ont été découvertes, entraînant une véritable ruée des grandes compagnies. L'une des « bêtes noires » de la famille Hunt s'y est notamment taillé une importante concession : Armand Hammer, un indépendant comme eux mais qui a le tort aux yeux de Haroldson Lafayette d'être un « communiste ». Ne le surnomme-t-on pas le « milliardaire rouge » en raison des innombrables connexions qu'il entretient en URSS ? Plus intéressés par les affaires que par la politique, les frères Hunt parviennent eux aussi à prendre pied en Libye. Au début des années 1970, leurs seuls intérêts dans ce pays sont estimés à plus de 7 milliards de Dollars. Comme leur père avant eux, Nelson Bunker et William Herbert figurent parmi les hommes les plus riches des États-Unis.

C'est alors que tout se met à aller de travers !

Il y a d'abord, en août 1970, la décision prise par le colonel Kadhafi, qui vient de renverser le roi Idris de Libye, d'augmenter de 20 % les royalties versées par les compagnies pétrolières sur chaque baril extrait. Les deux frères et leur père vieillissant -il mourra en 1974- ont beau tempêter, rien n'y fait ! La famille est contrainte de passer sous les fourches Caudines du nouveau maître de la Libye. À la clef : des profits sensiblement réduits. Et ce n'est pas tout ! Au même moment, des tensions inflationnistes se font sentir un peu partout dans le Monde et contribuent à rogner un peu plus leurs marges. Ces tensions explosent littéralement après le premier choc pétrolier de 1973. Sans doute, les frères Hunt, en raison de la hausse brutale du prix du baril, regagnent-ils d'un côté ce qu'ils perdent de l'autre. À tout prendre, le bilan reste largement positif ! Mais, pour les deux Texans, et surtout pour Nelson Bunker, d'un naturel plutôt pessimiste, tout cela n'annonce rien de bon.

Persuadés que la situation économique ne fera qu'empirer, que l'inflation atteindra des sommets et que les États-Unis, déjà affaiblis par la guerre du Vietnam, verront leur influence dans le Monde décroître très vite, les deux frères estiment que le moment est venu de se mettre à l'abri et de se couvrir autant que faire se peut contre les turbulences économiques. D'où l'extraordinaire projet qu'ils décident de mettre en œuvre à la fin de l'année 1973.

Le projet ? Il s'agit de ramasser tout l'argent disponible qui existe sur la planète afin de se protéger contre l'inflation !

Nelson Bunker et William Herbert auraient préféré l'or, mais la législation américaine interdit aux particuliers de se porter acquéreurs de grosses quantités de métal jaune. Va donc pour l'argent, dont les stocks mondiaux sont alors de l'ordre de 500 millions d'onces (un peu plus de 15 000 tonnes). L'idée n'est pas aussi farfelue qu'elle le paraît au premier abord. En 1869 déjà, le milliardaire américain Jay Gould avait tenté de faire main basse sur l'or américain pour en faire grimper les cours, échouant à la dernière minute en raison de l'intervention du Trésor fédéral. Une histoire que les frères Hunt auraient dû méditer...

Certains de réussir, les deux Texans commencent donc à acheter de l'argent sur les marchés mondiaux. Dans les premiers mois de l'année 1974, ils détiennent déjà 55 millions d'onces pour une valeur totale de 100 millions de Dollars. Pour des raisons fiscales, ils décident de stocker l'essentiel de l'argent en Suisse. À cet effet, trois Boeing 707 sont loués qui font la navette entre New York et Zürich. Là, le métal précieux est chargé sur des camions blindés et acheminé jusqu'à six établissements bancaires tenus secrets. Étranges convois circulant la nuit et gardé par des dizaines d'hommes armés venus spécialement des États-Unis.

Au milieu des années 1970, le bruit commence à courir que les frères Hunt ont entrepris de faire un « corner » sur le marché de l'Argent.

L'opération consiste à manipuler le marché dans le but d'obliger les vendeurs à liquider leurs positions et ce, à n'importe quel prix s'il le faut. De fait, à partir du milieu des années 1970, les frères Hunt commencent à accumuler les contrats sur l'argent afin de contraindre les vendeurs à leur céder leurs stocks. Comme s'il fallait s'y attendre, la manœuvre entraîne une hausse rapide des cours de l'argent : alors qu'en 1973 il cotait 1,95 Dollar l'once, il en vaut près de 4 au début de l'année 1975. Pour racheter le stock encore disponible sur le marché, Nelson Bunker et William Herbert doivent donc se préparer à dépenser près de 2 milliards de Dollars. Une somme énorme, même si les deux Texans peuvent compter sur l'héritage de leur père, récemment décédé, et sur leurs très florissantes affaires pétrolières. C'est autant pour répartir les risques financiers que pour accélérer leurs acquisitions de métal précieux qu'ils décident de faire appel à des partenaires.

En mars 1975, Nelson Bunker se rend discrètement à Téhéran afin de proposer au shah d'Iran d'entrer dans la manœuvre. Mais la négociation échoue, en grande partie en raison de l'incapacité de l'américain à estimer précisément les gains qu'il compte tirer de l'affaire. À Téhéran en outre, on se méfie de ce parvenu aux manières de cow-boy et on craint que cette spéculation ne crée des problèmes avec le gouvernement américain. Deux autres tentatives aux Philippines et auprès de la famille royale saoudienne n'ont guère plus de succès. Ce n'est qu'en 1979 que Nelson Bunker et William Herbert parviennent enfin à intéresser des investisseurs saoudiens en quête de placements juteux pour leurs Pétrodollars. C'est ainsi qu'au printemps 1979 est créé l'International Metal Investment Group.

La société commence immédiatement à ramasser tout l'argent disponible sur le marché. Entre juin et décembre 1979, elle acquiert pour plus de 150 millions d'onces de métal précieux, portant à 200 millions le stock total détenu par les deux frères et leurs partenaires saoudiens. Dans le même temps, les cours s'envolent littéralement, passant d'un peu plus de 5 Dollars l'once au début de l'année 1979 à 54 Dollars un an plus tard.

Nelson Bunker et William Herbert ont réussi leur pari : en janvier 1980, ils ont accumulé tellement de contrats sur l'argent que les vendeurs ne peuvent tenir leurs engagements, ce qui les obligent à racheter l'argent sur le marché au prix fort. L'entrée dans la danse de centaines de spéculateurs ne fait qu'aggraver les choses. Depuis leur ranch de Dallas, les deux frères ont tout lieu de se réjouir. Détenant une bonne moitié des stocks d'argent de la planète, immensément riches - leur fortune virtuelle représente plusieurs centaines de milliards de Dollars -, ils font part à qui veut les entendre de leur intention de réintroduire l'argent en tant que monnaie, en remplacement de la monnaie-papier. Ce sont ces foucades, autant que les risques de déstabilisation en chaîne, qui vont pousser les autorités à intervenir.

Au début de l'année 1980, le NYMEX (New York Commodity Exchange), appuyé par la Réserve Fédérale, décide brutalement de changer les règles du jeu. Afin de casser la spéculation, des dépôts de garantie réclamés aux nouveaux acheteurs sont portés à des niveaux prohibitifs. En outre, les professionnels sont autorisés à remplacer la livraison d'argent par du cash, ce qui soulage immédiatement le marché « short ». En outre, le nombre de contrats pouvant être détenus par une personne ou une entité est drastiquement limité. L'effet ne tarde pas : entre janvier et début mars 1980, le cours de l'argent recule brutalement de 54 à 21 Dollars. Le 26 mars 1980, le fameux « Silver Thursday », les cours plongent brutalement à 10,8 Dollars ! Des centaines de spéculateurs sont ruinés. Les frères Hunt eux-mêmes sont contraints de se déclarer en faillite. Ils seront condamnés en 1988 pour manipulation de marché. Comme en 1869 lors de l'affaire Gould, les autorités fédérales ont réussi à briser net la spéculation.

Au début des années 1980, la baisse brutale des prix du pétrole achève de ruiner les Hunt. Ruine toute relative au demeurant, la famille conservant aujourd'hui encore de nombreux actifs dans le pétrole. Mais c'en est fini de la flamboyance des Hunt. À trop jouer avec l'argent, ils ont fini par se brûler les doigts...

Les Frères Hunt et leurs associés ont fait les frais d'une administration, au service de l'oligarchie financière, cherchant à défendre la monnaie fiduciaire.

Aujourd'hui, ce ne sont pas deux individus mais un bloc d'états puissants, qui se lèvent contre le système monétaire actuel basé sur l'asservissement des nations par la dette, d'une part, et la dévaluation à l'infini de la monnaie, d'autre part. Cette alliance cherche à retrouver la stabilité monétaire que le Monde a connue avec le système du bimétallisme.

Histoire de l'Argent

L'Argent à travers l'Histoire

1985-2013

CHRONIQUES

Ce chapitre va aborder l'actualité de ces dernières années, en essayant d'ordonner les informations qui nous parviennent en les mettant en perspective, mais ce sont des chroniques tenues au jour le jour. Les informations développées ici sont très polémiques.

En suivant un projet développé par l'une des factions de l'oligarchie bancaire, projet dont les implications sont planétaires, l'observateur est parfois témoin de son anéantissement d'une manière totalement inattendue par un mouvement sur l'échiquier d'une faction adverse.

Ce fut le cas au printemps 2011, avec le renversement de DSK, patron du FMI, suivi par le renversement du Gouverneur de la Banque d'Égypte et des différentes autorités politiques d'Afrique du Nord. L'un des buts du « Printemps Arabe » était de retarder une révolution monétaire, qui devait remplacer le règne inconditionnel du Dollar comme monnaie de référence internationale par un nouveau bimétallisme ou un bancor.

Nous sommes à une période charnière de l'histoire économique, politique et monétaire et il n'y a pas un seul scénariste mais plusieurs. Chacun d'eux essaye d'imposer sa stratégie, sa version de l'histoire par tous les moyens possibles, qui peuvent être d'une extrême violence. Ces aléas contemporains de l'Histoire sont très chaotiques. Il est difficile d'en voir la trame et de donner une cohérence à l'ensemble, d'autant plus que la réalité est en permanence dissimulée par une information médiatique totalement partiale. Rien n'est jamais figé. Les paradigmes d'hier et d'avant-hier ne sont plus vrais aujourd'hui.

La vérité du jour le sera-t-elle encore demain ? Nous ne pouvons que montrer des instantanés du marché et chercher à les expliquer.

GÉOSTRATÉGIE MONÉTAIRE DE L'EMPIRE AMÉRICAIN

LA FORTERESSE DOLLAR

Kissinger en 1972 négocie un accord avec les pays pétroliers de l'OPEP. Il va s'engager à diminuer la production américaine d'hydrocarbures, d'une part, et à acheter le pétrole beaucoup plus cher aux pays producteurs, d'autre part, sous réserve que :

- le pétrole de l'OPEP soit exclusivement négocié en US$
- que les pétroDollars transitent par les banques de Londres
- et qu'un pourcentage fixe de cette manne de pétroDollars, soit investi en Bons du Trésor américains.

Cet accord secret, négocié pour le compte des « 7 sœurs » du Cartel des Pétroles, sera à l'origine de la guerre du Kippour et de la fallacieuse menace d'embargo pétrolier des pays arabes, qui vont provoquer les fameux « chocs pétroliers » de 1973. La violente hausse du pétrole avait mis l'industrie à genoux, induisant peut être, la délocalisation. Cet accord offrait une rente de situation à la monnaie américaine et aux gouvernements US successifs, qui pouvaient s'endetter sans fin, sûrs de trouver des clients captifs pour financer la dette américaine.

Le premier volet de ce pacte permettait aux USA de préserver leurs propres ressources pétrolières, tout en épuisant celles de leurs vassaux. Lindsey Williams a dévoilé dans son livre _The energy non-crisis_, que d'immenses réserves pétrolières avaient été trouvées en Alaska dans les années 70, gisements que le Cartel avait décidé de garder secrets et qui ne sont toujours pas exploités aujourd'hui. Ils ne le seront que lorsque le pétrole sera à plus de 200$ le baril. Ces gisements de gaz et de pétrole dans la baie de Gull Island en Alaska représentent 150 années de consommation énergétique américaine. Les forages sont faits, les oléoducs et gazoducs ont été construits en 1975.

Il suffit d'ouvrir la vanne pour inonder les États-Unis de pétrole extrêmement bon marché, mais le Cartel (Standard Oil, BP, Shell) veut faire monter le prix du pétrole. La tragi-comédie itérative entre l'**Iran et Israël**, le blocage potentiel du Détroit d'Ormuz font partie de cette stratégie monétaire des Cartels anglo-américains.

XIÈME CONGRÈS DU PCC

En 1972, l'infatigable Henry Kissinger organise une rencontre en Chine entre Richard Nixon et le Président Mao Tsé Toung vieillissant. Le « tigre de papier » capitaliste va poser les bases d'une longue collaboration avec le diable communiste. L'Occident s'engage alors à participer au financement et à l'équipement de la Chine communiste, qui était à cette époque un pays essentiellement agricole, vivant en totale autarcie. Lors du XIème Congrès du Parti Communiste Chinois en décembre 1978, Deng Xiaoping sans changer la rhétorique communiste va lancer le pays vers de grandes réformes économiques de type capitaliste.

Il faudra plusieurs décennies pour que la Chine forme une main d'œuvre et un encadrement qualifié, mais la RPC travaillant en suivant des plans quinquennaux, va patiemment faire peau neuve et se moderniser.

Ports ultra-modernes, usines flambant neuves bénéficiant de la dernière technologie, cités ouvrières construites autour des pôles industriels, main d'œuvre abondante et très bon marché, vont permettre à la Chine de devenir l'usine du Monde en affichant des prix imbattables.

En 1945, après la défaite japonaise, les USA avaient passé un accord avec les Zaibatsus japonais, invités à transformer leurs usines d'armement pour produire des biens de consommation de masse pour les américains. Les USA s'étaient engagés à ne pas mettre de barrières douanières sur les produits japonais, aussi longtemps qu'une partie fixe de ce flux financier était réinvesti en Bons du Trésor américain. Les Japonais vendaient donc à crédit aux américains.

En 1972, Kissinger va offrir un accord similaire à la Chine. Il va s'engager à ne pas mettre de droits de douanes sur les produits chinois et à pousser les industriels américains à externaliser en Chine leur production. En contrepartie, la Chine devra investir son excédent commercial en Bons du Trésor américain. Nixon ayant mis fin au Gold Exchange Standard, les Dollars américains n'étaient plus échangeables contre une valeur fixe en Or. La Chine travaillait donc à crédit, payée avec une monnaie de singe, qui va se dévaluer au fil des ans à un rythme accéléré.

Les États-Unis vont déléguer leur industrie de transformation aux pays en voie de développement, réservant à l'occident le secteur tertiaire (banque, recherche & développement, assurance, services…) Ce secteur représente aujourd'hui 80% du PIB américain.

Cet accord explique les colossales réserves monétaires de la Chine conservées en US T-Bonds. Mais les Chinois sont une des plus anciennes civilisations du Monde. Ils savent que l'accord américain ne vaut qu'avec une monnaie stable, ce qui n'est pas le cas du Dollar. L'once d'or valait 35$ en 1971 contre 1700$ aujourd'hui.

Les chinois ont été payés en monnaie de singe.

Les tensions vont s'exacerber à partir de 2006 pour différentes raisons, notamment l'accélération du rythme de la dévalorisation du Dollar exprimé en onces d'or.

JPM DÉVELOPPE LE HEDGING DES MINES

En 1988, la Banque J.P. Morgan, samouraï défendant la politique monétaire américaine va aller voir les compagnies minières en leur proposant d'acheter les réserves d'or encore en sol de leurs mines. Pour les compagnies minières, vendre l'or qui n'est pas encore extrait du sol est une excellente opération en termes de trésorerie court terme. Les Minières rembourseront ce « prêt » en nature, quand l'Or sera extrait.

On peut supposer que l'or « hedgé » est vendu en dessous des cours, mais ce n'est pas même certain. En effet, JPM travaillant pour la Fed de New York, est défrayée par la Fed pour toute opération visant à maintenir la confiance dans le Dollar et à maîtriser le cours de l'Or vis à vis des monnaies fiduciaires.

Initié avec Barrick Gold, dont les bureaux sont à l'étage au-dessus de ceux de JPM à New York et quelques-unes des plus grosses mines d'or, cet accord concernera seulement 300 tonnes d'or en 1988 et atteindra les 1000 tonnes en 2001. Cette politique a permis de faire baisser le prix de l'once l'or pendant 3 ans jusqu'à 250$, puis limitera la hausse jusqu'en 2005, malgré les pressions haussières du marché.

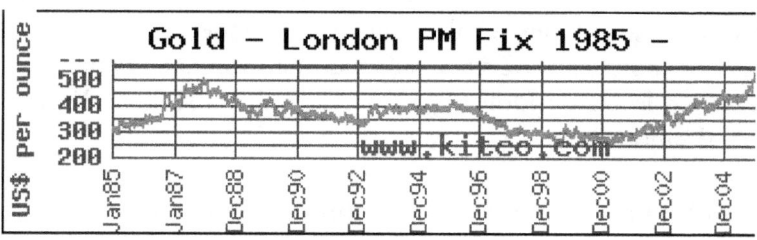

Cette politique a également été appliquée pour l'Argent, sachant que toutes les mines d'or produisent également de l'Argent et que les grosses mines de cuivre appartiennent à certains des piliers de l'oligarchie bancaire, dont le but reste de **maintenir la confiance dans la monnaie fiduciaire**.

À cette époque, la Chine forte de ses ports minéraliers ultra-modernes et d'un outil industriel des plus modernes, raffinait près de 80% de l'Argent mondial, une métallurgie extrêmement polluante que l'Occident sous-traitait volontiers en Asie, où les citoyens ne se souciaient guère de pollution et de qualité de la vie.

La part de raffinage de l'argent par la Chine a diminué, quand la Chine a commencé à s'opposer à la politique monétaire américaine de dévaluation continue du Dollar.

1998 - « LONG TERM CAPITAL MANAGEMENT »

Le fondateur de ce hedge fund est John Meriwether, célèbre et brillant responsable de l'arbitrage puis du trading de taux d'intérêt chez Salomon Brothers, qu'il avait dû quitter après une manipulation de marché un peu trop visible. En fondant LTCM en 1994, Meriwether recrute la dream team du trading de Salomon Brothers, en y ajoutant 2 prix Nobel d'économie et un vice-président en exercice de la Fed. Toutes les grandes banques d'affaires de Wall Street vont participer au tour de table. L'équipe est brillante et leurs modèles mathématiques semblent gagner à tous les coups. En fait, ils bénéficient d'informations privilégiées de l'intérieur de la Fed, puis en provenance de leurs interlocuteurs de la Banque d'Italie.

À la manière de Goldman Sachs pour la Grèce, LTCM va traficoter les comptes italiens dans le but de permettre à l'Italie d'intégrer l'Union Monétaire Européenne. LTCM va notamment conseiller à la Banque d'Italie et à l'Office Italien du Change (UIC) de faire de la cavalerie, la première vendant au second quelques tonnes d'Or national, qui les revendra au premier, générant des bénéfices fictifs. L'Italie ayant réussi à intégrer l'UME, la Banque d'Italie remercia LTCM en lui prêtant (louant) 400 tonnes d'Or. Le Hedge Fund jouera cet or en le vendant sur les marchés, espérant une baisse, mais va être pris à contrepied en 1998. LTCM à cette date a des positions représentant 1200 Milliards de $, ce qui est l'équivalent du PIB de la France de l'époque. LTCM qui joue avec des leviers énormes sur les obligations, dont beaucoup sont des « junk bonds », va se faire lessiver en quelques heures. Après la crise asiatique de 1997, LTCM parie sur un retour à la monnaie des taux obligataires pour la fin 1998. Mais la crise asiatique se propage à la Russie, qui fait défaut à la fin de l'été 1998.

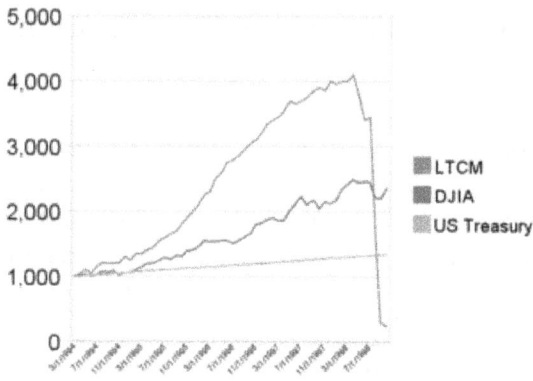

La Federal Reserve de New York réunit alors en catastrophe les patrons des plus grandes banques d'affaires de Wall Street et d'Europe et les oblige à recapitaliser le hedge fund pour éviter un krach systémique. Une seule banque refusera de financer ce sauvetage : **Bear Stearns**. Elle sera alors considérée par la Fed de New York comme un « **ennemi d'état** ».

Après cette faillite, LTCM est démantelé. Jim Rickards, l'avocat-conseil de LTCM sera le principal négociateur pour le démantèlement du hedge fund face à la Fed. Cet homme d'influence, au cœur de Wall Street, écrira en 2011 un Best-Seller : « La Guerre Monétaire ».

JPM va hériter de la position short sur l'or de LTCM.

1999

La Bundesbank, la Banque Centrale Allemande, est au cœur de la construction de l'Union Européenne et de son système monétaire. L'**ECU** (European Currency Unit) lancé en 1979, qui était une unité de compte composé d'un panier des différentes monnaies des pays membres, disparait au profit de l'**EURO**. À cette date, ce n'est qu'une monnaie de compte pour les transactions financières européennes. Ce n'est qu'en 2002, que l'Euro deviendra la monnaie commune. En 1997, avant même que la Banque Centrale Européenne n'ait lancé l'Euro, l'un des hauts fonctionnaires européens en charge des études préalables à sa mise en place, Bernard Connolly, a publié un ouvrage : *« L'Euro cœur pourri de l'Europe »*. Il raconte déjà que cela ne peut être qu'une pomme de discorde entre des économies trop disparates. Le 24 octobre 2012, des documents déclassifiés révèlent que l'Allemagne en 2000 et 2001 a rapatrié les 2/3 de ses réserves d'or stockées à la Banque d'Angleterre, 960 tonnes sur 1440. Le reste des réserves allemandes sont à Paris, Francfort mais surtout à la Fed de New York. Le dernier audit sérieux et exhaustif remonte à 1979/80. Depuis, les auditeurs ont pu voir les caisses scellées à NY, mais n'ont pas été autorisés à les ouvrir. Étrange, non ?

Lorsque l'Allemagne a rapatrié une partie de son or de la Bank of England, le cours du métal jaune a commencé à grimper dans ce qu'on appelle le Marché Haussier du Siècle. En 2000, la BuBa s'opposait donc déjà à la politique anglo-américaine.

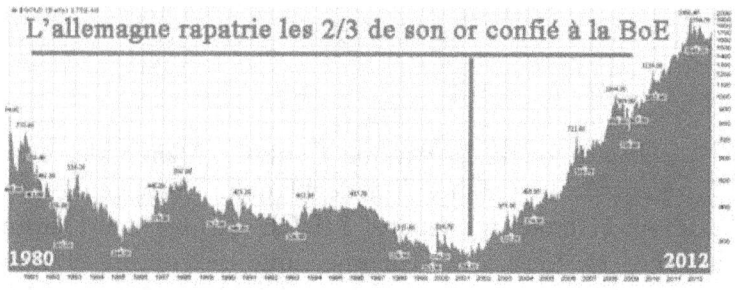

2000

Nous avons vu dans la partie historique, que le système originel de l'étalon-or n'avait pas survécu à la Première Guerre Mondiale. Les États-Unis ayant été le principal financier et fournisseur des belligérants de l'Entente en matières premières et en équipements (armes et automobiles), s'étaient enrichis alors que la Grande Bretagne, la France et l'Allemagne s'appauvrissaient et s'endettaient. Du fait de ces échanges commerciaux et financiers, les américains vont disposer du plus gros stock d'or. La plupart des états ayant supprimé la convertibilité des billets de banque en or, la nationalisation de l'or par Roosevelt en 1934 annonçait la mise en place d'un nouveau système monétaire, où l'or était strictement réservé aux échanges entre banques centrales.

Dès 1932, une entente avait très probablement déjà eu lieu dans l'oligarchie financière internationale pour préparer cette réforme monétaire, qui ne se mettrait en place qu'en 1944 à Bretton Woods.

Le Silver Purchase Act de 1934 fit violemment monter le prix de l'argent, faisant exploser les systèmes monétaires restés (tout ou partie) à l'étalon argent (Chine, Inde, Union latine), et amena les États-Unis à acheter en quelques années la quasi-totalité de l'Argent disponible sur la planète. Le stock mondial d'argent monétaire était de 4.940 Moz en 1933.

De 1934 à 1938, les USA vont acheter près de 1,8 Milliards d'onces, qui vont venir se rajouter à leur stock préexistant de 650 Moz. Ils possèdent alors à eux seuls **2,450 Mds d'onces d'argent. À partir de 1939, le gouvernement va mettre en place une administration de contrôle des cours de l'argent, « the Office of Price Administration » (OPA).**

Cette administration va fixer un prix différent pour l'Argent acheté aux producteurs américains 70c et pour l'Argent du marché international 35c.

Ce prix ne sera autorisé à monter qu'après Bretton Woods, quand le Dollar devient la monnaie unique des échanges internationaux, monnaie échangeable en Or. L'argent n'existe plus dans les échanges entre banques centrales. **En 1950, le stock d'argent des USA était de 2 Milliards d'onces.**

À ce stock officiel, il est probable qu'on puisse rajouter une partie du Trésor de Yamashita, qui, au lieu de revenir au Trésor Américain, est resté entre les mains du lobby militaro-industriel, dont les chefs de file sont les Rockefeller. Les « opérations noires » pour défendre le Dollar sont menées par la Federal Bank de New York et par la Banque du groupe Rockefeller, la Chase Manhattan Bank, qui fusionnera en 2001 avec JPM.

En 1963, le Trésor américain ne disposait plus alors que de 1,7 milliards d'onces, que le gouvernement vendait pour maintenir le prix de l'Argent à la valeur faciale du Dollar soit 1,2929 US $ l'once. Cette politique perdurera jusqu'au 14 juillet 1967, où le Trésor n'eut plus les moyens d'empêcher l'Argent de se réévaluer. En juin 1968, l'argent s'envolera à 2,565$ l'once au moment même où le prix de l'or à Londres faisait exploser le « pool de Londres ».

Lorsque Nixon dénoncera le Gold Exchange Standard en 1971, les spéculateurs vont s'investir sur l'or et sur l'argent cherchant un refuge contre l'inflation. Cela va amener l'envolée des cours de 1979-80 due à la tentative de corner de l'Argent par les frères Hunt. Le Cartel va alors modifier les règles de trading pour faire retomber les cours et sévèrement sanctionner les spéculateurs.

En 2002, le Trésor Américain n'a plus que 200 Moz d'argent.

En 2004, le Trésor a totalement épuisé ses réserves.

Par l'entremise de Geithner, de JPM ou de HSBC, les États-Unis vont emprunter officiellement 300 Millions d'onces d'argent à la Chine (peut-être plus) en les garantissant par des Bons du Trésor. Par contrat, la Chine a la possibilité à tout moment de récupérer ses 300 Moz d'Argent au bout de 4 ans, sur simple demande.

Le graphique ci-dessous montre que cet emprunt a permis de regonfler les stocks du Comex en février 2000.

Y a-t-il eu plusieurs emprunts ?

Lorsque quelques années plus tard, la Chine demande à récupérer ses 300 Moz d'Argent, ses interlocuteurs Américains à la Federal Reserve de New York, vont annoncer aux Chinois, qu'ils ne peuvent accéder à leur demande, cet Argent ayant été vendu sur les marchés. « *Mais vous aviez des Bons du Trésor en garantie, gardez-les* », répond la Fed aux représentants de la Chine

Les Chinois ont une reconnaissance de dette garantie par le gouvernement américain sur 300 Millions d'onces d'Argent physique. Nous allons voir comment la Chine va utiliser cette arme.

La China International Trust and Investment Corporation, est une société financière chinoise géante créée en 1979 à l'instigation de Deng Xiaoping et de sa politique des « quatre modernisations ».

Le but initial de CITIC a été d'attirer et d'utiliser le capital étranger, d'introduire des avancées technologiques et de se convertir aux pratiques internationales de gestion financière. CITIC va être le PIVOT CENTRAL DE L'EXPORTATION du SILVER extrait ou raffiné en CHINE, soit près de 80% de l'Argent mondial de 1985 à 2000.

En 2005, la Chine exportait 3 000 tonnes d'argent par an, soit **96 Moz.** La banque **BEAR STEARNS**, qui était alors la 5ème plus grosse banque de Wall Street, hedgeait la production et l'exportation de Silver chinois pour le compte de CITIC, de manière aussi normale que saine.

En 2006, le WSJ révélait que CITIC s'apprêtait à prendre une participation de près de 20 % du capital de la banque BEAR STEARNS. CITIC ne renoncera à cet accord qu'en mars 2008 au moment de la faillite de Bear Stearns, qui fut un assassinat bancaire, comme Wall Street en général et JPM en particulier, en ont le secret.

Bear Stearns était connue pour prendre des positions avec beaucoup de levier sur les marchés. Elle sera facile à déséquilibrer le moment venu. Justement Bear Stearns **a une énorme position longue sur l'or.** JPM avec la complicité du Cartel Financier de Wall Street, rassemblé autour de la Federal Reserve de NY, à ce moment-là dirigé par Timothy Geithner, va sciemment provoquer la faillite de Bear Stearns en 2008.

Timothy Geithner, formé chez Kissinger Associates puis au Council of Foreign Relations, est alors Président de la Fed de NY. Il donne l'ordre à JPM de racheter Bear Stearns, totalement étranglé par le marché. BS sera vendu à 2$ l'action, le quart de la valeur de son immeuble à New York. Du même coup, JPM va pouvoir couvrir la position « short » sur l'or de LTCM avec la position « long » de Bear Stearns et JPM hérite en même temps d'une très longue position short sur le Silver, les hedges habituels de CITIC sur la totalité de la production chinoise d'Argent.

NIA (National Inflation Association) a écrit : **« Ce n'est pas une coïncidence si l'Argent a touché un plus haut de plusieurs décennies à 21\$ en mars 2008, la semaine où Bear Stearns a fait faillite. Bear Stearns détenait une position massive de shorts sur l'argent ».**

JPM étant politiquement très engagée pour la défense des intérêts américains et donc pour la défense du Dollar, ces positions shorts sur les métaux précieux se sont intégrés dans la politique monétaire des accords de Washington (Washington Agreements on Gold) des banques centrales du Monde défendant la stabilité des monnaies fiduciaires. JPM se retrouve en pointe dans l'application de cette politique.

Simultanément, comme on l'a vu dans les câbles d'ambassade publiés par Wikileaks, la Chine est totalement consciente de la manipulation des cours des métaux précieux et des matières premières par les banques de Wall Street et, plus encore, que ces manipulations sont faites à son détriment.

LA CHINE DÉCIDE DE CHANGER LA DONNE.

LES CHINOIS SQUEEZENT JPM

La Chine, par le biais de **CITIC** va demander à JPM de vendre 300 Moz d'Argent sur les futures du COMEX.
Simultanément, la Chine va faire acheter anonymement par des Hedge Funds asiatiques 300 Moz sur le marché de Londres. Les ventes sur le Comex de NY vont faire chuter les cours, permettant à la Chine d'acheter du physique réel à bon compte

à Londres. Un acheteur de métal sur le Marché de Londres (LME) peut en exiger la livraison 48 H plus tard. La Chine, très informée sur les entrées d'or et d'argent dans les entrepôts du LME, va y organiser des raids pour se faire livrer dès qu'il y a une livraison en provenance d'une mine à Londres.

Quand JPM va être obligé de livrer les quantités d'argent vendues sur les futures du COMEX, elle demande à CITIC, qu'elle approvisionne ses entrepôts de New York avec les 300 Moz d'argent vendues pour son compte. CITIC donne alors à JPM la reconnaissance de dettes de 300 Moz signée par la Fed en leur disant de leur demander d'honorer cette livraison. Cet épisode, à mon humble avis, s'est joué en août 2009. Il devrait éclairer d'un jour nouveau la suite de l'histoire.

On se souviendra que Geithner en juin 2009, alors qu'il donnait une conférence dans une université en Chine et pérorait sur la solidité du Dollar et la pérennité des Bons du Trésor américain a déclenché une hilarité générale des étudiants, probablement encouragés par leur gouvernement. Cet événement a été très largement publié en Chine et sur internet, avec la bénédiction des autorités chinoises. **Geithner a totalement perdu la face ce jour-là.** En Chine, « perdre la face » est pire que la mort.

LA CHINE SE FÂCHE

Le 16 mars 2009, quelques jours avant le sommet du G20, Zhou Xiaochuan, le Gouverneur de la Banque Centrale Chinoise publiait sur le site de la Banque un texte en chinois et en anglais, pour qu'il ait le plus grand impact possible. Il disait que le commerce international ne devait plus reposer sur une monnaie d'échange de référence, mais sur des biens tangibles. Xiaochuan regrette qu'aucun effort n'ait été fait depuis des années pour améliorer le système international et que le BANCOR proposé par Keynes à Bretton Woods n'ait pas été expérimenté. Ce **Bancor** est une monnaie garantie par un panier d'une trentaine de matières premières. Depuis cette position de la Chine n'a cessé de s'affirmer. Le fait que ce document soit consultable aujourd'hui sur le site de la B.I.S. montre l'importance que lui accordent les autorités monétaires.

Pendant toute l'année 2009, les journalistes ont écrit sur les ventes imminentes de l'Or du FMI et sur le souhait de la Chine de renforcer ses réserves d'Or pour équilibrer ses réserves monétaires. Mais le FMI a vendu de l'Or à l'Inde et à des petits pays comme le Sri Lanka ou l'Ile Maurice sans que les Chinois ne se portent acheteurs de cet or virtuel.

La Chine a annoncé qu'elle avait désormais **1054 tonnes d'Or**, soit l'équivalent de 1,7% de ses réserves monétaires, reconnaissant que ce pourcentage était encore ridicule comparé à certains pays comme la France (2 400 tonnes), l'Allemagne (3 400 tonnes) et l'Italie (2 400 tonnes) ou les États-Unis (8 100 tonnes). Ces dernières étant désormais qualifiées dans les livres de comptes américains de « deep storage gold », qu'il faut comprendre comme Or non encore extrait du sol, les réserves de Fort Knox ayant été vendues en 1968.

Tous les observateurs ont fantasmé sur les milliers de tonnes d'Or, que la Chine s'apprêtait à acheter pour essayer de rattraper son retard vis à vis des pays occidentaux et équilibrer ses comptes. Le cours de l'Or ne pouvait que s'envoler avec un tel acheteur pour soutenir les cours...

Six mois après ce G20, la Chine, premier affineur dans le Monde, interdit l'exportation de l'argent métal.

Il n'y a pas eu un seul article pour faire un rapprochement entre les 200 tonnes d'Or-papier du FMI, que la Chine n'a pas chercher à acheter, les milliers de tonnes d'Or que la Chine devrait emmagasiner pour se placer dans une position proche de celle des pays européens, et ces **4 800 tonnes d'Argent** interdites d'exportation.

L'une des plus anciennes civilisations de la planète, qui a toujours eu **l'Argent comme étalon Monétaire**, bloque l'exportation de son métal blanc et encourage ses citoyens à thésauriser en lingots et pièces d'Argent... Cela devrait pourtant donner à méditer.

La Russie, la Chine, l'Inde, le Brésil et l'Afrique du Sud sont alliés contre le monde unipolaire que les Américains cherchent à perpétuer à leur bénéfice. L'Afrique du Sud, grande productrice de métaux précieux, l'Iran et les Emirats Arabes, producteurs de gaz et de pétrole, ont rejoint ce noyau dur pour mettre en place une nouvelle donne monétaire.

2009

Trois mois plus tard, en Juillet 2009, s'est tenu en Italie une réunion du G8. Les différents participants ont reçu des monnaies, qui se prétendaient la future unité monétaire mondiale « Unis dans la diversité ». La photo de Medvedev brandissant l'une de ces pièces d'or en disant, « voilà la monnaie de demain », a fait le tour du Monde.

La presse reprenant les annonces officielles a déclaré que cette pièce valait 2 800€, or elle ne pesait que 15,55 g. d'Or pur, soit 180€ le g. Le gramme d'or valait 32,8€, j'en avais conclu, que le prix de l'or pourrait être multiplié par 5,4 avec la Réforme Monétaire. Ce qui valoriserait le Napoléon à 1 000€ et l'once à environ 8 000 $.

Une chape de plomb a été maintenue sur les pièces d'argent offertes avec ces pièces d'or à Aquila. Aucune photo nulle part, aucune mention du poids ou du prix. Pourtant **150 pièces d'argent ont été créées pour 20 pièces d'or.**

La pièce en argent, qui n'a jamais été publiée est ci-dessus, à droite. Une fois encore, le silence total des médias et des politiques sur ces pièces d'argent me semble éloquent.

150 pièces d'argent pour 20 pièces d'or = **ratio de 7,5**

En 2008, la production d'argent en Chine s'est établie à 9 587 tonnes, soit 308 Moz. Les quotas à l'exportation ont été de 4 800 Tonnes soit 154 Mo en 2008.

Net Monthly China Silver Imports (kg)						
	2010	2009	2008	2007	2006	2005
Jan	204,653	-65,470	163,339	-46,805	-70,643	-201,134
Feb	260,615	-38,279	46,246	-145,764	-52,372	-232,463
Mar	415,361	-1,197	-35,123	117,395	-200,770	-410,228
Apr	302,090	132,507	127,307	-160,452	-96,107	-226,929
May	353,726	49,753	275,710	23,552	-144,677	-234,016
Jun	325,477	3,438	246,189	-289,271	83,335	-270,663
Jul	419,286	67,657	130,870	232,151	-49,915	-272,292
Aug	205,721	352,004	320,853	406,077	-80,782	-222,724
Sep	262,019	-34,035	437,985	469,040	-97,034	-176,773
Oct	191,770	148,158	412,260	403,714	85,291	-218,745
Nov	211,315	171,813	-2,380	-20,968	-251,954	-229,989
Dec	303,362	90,476	-158,722	129,933	-199,366	-238,694
Ann	3,475,394	876,825	1,964,534	1,118,602	-1,075,281	-2,934,661

Ce tableau montre que la Chine a commencé à acheter de l'Argent sur les marchés dès 2007, alors même qu'elle était alors le 3ème producteur mondial.

La Chine accumule donc des réserves stratégiques et/ou monétaires depuis 2007. 1118 + 1964 +876 +3475= 5 557 tonnes d'importation nette, auxquelles il faut ajouter les 4 800 tonnes/ an interdites à l'exportation par décret en août 2009.

Les réserves monétaires de la Chine en janvier 2013 devaient être d'environ 2 000 tonnes d'Or et de 15 000 tonnes d'Argent qui pourraient être valorisées ainsi :

Voir les mises à jour plus loin

Hypothèse basse (prix d'après Jim Willie 2009)

2 000 t. d'Or = 64 Moz à 3 000$ l'once = 192 Milliards de $

20 000 t. d'Argent = 640 Moz à 200$ l'once = 128 Milliards de $

Soit 10% de leurs réserves de change de 3 000 Milliards de $

Hypothèse haute (cf. valorisation des **Améros**)

2 000 t. d'Or = 64 Moz à 10 000$ l'once = 640 Milliards de $

20 000 t. d'Agt = 640 Moz à 1 000$ l'once = 640 Milliards de $

Soit 42% de leurs réserves de change

Nous verrons plus loin les quantités d'or importées par la Chine en 2011 et 2012. C'est phénoménal.

Xia Bin, l'un des responsables de la Banque Centrale Chinoise, lors d'une interview à un magazine économique China Daily en janvier 2011 a dit : « ***La Chine doit augmenter ses réserves d'Or et d'Argent*** ».

Avez-vous jamais entendu Greenspan, Bernanke ou Jean-Claude Trichet parler des réserves d'Argent de la Fed ou de la Banque Centrale Européenne ?

JAMAIS!

Août 2009

Bill Winters était vice-Président de JPM pour le Risk-Management. Considéré comme l'un des hommes les plus brillants de Wall Street et de la City ; il a été licencié brutalement après 25 ans de maison, « défenestré » titre Reuters en septembre 2009.

Cette violente expulsion de Bill Winters en septembre 2009 a lieu **quelques jours après l'annonce de la Chine autorisant ses sociétés à faire défaut sur les produits dérivés liés aux Matières Premières, annoncé le 31 Août 2009.**

JPM a toujours été à l'extrême pointe de l'innovation dans les produits dérivés. Ces nouveaux marchés financiers créés aux alentours de 1997 ont eu une progression fulgurante, permettant à JPM de générer un nouveau chiffre d'affaire phénoménal.

Blythe Masters a été l'une des inventrices de ces produits sophistiqués. Bill Winters était le responsable de ce département, qui a permis une formidable croissance de la banque. JPM détient une part d'environ 40% de ce marché, qui est passé de 0 à 600 000 Milliards de $ entre 1997 et 2010. **La bulle financière du siècle.**

Il est évident que si une personne au Monde connaît les conditions exactes des dérivés de JPM sur les Matières Premières et, tout particulièrement, celles qui hedgent les positions shorts de JPM sur le Silver, c'est Bill Winters. Si une personne au Monde connaît les relations exactes, qui lient JPM et la Chine sur le Métal Blanc, c'est lui. Il connaissait les quantités disponibles exactes dans les entrepôts de Londres, dans ceux du Comex, de SLV et de tous les autres ETF de la Planète. Et par là-même, il savait exactement et jusqu'à quel point, il y a corner sur l'Argent. En Juin 2010, Bill Winters a été nommé au Conseil restreint de la UK Banking Commission.

Pressenti à plusieurs reprises pour prendre la tête de différentes banques d'investissement, notamment la Royal Bank of Scotland, il a refusé ses différentes offres prestigieuses en disant qu'il ne travaillerait plus dans la Banque.

En août 2010, la presse financière le voyait monter un équivalent de « Black Rock » en association avec un brillant financier de la City, **Clive Cowdery**. Ce dernier, ayant vendu sa société de conseils en assurances, a monté un groupe d'assurances pour les Rothschild.

Fin 2010, la presse dévoile que Bill Winters a trouvé un accord avec Lord Rothschild, chef de file de la branche anglaise de la célèbre famille de banquiers européens.

Winters crée une société globale de gestion alternative, **Renshaw Bay**, dont il détient 50% et où il est à la fois Président et Directeur Général. Ses partenaires, RIT Capital Partners, présidée par Lord Rothschild, et Reinet, contrôlée par Johan Rupert, se partagent le reste des parts. Johan Rupert est un milliardaire sud-africain, notamment principal actionnaire du Groupe Richemont, 3ème groupe mondial du luxe avec des marques comme Cartier ou Van Cleef, et de Reinet Investments. Johan Rupert est aussi un magnat des mines d'or sud-africaines.

Est-ce un combat des chefs de l'oligarchie bancaire, Rockefeller contre Rothschild ?

On le voit, Bill Winters a les meilleures introductions aux plus hauts niveaux de la finance mondiale.

Il ne va pas se contenter de jouer sur le petit marché du Silver, même si le potentiel de hausse du métal blanc est phénoménal.

Pour mémoire, le marché de l'Argent était officiellement de 889 Moz en 2009, année durant laquelle, l'once s'est vendue en moyenne 14,67 $. Le marché du Silver était en 2009 de près de 13 Milliards de Dollars.

Ce chiffre est négligeable... Ce n'est que le millième du volume de produits dérivés traités quotidiennement sur le marché des changes. Si on considère les deux partenaires actuels de Bill Winters, la capitalisation boursière de Richemont est de 29 Md$ + celle de Reinet 6,6 Md$ pour le premier et celle de RIT Capital Partners est de 3 Md$, pour le second.

Il est évident que le nouveau groupe, Renshaw Bay, n'aura eu aucun mal à lever des capitaux permettant de peser lourdement sur le petit marché de l'Argent. On se souviendra qu'en Octobre 2009, la Chine, premier producteur d'Argent de la Planète (production minière+ affinage) a interdit l'exportation du Métal Blanc. D'après mes calculs, ce sont 154 Millions d'onces que la Chine a retiré du Marché Mondial. Les chiffres de l'importation nette d'Argent par la Chine montrent qu'elle a pesé encore plus lourd sur le marché. 3475 tonnes équivalent à 111 Moz, qui viennent se rajouter aux 154 Moz soit 265 Moz d'argent accaparées par la Chine au détriment du marché occidental. Les 889 Moz de l'offre disponible en 2009 ont fondu de 30% en 2010 ramenant l'offre effective d'Argent à 624 Moz en 2010.

À 14,67$ l'once, le marché de l'Argent physique ne représente plus que 9 Milliards de Dollars. Le prix moyen de 2011 s'est établi à 35,12$ l'once d'argent. Le marché ne représente aujourd'hui que **22 Milliards de Dollars.**

Jason Hommel, célèbre analyste du marché de l'Argent, a plaidé maintes et maintes fois sa cause auprès de ses « chers milliardaires du Monde » en argumentant qu'un seul d'entre eux en ne jouant qu'une infime partie de sa fortune, pouvait faire exploser le petit marché du Silver.

Il compare le marché de l'argent aux 18 000 Md$ de produits financiers, le physique d'investissement ne représente par an qu'une infime partie du papier-monnaie, de l'argent virtuel. Sur un marché, où l'offre n'arrive pas à satisfaire la demande depuis plus de 70 ans, Il suffirait pour Jason Hommel que cette part d'argent d'investissement double pour envoyer le prix de l'Argent à 200$ l'once.

Bill Winters a certainement eu une force de conviction plus grande que celle de Jason Hommel, pour convaincre quelques milliardaires triés sur le volet. Jouant de la politique monétaire de la Chine, Winters et ses alliés ont rapidement permis de doubler le prix de l'Argent. Ces milliardaires, comme la Chine, jouent en accumulant l'argent physique, car c'est le plus formidable et le plus simple des leviers pour faire exploser les cours à la hausse.

ESPIONNAGE ET CYBER-WAR

Sergueï Aleynikov gagnait bien sa vie. Analyste-programmeur russe, il avait émigré aux États-Unis en 1990, où ses talents avaient été rapidement reconnus. Recruté par Goldman Sachs pour 400 000 Dollars par an, il avait mis deux ans à écrire le programme confidentiel, qui allait permettre à la Banque d'acheter et de vendre en nanotrading. Un système extrêmement vicieux !

Quand un client donnait un ordre d'achat, la banque achetait quelques fractions de secondes avant et revendait le titre au client, en ayant pris une nano-commission en plus de la commission officielle. Idem à la vente.

Le système demandait évidemment des calculateurs puissants mais surtout une connectique de première qualité, pour que les ordres de la banque arrivent sur le marché de Wall Street avant ceux de la concurrence. C'est pour cela que de nombreuses sociétés de trading s'étaient concentrées dans l'environnement immédiat des ordinateurs de la bourse de WS, pour gagner quelques millionièmes de secondes. Le logiciel de Sergueï était un modèle du genre, qui allait donner quelques mois d'avance à Goldman Sachs par rapport à ses concurrents.

En juin 2009, Sergueï quitte GS pour une start-up de Chicago, Teza Technologies, qui triple son salaire du jour au lendemain.

Sergueï quitte GS en gardant une copie des sources du logiciel de nanotrading qu'il a créé. Il va même en télécharger une copie sur un serveur allemand, fait reconnu et qui va lui valoir une accusation d'espionnage industriel. Certains commentateurs du marché vont même avancer que Sergueï a vendu ce logiciel à l'Allemagne et à la Russie, leur permettant de contrer Goldman Sachs sur son propre terrain. Goldman Sachs va faire arrêter Sergueï et intenter un procès qu'**elle gagne en première instance et perd en appel** en mars 2012.

Sergueï a donc été libéré et pourrait donc revenir au pays avec les honneurs de la Mère Patrie, s'il le désirait. Pour compliquer cette histoire, Teza Technologies, qui s'est évidemment spécialisé en nanotrading, va recruter un nouvel analyste programmeur en mai 2010.

Ce nouveau venu s'appelle Yihao « Ben » Pu, il est aussi chinois que Sergueï est russe.

Evidemment Yihao fait une copie sauvage des sources du logiciel de nanotrading, qu'il télécharge sur un serveur chinois. Arrêté à son tour, Yihao avoue qu'il voulait monter un hedge fund en Chine. Evidemment, cette histoire de Hedge Fund en Asie est du pipeau. En Chine, on dirait plutôt du « dizi », du « Xiao » ou du « Suona », le nom des instruments de musique ci-dessous.

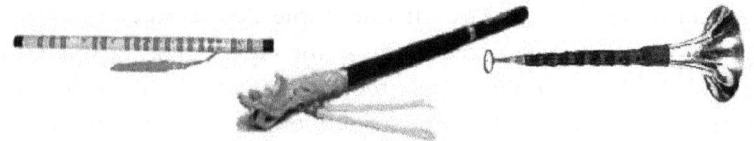

Yihao a offert à la Chine un outil pour contrer les banquiers occidentaux sur leur propre terrain.

Ces outils de trading vont permettre à la Chine et la Russie de dominer notamment le marché de l'or au premier semestre 2012, en contrant les swaps d'Or en nanotrading des Majors (JPM, CS, UBS, MS…)

Septembre 2010

Après la forte hausse à 21$ de début 2008, les cours de l'Argent ont chuté profondément jusqu'en novembre à la suite du krach lié à la faillite de Lehman. La remontée prendra presque un an avant de revenir aux cours de janvier 2008. Les cours vont alors buter en novembre 2009 sur la résistance, puis de nouveau en mai et juin. Ce ne sera qu'en septembre 2010, que l'argent casse enfin cette résistance à 19,96$, s'ouvrant la voie vers de nouveaux plus hauts.

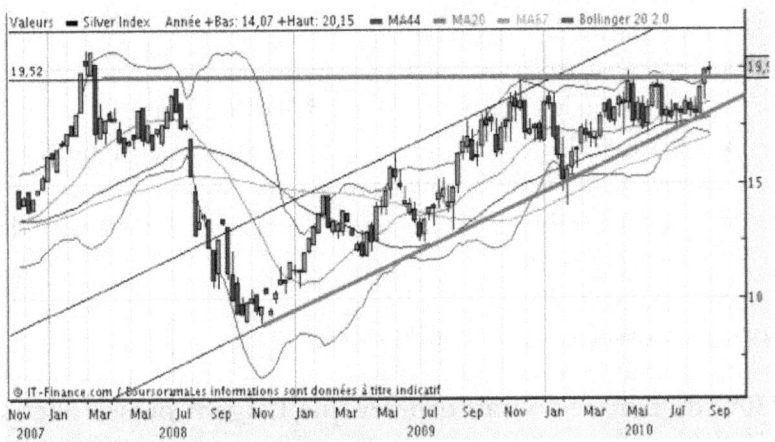

Cette figure est un triangle de consolidation. La remontée depuis les plus bas s'est effectuée par vagues successives dans un canal haussier très net.

La hausse après la rupture de la résistance d'un triangle de consolidation est toujours au moins égale à la profondeur de la consolidation. Une hausse à un minimum de 30$ était donc attendue à partir de septembre 2010.

Evénement Majeur sur le Silver le 3 septembre 2010

Sur le Comex, le 3 septembre 2010, les dealers n'ont pu livrer que 45000 onces au lieu des 14 Millions d'onces qu'ils devaient livrer. **Cet événement est rarissime.**

DÉBUT DE PÉNURIE

Cette absence de notice de livraison a rappelé à Bill Murphy, fondateur et Président du GATA, un événement identique survenu début mai 1987 sur le marché du cuivre. Il s'était alors immédiatement porté acquéreur de toutes les options possibles pour jouer la hausse de ce métal.

- En avril 1987 les cours du cuivre était alors à 1 483$ /t, ce qui était à l'époque le haut de la fourchette.
- En mai, les cours montaient à 1 518$, puis 1 693$ en juillet... 2 866$ en décembre 1987...
- En décembre 1988, le cuivre cotait 3 496$ avant de baisser lentement.

Soit une hausse de 230% sur 20 mois.

230% de hausse laissait espérer que l'argent puisse aller à 46$ l'oz.

Pourquoi était-ce un signal fort ?

Les traders sur les marchés des métaux payent des frais d'entreposage, de gardiennage et d'assurance pour leurs lingots et barres de Silver. Ces frais venant grever ses éventuelles plus-values, un vendeur a intérêt à demander au plus tôt une « notice de livraison » aux autorités du marché, pour la remettre à l'acheteur, qui prend alors en charge les frais d'entreposage.

Le dernier jour pour demander livraison du contrat septembre était le 31 août 2010. Les vendeurs avaient 30 jours, au-delà de cette date, pour aviser les acheteurs par cette « notice de livraison » que leur métal leur avait été livré.

L'absence de notice de livraison montrait que les vendeurs avaient vendu du métal qu'ils ne possédaient pas en stock et qu'ils avaient de sérieuses difficultés à trouver sur le marché les quantités exigées par leurs acheteurs.

L'Open interest de septembre 2010 était de 3 002 contrats. Chaque jour de cette deuxième semaine de septembre, des livraisons ont été faites par petites quantités. Il restait alors 1 544 contrats à livrer avant la fin du mois, pour que le marché ne soit pas mis en « défaut ». Ces contrats portant sur 5 000 onces, les vendeurs cherchaient 7,72 millions d'onces, donc 230 tonnes d'Argent avant la fin du mois.

Le 7 septembre 2010, ces vendeurs à découvert ont loué 2,3 Moz d'argent à des clients COMEX, soit l'équivalent de 460 contrats, afin de pouvoir répondre à leurs obligations. Ces frais de location, venant s'ajouter aux frais de gardiennage (etc.), rendaient l'opération très onéreuse pour le vendeur.

Les dealers du Comex publiaient alors qu'ils disposaient de **54,1** millions d'onces d'Argent dans leurs entrepôts, mais ils étaient incapables de livrer 13Moz.

Effectivement, ce premier signal technique a amené la vague de hausse attendue en 2010 et 2011.

Les cours vont passer de 20$ à 48$ en 8 mois.

JUSTIFICATION DE LA HAUSSE DE L'ARGENT

L'analyste Dany Chaize avait écrit au début de la décennie :

« *Le ratio Or / Ag est aujourd'hui fixé en fonction des coûts de production respectifs de ces métaux précieux, alors que les réserves dans le sous-sol montrent un rapport de 1 à 5.* »

« *Il y a 5 fois plus d'argent que d'or restant à extraire.* »

« **Ce ratio changera brutalement lorsque les premiers problèmes de pénurie apparaîtront.** »

Israel Friedman, mentor de Ted Butler écrivait en 2006 :

COURS ATTENDUS POUR LA PÉNURIE D'ARGENT À VENIR

« *Pour définir ce que j'entends par pénurie de l'Argent, je ne m'intéresse pas au niveau officiel des inventaires mondiaux ou au Comex, ni aux histoires des gurus du marché. Une seule chose m'intéresse, le délai de livraison du Silver aux clients. Lorsqu'il y a du retard dans les délais de livraison, je considère qu'il y a pénurie.*

1) **Pré-pénurie :** *Les utilisateurs attendent 3 à 6 semaines leur livraison. Le cas échéant, les prix monteront à 20-30$*

2) **Pénurie :** *Les utilisateurs attendent de 6 semaines à 4 mois leur livraison. Alors, les prix monteront à 50$*

3) **Super pénurie :** *Les utilisateurs attendent plus de 4 mois leur livraison. Les prix partiront de 100$ sans aucune limite à la hausse.*

Si cela arrivait, et l'or ne manquant pas, **le prix de l'argent atteindra au minimum celui de l'or** *et ma boule de cristal me dit que l'argent dépassera celui de l'or de beaucoup. Pour établir ces prix, je me suis basé sur le déficit structurel entre producteurs et utilisateurs, qui est d'environ 50 Millions d'onces chaque année (depuis plus de 60 ans), et j'ai mis en balance, le fait que des investisseurs privés détiennent environ 400* *millions d'onces sous forme de lingots ou de pièces, qu'ils accepteront de vendre à un niveau ou à un autre.*

1) Pré-pénurie - *Je pense que des investisseurs accepteront de vendre 50 millions d'onces entre 20 et 30$.*

2) Pénurie - *Des investisseurs vendront 200 millions d'onces à un prix s'étageant entre $30 et $100.*

3) Super pénurie - *Les 150 millions d'onces restant à cette phase seront vendues à des prix vraiment choquants.*

Ces prix sont très modérés, à mon sens, car ils ne tiennent pas compte des « ventes à découvert », des produits dérivés et autres produits financiers comme les ETF qui n'ont pas de Silver physique réel derrière. »

Ces différents stades de pénurie ont un rapport certain avec les 4 canaux ascendants du graphe ci-après.

On peut se demander toutefois, si ce n'est pas la remonétisation de l'argent par certaines banques centrales des BRIC, qui vont accélérer la hausse des prix et la pénurie.

Ce graphe d'un trader professionnel daté de mai 2011 montre les cibles potentielles de l'argent.

Vous retrouvez les 72$, 200$ et 1000$ des différentes analyses, mais également les **9$,** base de la figure, que certains rares oiseaux de mauvais augure prévoient, en cas de krach généralisé des marchés. **Tout est possible avant la réforme monétaire**, alors que nous sommes en crise bancaire, monétaire et systémique.

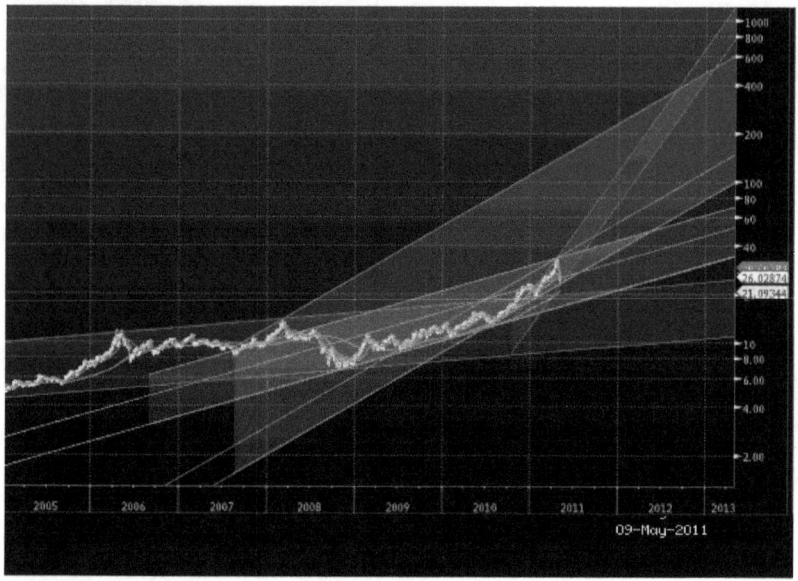

Prix de l'Argent à Shanghai le 15 mai 2011 :

- pièce d'une once d'argent de type Panda = 480 yuans (77$)
- lingot de 31 grammes d'argent = 650 yuans (100$)

A la même date, l'Argent-papier valait 34$ sur le Comex contre 77$ l'once d'argent **physique** en Chine.

SEPTEMBRE 2010 - AVRIL 2011

Sur le marché de Londres, les insiders observent que de nombreux intervenants, qui sont tour à tour asiatiques, allemands ou émiratis, sans que l'on puisse trouver un lien entre eux, semblent agir de concert pour mener des raids sur les stocks de métaux précieux. Ces raids sont même décrits comme d'une « minutie militaire » dans leur exécution.

Ces raiders semblent informés de l'intérieur même des entrepôts. Ils connaissent précisément les arrivages de métaux précieux. À peine une cargaison est-elle emmagasinée, que ces raiders se présentent avec leurs fourgons blindés, accompagnés de vigiles en armes et d'une armée d'avocats et de juges assermentés pour faire valoir leurs droits à l'enlèvement des barres d'or ou d'argent achetées sur le marché.

Les tensions vont grandir entre les complices de Wall Street et de la City dans la manipulation des cours des métaux précieux : JPM et HSBC.

Les premiers accusant les seconds d'être des traitres s'étant vendus aux chinois. JPM et HSBC se sont partagées les rôles en 2004 à la création de l'ETFGLD puis à celle de SLV, l'une est le gardien officiel des réserves d'or tandis que l'autre est la responsable des réserves d'argent, ces rôles pouvant être inversés dans des entrepôts secondaires.

Si JPM est une banque de souche américaine, HSBC, dont le nom complet est Hong-Kong Shanghai Banking Corporation, est une banque britannique, qui avait une position dominante en Chine à la fin du XIXème siècle.

Cette tension dans l'oligarchie va apparaître au grand jour mi-septembre 2010 avec un coup de balai violent à la direction de HSBC. Le Président et le Directeur Général sont démissionnés brutalement.

Mike Geoghegan, le directeur général de HSBC est démis après 37 ans de carrière dans la banque et fait unique dans les annales, alors même que le Président, Stephen Green, officiellement démissionne pour aller travailler au gouvernement. Les démissionnaires devaient être remplacés par des anciens Goldman Sachs. Les banksters de Wall Street veulent tenir de près leurs complices à la City.

Quelques mois après que la Banque JPM ait défenestré Bill Winters, Blythe Masters, responsable du trading des Matières Premières chez JPM et l'une des initiatrices des produits dérivés, va licencier toute l'équipe de traders, responsable notamment du trading des Métaux Précieux chez JPM. Ces traders connaissent ce marché de l'intérieur. Comme Bill Winters ; ils savent que JPM a une montagne de produits dérivés sur l'argent, **l'équivalent de 7 années de production minière.** Ces produits dérivés mettent la banque en danger. Plus le Silver monte, plus elle risque d'exploser. Etant donné la taille de JPM, le cours de l'argent a une importance systémique. Les anciens traders de JPM vont tirer profit de la situation.

Ils vont acheter des contrats de 5,000 onces d'Argent sur le Comex et demander livraison, sachant que JPM est incapable de livrer, la Banque devra négocier avec ces traders pour qu'ils ne demandent pas la livraison de leur argent, moyennant une très forte prime.

Ces traders sont comme l'Hydre de Lerne, chaque fois que vous coupez une tête, le mois suivant, vous en avez sept qui ont poussé à sa place.

Sur l'échéance de septembre 2010, JPM, incapable de livrer l'Argent demandé à la livraison, a dû racheter **483 contrats** avec une prime de 20%. Les traders avec 50 millions de Dollars de mise initiale vont encaisser 10 Millions de Dollars de prime.

Ils vont augmenter leur mise à chaque échéance.

Sur l'échéance de décembre, JPM a dû racheter **3 583 contrats** (7,4 fois plus), qui valaient **837 Millions de Dollars** car, entretemps, les prix du Silver étaient passés de 20 à 30$.

Les traders ayant une position plus importante ont exigé une prime de 30%. Leur prime s'est montée en décembre 2010 à 300 Millions de Dollars.

Sur l'échéance de mars 2011, JPM a dû racheter **49 725 contrats,** soit 13,87 fois plus qu'en décembre. Les traders avaient une fois de plus réinvesti 100% de leur mise.

Les traders unis contre JPM ont alors communiqué sur internet :

« Les bruits couraient à WS que Blythe offrait une prime de 30 à 50% au-dessus des cours pour racheter les contrats en attente de livraison.

L'un des leaders du groupe de traders raconte.

Vendredi 25 février, le groupe avait décidé de demander la livraison pour le lundi car ils ne voulaient pas se contenter d'une prime de 30% alors que les cours du Silver avaient été capés à 33,50$. Certains disaient que Blythe Masters offrait déjà une prime de 50%. Dans notre cas, c'était très loin de la vérité. Nous avons obtenu une prime de 80%. Ça, c'est la Vérité.

Plus de 50$ à la condition que nous vendions la totalité de nos contrats. Nos interlocuteurs ont même fait planer la menace d'une faillite systémique façon Banque Herstatt. (Voir dans Wikipédia)

Ils ont carrément admis qu'ils n'étaient même pas capables de nous livrer 20 Moz, mais que si nous restions en position en attente de livraison, ils feraient en sorte de livrer tous les autres sauf nous, avant de faire défaut sur nous, ce qui nous aurait mis dans la position inconfortable de « unsecured creditors ». Ils nous ont dit qu'ils ne pouvaient permettre une demande de livraison pour 5000 contrats parce qu'ils ne pouvaient en délivrer qu'à peine 4000.

Comme le dit Vito Corleone dans <u>Le Parrain</u> : **« je vais leur faire une offre qu'ils ne pourront refuser. »** ; *et en fait, nous n'avons pas refusé, puisque nous avions atteint le but que nous nous étions fixés au départ. Le Silver-papier pourrait avoir des difficultés à dépasser les 36$, si JPM & consorts sont prêts à payer plus de 50$ l'once pour dissuader quiconque de demander livraison. Si le prix de « l'argent-papier » reste sous les 36$, c'est que les pertes dues aux produits dérivés seraient fatales à JPM, ayant vendu à découvert l'équivalent de 7 années de production. C'est la principale raison de la suppression du prix de l'Argent.*

Nous ne voyons aucune raison, pour lesquelles ils ne laisseraient pas le prix de l'Argent monter puisqu'ils sont heureux de payer largement les contrats, pour montrer au Monde que peu de personnes se soucient réellement d'une livraison.

Pour nous, le COMEX pourrait faire défaut rien qu'avec 4 000 contrats en attente de livraison. Nous sommes vraiment curieux de voir à combien le prix du papier va monter sur cette cession. »

Posté par Louis Cypher.

Fin février, JPM aurait racheté à 33,5\$+80% de prime=**60,3\$**

L'opération a coûté à la Banque entre 13 et 15 Milliards de \$.

L'Open Interest sur le Silver était fin mars de 135 654 contrats. Et l'Argent est monté à 48\$ fin avril.

Silver à 36\$ - Les pertes exponentielles de JPM

Les ex-traders de JPM ont fait savoir que « *les produits dérivés sur l'Argent de JPM impliquent des pertes exponentielles lorsque les cours dépassent les 36\$.*

Les positions « short » de JPM étaient en avril 2011 de 150 Moz sur le COMEX contre 180 Moz en août 2010.

Pour chaque hausse de 10\$ de l'argent, JPM perd 1,5 Milliard de \$. Mais la manière, dont les produits dérivés de JPM ont été formulés, multiplie par 5 les pertes de la banque, si l'argent dépasse les 36\$.

Ces pertes sont multipliées par 8 au-dessus de 45\$. En effet, dès que le prix atteint les 36\$, des provisions sont activées, qui amplifient les pertes.

Le bruit court que JPM pourrait perdre 40 Milliards de Dollars, si l'Argent atteint les 50\$.

Lorsque l'Argent dépassera les 36$, l'action de JPM devrait commencer à refléter ces pertes. À chaque Dollar gagné par l'Argent, l'action devrait perdre 70 cents. Si les cours du Silver atteignent 60$, JPM devrait valoir moins de 10$.

La hausse de l'argent peut ruiner la banque JPM. »

(Extraits des révélations des transfuges de JPM)

Nous n'avons pas de nouvelles de cette équipe de traders depuis. Leurs contrats ont-ils été rachetés en avril ?

Est-ce que cette équipe de traders travaillaient avec **Bill Winters** et Clive Cowdery ou bien seulement avec Winters au sein de sa nouvelle société **Renshaw Bay**, main dans la main avec Lord Rothschild, et Johan Rupert ?

Plus rien ne filtre depuis février 2011 au sujet de ces traders.

LE DRAPEAU ROUGE

En août 2010, deux des plus grosses mines d'argent de la planète, toutes deux en Bolivie, dont celle de Cœur d'Alène (CDE), San-Bartolomé, étaient en grève. En février 2011, toutes les mines d'or et d'argent du Pérou étaient en grève. En mars, la 3ème Mine d'argent au Monde, San Cristobal en Bolivie a été en grève durant un mois et l'argent bolivien est totalement bloqué.

De janvier à avril 2011, les capacités exportatrices de minerais du Chili ont été fortement diminuées à cause de la détérioration des matériels du levage du port principal après un fort séisme. Le cuivre est certes le plus affecté, mais le Silver est à 70% un minerai secondaire obtenu lors du raffinage, notamment du minerai de cuivre.

Ces incidents mineurs pris isolément n'auraient que peu d'importance, mais ils se succèdent comme des grèves perlées, rendant l'approvisionnement encore plus difficile sur un marché du Silver déjà hyper-tendu.

On se rappellera que Sprott Management avait dû attendre 2 mois et demi, pour réussir à se faire livrer 22 Moz d'argent. Pour réussir, il n'était pas passé par le COMEX, mais en s'adressant directement aux mines et aux raffineries, partout dans le Monde.

Cette situation de pénurie a empiré du fait des mouvements sociaux. Les camarades syndiqués brandissant le drapeau rouge ont-ils été manipulés ? Ce ne serait pas une Première.

Les Rothschild contrôlent RIO TINTO, l'un des plus gros groupes miniers de la planète, notamment producteur de cuivre. Ils peuvent ralentir les flux d'argent arrivant sur le marché à leur guise, mettant ainsi JPM-Chase en difficulté.

CONSOLIDATIONS FORCÉES DE MAI 2011

Le COMEX soutenu par la Fed a reproduit à l'identique en mai 2011 et en août, les différentes mesures mises en place en 1980 pour bloquer le Short Squeeze organisé par les Frères Hunt.

CME Group

FROM: CME Clearing
SUBJECT: Performance Bond Requirements:
DATE: Tuesday, November 09, 2010

To receive advanced notification of Performance Bond (margin) changes, through our free automated mailing list, go to http://www.cmegroup.com/newsletter/web2lead/web2sf-old.html and subscribe to the Performance Bond Rates Advisory Notice listserver.

As per the normal review of market volatility to ensure adequate collateral coverage, the Chicago Mercantile Exchange Inc., Clearing House Risk Management staff approved the performance bond requirements for the following products listed below.

The rates will be effective after the close of business on **Wednesday, November 10, 2010.**

Current rates as of:
Tuesday, November 09, 2010.

CC	Rate Type	Description	Change	ISO	Current Initial	Current Maintenance	New Initial	New Maintenance
Outright Rates								
				METALS - Outright Rates				
COMEX 5000 SILVER FUTURES (SI)								
SI	Spec	Tier 1	Increase	USD	6,750	5,000	8,775	6,500
SI	Hedge/Member	Tier 1	Increase	USD	5,000	5,000	6,500	6,500

UNE ESCROQUERIE DES AUTORITÉS MONÉTAIRES.

Il y a eu 5 relèvements de marge successifs en 8 jours en mai 2011. **Le 4 août 2011, nouveau relèvement de 12%**

Les frais de maintenance, qui étaient à 5 000$ en nov. 2010 sont passés à 12 000$. Les marges requises, qui étaient à 6 750$, sont désormais à 14 513$.

Sur le contrat type de 5 000 onces à un cours de 40$, soit 200 000$ par contrat, l'investisseur doit désormais avoir un dépôt de garantie de 14 513 + 12 000$, soit 26 513$, soit 13% du capital. Nouvelle augmentation le vendredi 23 septembre **L'effet de levier sur le COMEX est tombé à 6.**

Cette gigantesque manipulation du Comex en mai a été doublée de délits d'initiés monstrueux, qui auraient dû envoyer derrière les barreaux un grand nombre de responsables assermentés des marchés américains.

Alors même que le CME augmentait massivement les dépôts de garantie, JPM a vendu sur le marché en bloc près de 300 Moz, soit la totalité des stocks virtuels de SLV, provoquant un effondrement des cours.

Depuis quatre ans, le CFTC diligente une enquête en vain pour savoir si oui ou non, il y a des manipulations du marché sur les cours de l'Argent.

Il n'y a pas pire sourd que celui qui ne veut pas entendre.

LES CHINOIS, L'ÉPARGNE ET LE JEU

Si pour les occidentaux, l'or est le meilleur métal pour se préserver de l'inflation, pour la population chinoise, il n'y a que l'Argent qui compte. C'est leur étalon historique.

Ce n'est qu'en **août 2009**, que la Chine a autorisé par décret les particuliers à thésauriser en métaux précieux. Ce décret a été immédiatement suivi en septembre par une véritable campagne de communication nationale poussant les investisseurs vers les pièces et les lingots d'argent, de 500 g, 1 kg, 2 kg ou 5 Kilos.

« L'argent, dont le prix est aujourd'hui extrêmement bon marché par rapport à l'or », disait la speakerine du JT.

Il fallait à ce moment-là environ 60 onces d'argent pour acheter une once d'or. Pour mémoire, le ratio Or/Ag est descendu à 31 en mai 2011, donnant raison au gouvernement chinois. Effectuant des recherches directement sur des sites chinois, en chinois, je suis tombé à plusieurs reprises sur des sites parlant de cette ouverture du marché des Métaux Précieux aux simples citoyens de la République Populaire de Chine en appelant cette modification de politique intérieure : **« La Deuxième Révolution »**.

Cette terminologie a tout de la dialectique communiste et fait penser au « GRAND BOND EN AVANT » de Mao Tse Toung.

Pour mémoire, les autorités chinoises à la fin des années 50 et au début des années 60 ont voulu provoquer à marche forcée une révolution agricole et industrielle. Mao avait fixé comme objectif, entre autres, de rattraper la production d'acier de l'Angleterre en 15 ans. La production avait alors effectivement massivement augmenté, mais les conditions très artisanales de cette production n'avaient donné qu'un acier de très mauvaise qualité.

Cette terminologie « 2ème Révolution » laisse entrevoir une véritable volonté politique de la Chine.

La thésaurisation des masses chinoises devrait limiter la masse monétaire en circulation, sauf erreur de ma part et donc participer à la lutte contre une inflation incontrôlée.

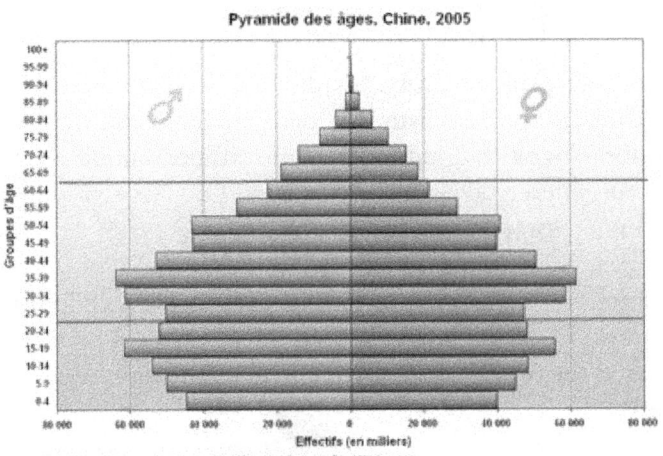

Si sur ce graphe de la population chinoise, vous ne considérez que la seule population active de 25 à 64 ans. Celle-ci représente environ 500 Millions de personnes.

Le taux d'épargne des Chinois oscille entre 30% et 40% du revenu moyen. Imaginez le potentiel en termes de demande d'or et d'argent !

Selon une étude conduite en 2009 (source *questionchine.net*) « le revenu moyen chinois des 10% les plus riches serait de 139.000 yuans », soit 20 000 USD aujourd'hui. De manière évidente, ce sont les chinois les plus riches qui ont le plus le moyen d'épargner. En ne retenant que le pourcentage de 30% de capacité d'épargne. (10% de la population active = 50 Millions de personnes) x (30% de 20 000 USD) = 300 Mds de $

Si 10% de cette épargne des 10% les plus riches de la population active chinoise s'investissait dans ce qui a été l'étalon monétaire principal de l'Empire du Milieu, cela représenterait 30 Milliards de $, somme à mettre en regard avec la totalité du marché du Silver non déjà accaparé par la Chine, soit 10 Milliards de $.

Le succès amène le succès et la chance amène la chance.

Les pionniers, qui ont suivi les directives du gouvernement en septembre 2009 en investissant dans l'Argent, ne peuvent que se vanter d'avoir fait une excellente affaire et, de ce fait, ils devraient générer de nouveaux émules. La Chine va devenir de plus en plus vorace et argentophage.

Le volume des échanges sur le SSE est passé de 20 206 tonnes en mars à 33 293 tonnes en avril, soit un peu plus de 1070 millions d'onces. À nouveau 65% d'augmentation de mars à avril 2011.

Le 22 juillet 2011, à l'occasion de l'ouverture du Marché de Hong Kong, le HKMEX, les autorités chinoises ont clairement exprimé leur position.

« Sur le marché des matières premières, les participants de la région ont dû jusqu'à présent se fier aux marchés d'échanges de l'occident pour ce qui est des prix.

Notre nouvelle plate-forme va permettre à l'Asie d'avoir son mot à dire dans l'établissement du cours des matières premières. »

En décembre 2011, la Chine a strictement interdit la négociation des futures des métaux précieux ailleurs que sur le Marché de Shanghai. Des petits marchés privés s'étaient multipliés, comme autant d'arrière-salles de tripots clandestins, il était temps d'y mettre bon ordre.

La Chine a produit 360 tonnes d'or en 2011. Un accroissement de 6% d'une année sur l'autre.

Hong Kong a exporté **427,87** tonnes d'or en Chine continentale en 2011 contre 118,9 tonnes l'année précédente. **Un volume multiplié par 3,6.**

La demande intérieure chinoise d'or physique (lingot, pièces et bijoux) s'est élevée à 639,2 tonnes en 2011.

Pour mémoire, la RPC a interdit l'exportation de l'Or, donc la Chine thésaurise pour se protéger de l'inflation et pour accroître ses réserves monétaires en métaux précieux.

31/12/2011 - La Révolution Bancaire Chinoise

En 2008, la Chine a autorisé la population à acquérir de l'Or.

À partir d'août 2009, les autorités ont encouragé les Chinois à investir dans le Silver, qui d'après le message délivré par les Journaux Télévisés était extrêmement bon marché par rapport à l'Or.

Depuis des ETF or et argent ont été mis en place par les banques chinoises. Depuis mi 2011, les banques chinoises proposent à leurs clients de conserver la trésorerie sur leur compte soit en Yuan, soit en Or, soit en Argent. De ce fait, sur seulement 6 mois en 2011, la Banque ICBC a vendu 300 tonnes, soit 10 Millions d'onces à ses clients. Le chiffre attendu pour l'ensemble de l'année 2011 est de 20 Moz, soit plus de 2,5% de la production minière mondiale. Or jusqu'à présent seuls 5% des clients ont utilisé cette possibilité. Les analystes estiment que la demande pourrait être multipliée par 3 ou 4 en année 2 et représenter jusqu'à 10% du Silver produit dans le Monde en 2012. Ils estiment que les années suivantes, cette demande continuerait à croître jusqu'à atteindre 30 à 40% de la demande.

Un piège à grande échelle ?

ICBC compte 240 Millions de clients, 5% d'entre eux soit 12 millions de clients utilisent déjà la possibilité de conserver leur trésorerie en Or ou en Argent et ce nombre devrait doubler dans les mois à venir. Cet Or et cet Argent sont en très grande partie virtuels. Il s'agit d'or et d'argent papier. Si les clients, inquiets de la conjoncture bancaire ou monétaires, demandaient livraison de physique, si tant est qu'ils en aient la possibilité, cela provoquerait probablement un short squeeze d'anthologie, à l'échelle de la Chine.

LA CHINE A DÉJÀ FAIT SA RÉFORME MONÉTAIRE

Dans les faits, les Chinois peuvent d'ores et déjà changer leurs Yuan contre de l'or et de l'argent à la banque. Exactement comme c'était le cas aux États-Unis de 1776 à 1933 ou en Europe après la création du Franc Germinal. La principale différence, c'est que les cours de l'or et de l'argent fluctuent et que le ratio or/ag n'est pas figé.

En encourageant ainsi la demande chinoise, la Chine renforce ses réserves nationales qu'elles soient monétaires ou industrielles, se donnant un avantage certain sur le plan international pour la production et les échanges monétaires futurs. L'épargne chinoise permet de transmuter les Dollars en métaux précieux, **tout en restant sous le contrôle du gouvernement.**

Dans le même temps, profitant intelligemment du jeu des banksters de Wall Street et de la City de Londres qui, pour défendre la monnaie fiduciaire en général et le Dollar en particulier, manœuvrent les métaux précieux à la baisse, les Chinois et leurs alliés achètent en profitant de ces prix soldés pour se débarrasser de leurs milliards de Dollars en réserve.

Ce faisant, **la Chine affaiblit le Dollar.**

Plus efficace encore, en passant des accords bilatéraux avec la Russie, le Brésil, le Pakistan, le Kazakhstan et le Japon, pour facturer leurs échanges commerciaux sans utiliser le Dollar, ils affaiblissent encore la monnaie américaine et ce, à une très grande échelle. Les derniers accords en date ont été avec l'Iran et les Emirats Arabes Unis qui, en acceptant de facturer gaz et pétrole en Yuan, viennent de casser les accords sur les pétroDollars datant de 1973.

LA CHINE ET LE MARCHÉ DU TUNGSTÈNE

« *Dans les années 70 et 80, la Chine a inondé la planète de tungstène, conduisant à l'effondrement de son prix mondial, à l'éradication de toutes les mines concurrentes et à la création d'un quasi-monopole de la Chine sur la production mondiale de tungstène.*

Une fois le marché du concentré sous contrôle, la Chine a fait voler en éclats la chaîne des transformateurs de tungstène à son profit.

La production chinoise de tungstène était très artisanale du fait du grand nombre de petits producteurs. L'objectif était de regrouper les producteurs et de réorganiser totalement la production, à coups de fusions à l'intérieur et d'acquisitions à l'extérieur.

Ensuite la RPC a réduit la production globale de tungstène en limitant les autorisations minières dès 2001 et en mettant en place des quotas à l'exportation, permettant aux autorités de contrôler le prix mondial du tungstène !

Les quotas à l'export ont pour objectif d'ajuster l'offre à la demande, au plus juste.

La Chine peut désormais à tout moment créer sur ce marché une pénurie mondiale et imposer ses prix. »

cf. l'étude d'Isabelle Mouilleseaux des Editions Agora

Cette stratégie de la Chine montre que ce sont de redoutables joueurs d'échecs, qui planifient leurs mouvements très longtemps à l'avance.

Pan Asia Gold Exchange

La Chine devait ouvrir durant l'été 2011 puis 2012 un marché des métaux précieux, le PAGE, acronyme de Pan Asia Gold Exchange. Le PAGE devait être accessible à l'international et l'or y aurait été côté en RMB. Sur ce marché, le produit de base devrait être un lingotin de 10 onces d'or, numéroté et répertorié, stocké dans les entrepôts sous la responsabilité de la Banque Centrale Chinoise. Ce marché ne devrait pas être un marché de « futures », les transactions devant être finalisées tous les jours, chaque lingotin changeant réellement de main. Il ne pourrait pas y avoir de lingots virtuels, comme à Londres ou New York. L'Or étant rare, le jeu de l'offre et de la demande de physique réel devrait être totalement déconnecté des prix manipulés à la baisse du Comex et du LBMA.

La Chine en 2011 et 2012 a importé des quantités phénoménales d'or, qui ont été refondues et transformées en lingotins. Le projet n'a donc pas été abandonné.

La Chine a dû temporiser, obscure négociation dont nous ne connaissons pas encore les raisons ni les contreparties. Il est possible qu'à la place d'un marché de l'or, ce soit un marché de l'Argent sur le modèle de PAGE qui ouvrirait d'abord. Lorsque cette place financière asiatique prendra enfin son essor, les prix du métal devraient très fortement décoller.

Sachant que la Chine est le troisième producteur d'argent et qu'elle en détient certainement le plus gros stock aujourd'hui, notamment en tant que réserve monétaire de sa Banque Centrale, il est probable qu'elle va laisser le cours de l'argent s'apprécier. La question est de savoir dans quelle proportion, non pas, vis à vis de telle ou telle « monnaie de singe » fiduciaire, mais **par rapport à l'or,** d'une part, par rapport aux salaires, d'autre part. N'oubliez pas que l'argent devrait être côté en RMB.

Pour mémoire, au XVIème et au début du XVIIème siècle, **le ratio Or/Ag était de 5 en Chine contre 10 en Europe**.

Ce ratio était de 5 au Japon en 1850, contre 17 ailleurs, avant l'ouverture de l'archipel nippon et l'ère Meiji.

Étant donné le ratio actuel, les autorités chinoises ont raison de dire à la population que l'argent est très bon marché par rapport à l'or. Ce rappel du passé donne un certain poids à cette étude prospective du ratio or / argent.

Cette étude de janvier 2011 avait bien anticipé la décrue du ratio à 30 puis le blocage auquel on a assisté en mai, lorsque le ratio est venu rebondir sur la résistance (diagonale rouge) qui avait déjà bloquée l'argent en 1987 et 1999.

Ce ratio a consolidé 10 mois autour de 1/55.

Le ratio devrait toucher la résistance vers 65 en 2013 avant de nous surprendre par sa forte chute.

Concrètement, l'Or va conserver votre pouvoir d'achat.

L'Argent devrait vous enrichir 3 fois plus pendant toute cette phase de décrue du ratio.

RATIO GOLD SILVER

Début mai 2012, un analyste présentait une étude du ratio Gold/Silver sur YouTube, qui faisait un rapprochement entre le ratio de 1968 à 1980 et celui de la période actuelle

Pour cet analyste, la figure actuelle reproduit celle des années 70-80. Il ne manquerait qu'une jambe de baisse à 17 du ratio à court terme.

Pour ma part, je considère que nous ne sommes pas au même point de la figure. Nous serions proches du point désigné comme « S ».

Les troubles monétaires, tant en Europe qu'aux États-Unis devraient amener à une hausse massive de l'or, alors que l'argent pourrait encore être artificiellement poussé à la baisse, classé comme matière première spéculative. Cela serait facilité par une baisse générale des marchés.

Le ratio pourrait donc augmenter pour faire un nouvel excès haussier vers 65-70. Ce mouvement esquissé en 2012, se confirme en 2013.

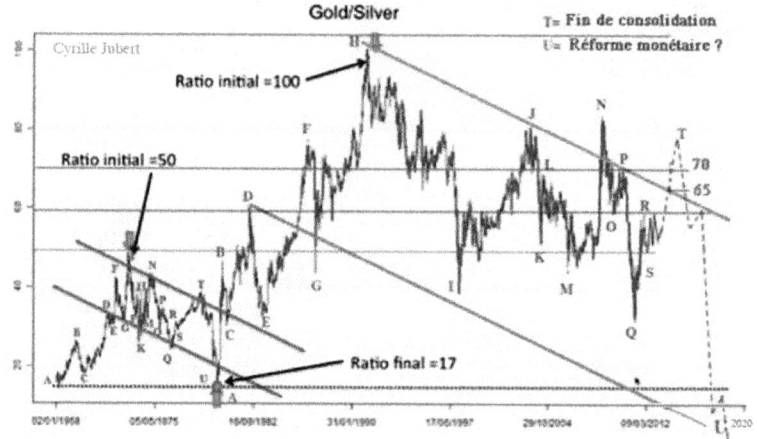

C'est parce que le prix de l'argent peut baisser sous l'assaut des manipulateurs beaucoup plus facilement que celui de l'or, que je conseille de détenir **aussi** du métal jaune. Le cas échéant, l'Or pourrait vous permettre d'acheter de l'Argent à bon compte en profitant de la phase où le ratio sera élevé, et mieux profiter ensuite de la hausse attendue de l'Argent.

Lorsque l'Or atteindra la cible de 3 450 $, ce pic sera suivi d'une consolidation. Les gouvernements pourraient alors nationaliser les différents ETF Gold, les Bullion Banks et l'or en compte-métal avant de limiter la possession d'or pour les particuliers à quelques grammes par famille.

L'afflux de trésorerie provenant du remboursement aux investisseurs de leurs parts d'ETF ou de BB nationalisés, devrait produire un transfert violent de ces investisseurs vers l'argent-métal possédant des qualités monétaires proches de l'or.

Les investisseurs engagés dans des ETF SILVER voudront s'en dégager pour prendre livraison de métal physique. Simultanément les industriels vont vouloir sécuriser les stocks nécessaires à leurs productions respectives, de peur de mettre leurs usines en chômage technique.

Fin 2012, Apple a été bloqué dans la production de ses écrans de dernière génération par une pénurie d'argent.

Parallèlement, nous apprenons qu'un consortium automobile allemand, qui ne peut être que Volkswagen-Audi, a stocké en Suisse des palettes entières d'argent pour ne pas souffrir de la pénurie.

Le marché de l'argent est très étroit. Une augmentation de la demande de physique par les investisseurs comme par les industriels devrait provoquer une envolée des cours, sans qu'il n'y ait de limites à cette hausse.

D'autant moins que passé le délai imposé par les gouvernements pour que les particuliers rendent leur or, le prix de l'or monétaire pourrait être multiplié par 10. Cela pourrait se produire dans la nuit par une simple décision de la BRI et/ou du gouvernement mondial.

Les masses prendront conscience de l'hyperinflation et chercheront à s'en protéger mais trop tard.

Il est possible que l'argent dépasse alors le plus haut que l'or aura jamais atteint sur les marchés libres. Cette folie sur l'argent sera la bulle du siècle.

L'heure où raisonnablement, par paliers, vous transformerez vos Hercules, vos Semeuses ou vos lingots contre d'autres biens réels, durables ou consommables, en pensant que toutes les bulles sont faites pour éclater brutalement un jour et que l'argent ne se mange pas.

L'Argent est toujours dans un canal haussier après une très longue consolidation. Les cours devraient rebondir sur le bas du canal LT à l'instar de l'Or. Quelle que soit la profondeur et la durée de cette fin de consolidation, l'argent devrait toucher 155 $ minimum dans la jambe de hausse amenant à la première réforme monétaire. Celle-ci a déjà été reportée deux fois. Aura-t-elle lieu le 8 octobre 2013, en 2015 ou en 2016 ? Nul ne sait vraiment aujourd'hui.

La valeur de l'argent se négocie au niveau géopolitique.

Nous savons par une source confidentielle, que les Rothschild ont concédé que le prix de l'argent sera fixé par les Chinois.

Les timings des différentes factions aux commandes de l'économie mondiale sont très mouvants. Tout essai de définir un calendrier précis dans ces conditions est voué à l'échec. C'est pourquoi, le seul moyen de jouer gagnant l'envolée des métaux précieux en général et de l'argent-métal en particulier est de posséder du physique.

Ce qu'il faut retenir, c'est que l'argent va monter de manière certaine à des hauteurs extraordinaires, mais sans que l'on puisse déterminer le timing exact. La sécurité implique de diversifier.

Vous l'aurez compris détenir de l'argent physique exclut totalement des parts dans un ETF, des Bullion Banks ou tout autre système électronique, méfiez-vous tout autant des coffres privés loués dans la chambre forte d'une banque. En cas de faillite de la banque, vous n'y aurez plus accès.

Les stocks d'Argent sur le COMEX ont fondu.

Entre Août 2008 et août 2011, l'Argent disponible à la vente dans les entrepôts des dealers est passé de 86 Moz à 27 Moz.

Juste à titre informatif, l'Open Interest sur le Comex était mi-juin 2012 de de 121 325 contrats de 5 000 onces, soit 606 Moz mais il n'y avait que 35 Moz dans les entrepôts mi-juin.

Il suffit qu'un investisseur demande la livraison de 7 000 contrats pour provoquer la chute de cette place financière et libérer les cours de l'argent. Chaque mois, les dealers doivent trouver de nouveaux stratagèmes pour éviter un défaut de livraison. Voilà quelques-uns de ces systèmes douteux, mis en œuvre au fil des derniers mois.

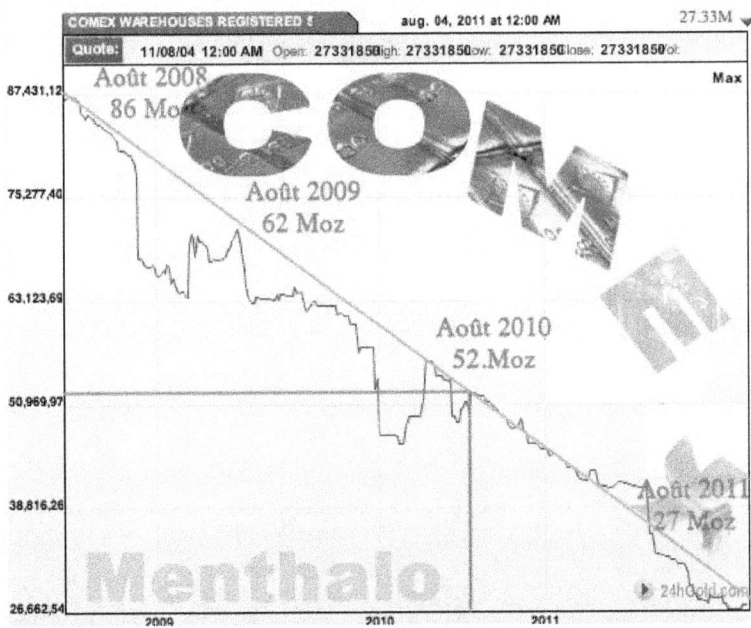

Les stocks enregistrés sont à 41 Moz en juin 2013, les éligibles à 120 Moz. L'open interest à 150 000 contrats donc 750 Moz…

Le Corner du Silver

Le Corner du Silver sur le COMEX est une réalité permanente. **93%** des transactions sur le marché du Silver au Comex, sont strictement un jeu financier. Les professionnels ont déserté cette Cour des Miracles, souvent appelé le **CRIMEX,** et vont s'approvisionner sur d'autres marchés, directement dans les mines ou chez les raffineurs.

Le Marché du COMEX est mort. La baisse des cours actuelle est totalement virtuelle, JPM et HSBC vendent des tonnes d'argent papier provenant de l'ETF SLV, qui n'ont aucune réalité physique.

George Soros a participé à ces raids en vendant massivement ses parts de SLV en mai 2011, alors qu'il possède par ailleurs une très grosse position d'argent physique, qu'il espère renforcer sur les bas. Les Banksters vont utiliser toutes les ficelles pour retarder le moment de l'explosion des cours à la hausse. L'année 2011 a été très riche en coups tordus des banksters. Voici quelques anecdotes suivies au jour le jour ces derniers mois.

Le 17 Mars 2011, JPM a réussi à se faire coopter comme l'un des responsables des entrepôts du COMEX. Cette nomination va permettre de retarder la mise en évidence de sa chute, avec des supercheries paperassières comme celle dénoncée ci-dessous.

Un gestionnaire de fonds s'est plaint que **HSBC** a mis plusieurs semaines pour lui « livrer » officiellement son Silver au COMEX. Alors même que ce Silver était administrativement livré sur le papier, et que le fonds avait envoyé le chauffeur habituel de son camion blindé pour transporter le métal, HSBC a refusé de remplir le camion, exigeant qu'un certain nombre de documents soient remplis à l'avance et envoyés par courrier. Parmi ces documents administratifs, il fallait une photocopie du permis de conduire du chauffeur.

Après avoir envoyé le dossier, le gestionnaire de fonds téléphone au bout de 5 jours, HSBC lui stipule alors que la date du permis de conduire du chauffeur est dépassée et qu'il faut une nouvelle pièce d'identité.

Sur 3 contrats de 5 000 onces, le premier finit par être livré trois semaines plus tard mais le solde était toujours en entrepôts deux mois après du fait des exigences kafkaïennes de HSBC.

Les entrepôts sont vides et les Banksters ne savent plus quoi inventer pour retarder le moment d'un véritable corner.

Banksters, Bandidos y Pistolleros

Banksters

Ces banksters qui défendent la monnaie fiduciaire à Washington ou à Londres, voire à la BCE ou à la BIS, ne reculent devant rien pour aboutir à leur fin. Il faut lire et relire la saga des Corleone, qui commence sur les docks de Liberty Island et du Bronx, continue dans la drogue et le clinquant des casinos de Vegas, pour finir dans l'Univers feutré de la Haute Finance. Cette saga est inspirée de la réalité, le modèle de la Banque des Corleone était la Banco Ambrosiano, la Banque du Vatican, qui a défrayé la chronique en son temps entre blanchiment de l'argent de la drogue, CIA, meurtres, suicides et loges maçonniques.

En 2007, Morgan Stanley a été condamné pour avoir facturé l'achat, le gardiennage et l'assurance de lingots d'or, que la banque n'avait pas même achetés pour le compte de ses clients. En mars 2011, l'UNION des BANQUES SUISSES s'est fait prendre pour la même Escroquerie. Ce système est pratiqué à très grande échelle par les ETF. L'investisseur cherchant à profiter de la hausse des cours d'un métal, achète une part à la banque qui gère l'ETF. Dans les faits, la banque ne va pas acheter le métal commandé par son client, mais va utiliser cette trésorerie au mieux de ses intérêts dans la manipulation des cours des Métaux.

Bandidos

Rob Kirby du GATA rapportait que HSBC a demandé à la Compagnie PENOLES, un consortium minier mexicain de faire cracher à toutes les compagnies minières du Mexique tous les fonds de stock immédiatement disponibles. Ces barres de métaux bruts ont été achetées en dessous des cours. Vendriez-vous en dessous des cours, vous ? Oui, sans doute, si on emploie pour vous convaincre des arguments contondants ! La Compagnie Penoles, qui justement était en train de vendre la plus belle de ses mines à l'un des hommes les plus riches du Monde, le multimilliardaire Carlos Slim, dont la part d'ombre défraie parfois la chronique, quand ses avions privés sont arraisonnés par le FBI ou la FDA.

Rob Kirby considère que certaines manipulations de cours à la baisse du Silver ont été un « arrangement » entre HSBC et ses acolytes pour permettre à Carlos Slim d'acheter Fresnillo, la plus grande mine d'argent mexicaine et l'une des plus grosses mines d'or, à un prix « raisonnable ».

Retour d'ascenseur après l'extorsion de fonds citée ci-dessus.

... Y PISTOLLEROS

Jesse du Café Américain a publié une autre histoire impliquant Carlos Slim, JPM et une autre mine où ce trafiquant notoire serait actionnaire majoritaire. JPM a forcé la mine Minera Frisco à extraire de très importantes quantités de Silver pour clore immédiatement une position de vente à découvert, prise lorsque le Silver ne valait pas 20 $. La mine a dû accepter 1,5 milliard de Dollars de pertes. Dans le même temps, Minera Frisco préparait une opération boursière d'un montant de 1,2 Milliard de Dollars pour racheter les réserves d'une mine Junior. L'opération a été programmé et minuté en fonction de l'attaque massive de JPM sur le Comex, afin d'acheter ces réserves au cours le plus bas de l'argent.

En complément et pour conforter le rôle de Banksters de HSBC et ses liens étroits avec la drogue, voici un article de S&P daté du 19 mai 2012.

D'après une source proche du dossier consultée par l'*Executive Intelligence Review (EIR)*, plusieurs hauts responsables de la justice et des services de renseignement américain s'accordent pour reconnaître le bienfondé des accusations de John Cruz à l'encontre de HSBC. Cruz, qui fut le vice-président de cette banque britannique à New York, a accusé son ex-employeur de se livrer à grande échelle au blanchiment d'argent sale de la drogue. Selon cette source, un nombre « *significatif* » d'accusations lancées par Cruz se sont avérées exactes, après que plusieurs documents fournis par ce dernier aux autorités fédérales aient été vérifiés.

HSBC aurait notamment mis en place des comptes bancaires fantômes à travers lesquels pas moins de 1000 milliards de Dollars de profits provenant du cartel mexicain de la drogue auraient été blanchis. Les détails des 1000 pages de documents fournis par Cruz ne feraient que confirmer ce que les enquêteurs des agences du renseignement savaient depuis longtemps. Pour les enquêteurs, il est évident que pour blanchir les sommes colossales de l'argent de la drogue, les cartels mexicains disposent de relais solides à Wall Street et dans les plus hautes sphères du monde politique à Washington cruellement dépendant d'argent pour financer les campagnes électorales. Dans *La politique américaine gangrenée par l'argent*, la correspondante du *Figaro* aux États-Unis **Laure Mandeville** pointe du doigt la dérive inquiétante du financement de la vie politique aux États-Unis. L'article cite notamment l'ancien lobbyiste mafieux **Jack Abramoff**, condamné par la justice : « *Je ne l'ai compris qu'en prison : les contributions de campagne versées par des clients en échange de lois favorables ne sont rien d'autre que des pots-de-vin légaux* ».

En tout cas, l'affaire HSBC donne de la substance aux affirmations de l'ancien responsable de l'Office de l'ONU contre la drogue et le crime Antonio Maria Costa, pour qui seul l'apport d'argent de la drogue avait permis de dégeler le système des prêts interbancaires au lendemain de la crise de 2008, évitant ainsi un effondrement total.

Selon la source, l'*Attorney General* de Barack Obama, **Eric Holder**, a utilisé tout son poids pour freiner l'enquête sur HSBC. Le département de la Justice américain vient de prier le procureur pour la Virginie Occidentale, en charge du dossier, de renvoyer toutes les demandes concernant ce cas vers les « autorités principales », où la réponse est toujours la même : *« pas de commentaire »*.

Historiquement, la Hongkong and Shanghai Banking Corporation, l'ancêtre de HSBC, est une des institutions clé dans le blanchiment des fonds provenant du trafic d'opium par les Britanniques au début du XXème siècle.

La banque est sous le coup de multiples enquêtes depuis 2003, mais a toujours réussi à échapper à la justice jusqu'à maintenant.

L'attorney général Eric Holder a depuis confirmé les faits, disant que HSBC étant une banque d'importance systémique était « Too Big To Jail ». Vous trouverez les articles à ce sujet sur le net en faisant une recherche sur ces 4 mots.

«LE TRÉSOR DE LA SIERRA MADRE»

Un article paru dans Forbes, raconte les terribles conditions de vie des ingénieurs des mines d'argent mexicaines et notamment de Cœur d'Alène dans la Sierra Madre :

Un désert de rocaille, les montagnes pelées, cuites par le soleil, les populations misérables, les bandes armées des cartels de la drogue, qui rançonnent la région et coupent les têtes des policiers à intervalles réguliers dans les villes isolées, où l'autorité de Mexico n'est depuis longtemps que théorique. Les fusillades et les balles perdues dans les villages alentours... La peur permanente. La mine au cœur d'une enceinte fortifiée, entourée de plusieurs rangées de barbelés, gardée par une milice privée armée jusqu'aux dents. Les convois blindés toujours plus dangereux pour apporter l'or et l'argent brut à la fonderie, régulièrement attaqués par des désperados. C'est ça l'univers des mines de métaux précieux au Mexique. À un bout de la chaine, les bandits, qui rançonnent pour laisser passer le convoi... Rançon, qui fait partie des frais d'exploitation usuels.

À l'autre bout, les Banksters de Wall Street ou de la City. Entre les deux, d'un côté, des Carlos Slim, ses lieutenants et les milices privées, dont les hommes sont mieux payés et mieux armés que ceux de l'armée Mexicaine et de l'autre, à Wall Street, les cols blancs corrompus d'un système devenu mafieux, avec la SEC, ou les autorités du NASDAQ avec un Madoff à leur tête, sans oublier les juges du CFTC.

Le document ci-dessous est accablant pour le CFTC.

CFTC - LES AVEUX DU JUGE PARKER

Le 17 septembre 2010, George H. Parker, juge administratif au sein de la Commodity Futures Trading Commission publiait cette « Ordonnance » interne:

« Le juge administratif soussigné a l'intention de se retirer du service actif le 18 janvier 2011. Comme je serai absent la plupart du temps jusqu'à cette date, sept affaires en cours actuellement sous ma juridiction devront être réassignées. Ceci est une recommandation sur la manière dont ces dossiers devraient être réassignés.

Il n'y a que deux Juges Administratifs à la CFTC, l'honorable juge Bruce Levine et moi-même. Lors de la première semaine de travail du Juge Levine, il y a presque vingt ans, il vint dans mon bureau et m'annonça qu'il avait promis à Wendy Gramm, alors Présidente de la Commission, qu'il ne trancherait jamais une affaire en faveur d'un plaignant. L'analyse de ses jugements sur vingt ans vous confirmera qu'il a rempli scrupuleusement cet engagement. Juge Levine, dans sa manière personnelle d'appliquer les règles, a systématiquement cassé tout espoir des plaignants, les amenant à retirer leurs plaintes ou à accepter un arrangement, quelle que soit la validité de leur cause. (cf. l'enquête jointe publiée par le WSJ le 13 décembre 2000). A la lumière de ces faits, si j'avais simplement annoncé mon intention de donner ma démission, les sept dossiers en attente sur mon bureau auraient été assignés au seul juge restant de la Commission, le Juge Levine. Je ne pouvais pas laisser faire cela en conscience. De ce fait, je recommande que la Commission demande, selon l'article 5 CFR # 930.208(a) du bureau de la direction du personnel, les services d'un juge administratif qui serait détaché d'une agence comme la SEC ou la Federal Energy Regulatory Commission. »

LE CFTC ET LA LOI DODD-FRANCK

Le Sénat américain a voté une loi, la loi DODD-FRANK, pour réglementer entre autres les produits dérivés. La CFTC, l'organe de contrôle du marché des matières premières, a avoué avoir longtemps hésité à mettre cette loi en pratique et notamment l'article concernant la limitation des positions des différents acteurs. Officiellement, ils considéraient que s'ils mettaient en application, pour tous, cette limitation de position, le CFTC pourrait déclencher une **crise systémique**. Pourquoi ?

Les Banques JPM-Chase du groupe Rockefeller et HSBC, notamment ont vendu à découvert de l'or et de l'Argent en quantités phénoménales, notamment au travers de produits dérivés. On cite le chiffre de 3,3 milliards d'onces vendues à découvert (4,7 années de production) et des produits dérivés à hauteur de 65 000 milliards de $ (chiffre de la B.I.S.)

Si la loi obligeait ces banques à livrer ce métal, elles devraient offrir aux investisseurs possédant de l'Argent des prix très au-dessus des cours fictifs actuels. L'argent pourrait brièvement coter plusieurs milliers de Dollars. Il est probable que la méthode des primes sous la table de JPM serait privilégiée pour désintéresser les acheteurs, plutôt que de laisser les cours de l'argent s'envoler.

Les juges dirigeant le CFTC ont été en partie changés par Obama en mai 2011, donnant ainsi théoriquement la majorité aux partisans d'un grand nettoyage de ces écuries d'Augias.

À voir la campagne de recrutement du CFTC pour des postes de responsabilité au sein de cette agence gouvernementale, il apparaît que beaucoup de têtes sont tombées dans un service notoirement corrompu et que les nouveaux dirigeants chercheraient à former une équipe d'incorruptibles dignes de la réputation d'Elliott Ness. Si cette loi était enfin mise en application, **même progressivement**, l'Argent pourrait s'envoler sans limite, jusqu'à ce que toutes les positions à découvert soient rachetées.

Cette brusque flambée d'inflation pourrait détruire la valeur du Dollar et induire un changement monétaire d'urgence. Ce changement a été préparé depuis longtemps, mais reporté à plusieurs reprises déjà. La seule chose à surveiller serait alors le ratio Or/Ag.

L'application de la Loi DODD-FRANCK votée en été 2010 devait entrer en application en décembre 2011. Elle a d'abord été décalée de juillet à septembre 2011 puis décembre, puis à courant janvier 2012… mars 2012.

Le mardi 12 juillet 2012, le CFTC a publié la définition légale du mot « SWAP ». Les acteurs sur les marchés des dérivés avaient donc 60 jours, avant le 12 octobre, pour sortir de toutes leurs positions dominantes. Nouveau rebondissement, le **29**

septembre, le juge Robert Wilkins de la cour de Washington a jugé que le CFTC devait apporter la preuve que les « limites de position » sur les marchés des matières premières pouvaient diminuer ou prévenir les excès de spéculation. Il a également argué que la loi Dodd-Frank ne donnait pas un mandat clair et sans ambiguïté au CFTC pour établir ces limites de position.

Les Banksters qui jouent contre la régulation des marchés ont donc gagné une bataille de plus.

À Londres, les banquiers ont réussi également à vider de sa substance la loi séparant banques de dépôt et banques d'affaires à la manière de Glass Steagall. La Haute Finance domine sans partage le monde politique aujourd'hui.

JPM POURSUIVI EN JUSTICE

43 plaintes ont été portées en justice contre JPM et HSBC, pour manipulation des cours de l'Argent.

Fin septembre 2011, la Cour Fédérale de Manhattan a fait savoir qu'un accord financier était intervenu entre les 43 plaignants et la Banque HSBC et de ce fait, cette banque n'était plus poursuivie. Ces 43 plaignants ont passé un accord avec HSBC, système très couramment usité aux États-Unis. HSBC a du s'engager à apporter des preuves tangibles et des témoignages, qui permettraient de gagner le procès contre la banque JPM.

48 heures plus tard, le site **KingWorldNews** faisait la « Une » avec des témoignages accablant JPM. Dates et Heures, Fax, noms des intervenants, montants exacts, etc. pour plusieurs raids contre l'argent.

La Justice finira-t-elle par trancher la main des manipulateurs ? C'est ce que promettait Bart Chilton du CFTC en novembre 2011. Mais Bart Chilton joue le bon flic. Cela semble n'être qu'un jeu d'acteur.

JPM est au service de la Fed et des banquiers souhaitant préserver ce système de monnaie fiduciaire. Les États-Unis sont dirigés par un Cartel bancaire, mené aujourd'hui par Goldman Sachs, qui a placé des hommes à lui dans chacun des ministères clés et chacune des administrations. L'ensemble des administrations est « aux ordres ». Les pertes pléthoriques théoriques de JPM dans cette défense du Dollar contre les métaux précieux sont couvertes par la Fed. Le jeu est faussé. Ce Cartel bancaire tout puissant ne sera arrêté que par une guerre, une révolution ou un événement majeur d'origine exogène... pour retarder le Corner.

JPM MET EN FAILLITE MF GLOBAL

Le 30 octobre 2011, le plus gros courtier de matières premières américain était mis en faillite, générant une véritable tempête sur les marchés.

Gérard Célente, analyste réputé de WS, affirme qu'un certain nombre de clients de MF Global avait demandé livraison d'Or et d'Argent au Comex. Ce dernier ne disposant pas d'une telle quantité de métaux précieux, a appelé JPM en disant : « si vous ne faites rien, on saute. »

Sachant que Corzine jouait dangereusement à découvert sur des marchés très volatils, JPM aurait privé Corzine d'accès à ses comptes pendant 48H. Cela aurait suffi à le mettre en faillite. Corzine, le président de MFG jouait l'argent de ses clients sur des CDS, pariant sur la faillite de la Grèce. Les Credit Default Swaps (CDS) sont émis par 5 banques américaines, qui détiennent 97% de ce marché. La plus importante de ces banques est **JPM**. Deux institutions ont été créées pour réguler le marché et définir les règles, l'I.S.D.A. (l'International Swap & Derivatives Association) et la GFMA (Global Financial Market Association), mais ces 2 associations ont été créées par les banques dominantes du marché. Elles gardent depuis la mainmise sur ces instances de régulation. L'ISDA a ainsi décidé que la Grèce, refusant de payer 70% du capital dû à ses créanciers, ne pouvait pas être considérée comme en faillite. Cette décision vise évidemment à éviter aux banques dominantes d'avoir à rembourser les créanciers, qui se sont assurés avec des CDS. Si ces banques avaient à rembourser, elles pourraient-elles mêmes risquer la faillite.

Quoiqu'il en soit, ce refus de reconnaître la faillite de la Grèce a mis Corzine en faillite. Le Président de MF Global, Corzine, a été président de Goldman Sachs. Il a même été pressenti pour être Secrétaire au Trésor du Président Obama en 2008. C'est donc un des membres éminents du Gang de Wall Street.

La faillite frauduleuse de MF Global a été suivi d'un Hold-Up des plus scandaleux, qui a permis à JPM de voler purement et simplement la trésorerie des clients de MFG, qui avaient demandé sur le Comex la livraison de barres d'argent et de lingots d'or et pour ce faire, avaient dû apporter la totalité de la valeur de leurs contrats en liquide au CME. JPM a tout simplement fait main basse sur la trésorerie...

Les lingots d'or et d'argent des clients de MFG, gardiennés par JPM pour le compte du Comex, ont également été volés par JPM par un simple jeu d'écriture. **Aux vues et aux sus de toutes les autorités**, ces stocks sont passés des comptes clients au compte de JPM. **Ce Hold-up à visage découvert a évité le corner du COMEX le 31 octobre dernier.**

HSBC a, par ailleurs, porté plainte contre MF Global et JPM, prétendant avoir des droits sur les lingots d'or et d'argent des clients de MFG, ce dernier ayant hypothéqué auprès d'HSBC les valeurs des clients pour couvrir ses propres spéculations.

Le scandale, la corruption, l'escroquerie sont omniprésents à Wall Street et Washington. Aucun marché ne peut survivre si la Loi et l'Ordre n'y règnent pas.

Des courtiers en Matières Premières et en métaux précieux ont préféré fermer leurs affaires, disant à leurs clients de sortir du Comex et du CBOT de Chicago et d'investir dans du Physique, tant que la Justice n'avait pas mis de l'ordre sur les marchés américains.

Le Comex devrait progressivement être marginalisé, l'essentiel des transactions sur les Métaux Précieux se déplaceront à Shanghaï, Hong Kong, Singapour et Dubaï.

Dans le dernier rapport publié en juin 2012 : *http://www.bis.org/statistics/otcder/dt21c22a.pdf*

Le ratio Or/Ag est proche de 6.

Table 22A: OTC equity-linked and commodity derivatives
By instrument and counterparty

In billions of US dollars

Instrument / counterparty	Notional amounts		Gross market values	
	Jun 2011	Dec 2011	Jun 2011	Dec 2011
Gold	468	521	50	82
Other precious metals	144	132	19	14

Exprimé en « gross market value », à droite sur le tableau, ces dérivés sont valorisés 82 pour l'or 14 pour le Silver, **le ratio est de 5,8.**

Les derniers chiffres parus dans les statistiques de la BIS font état d'une augmentation des produits dérivés sur l'or (521 Milliards de $ contre 468 en juin 2011) et d'une légère diminution de ceux sur l'argent. Ils représentent néanmoins 6,2 années de production minière.

Comment les banques pourront elles couvrir 6,2 années de production minière dans un marché en déficit depuis 70 ans ?

110 Milliards de Dollars ont disparu !

Sans tambours, ni trompettes, 110 Milliards de Dollars de dérivés OTC Silver se sont envolés, disparus comme par enchantement.

LES FAITS : Les dérivés OTC sur le Silver concernant la période de Juin 2009 ont fondu passant de 203 Milliards de Dollars à seulement 93 Milliards de $.

By instrument and counterparty
In billions of US dollars

Instrument / counterparty	Notional amounts outstanding				
	Jun 2007	Dec 2007	Jun 2008	Dec 2008	Jun 2009
Total equity contracts	8,590	8,469	10,177	6,159	6,619
Reporting dealers	3,118	3,011	3,479	2,097	2,656
Other financial institutions	4,473	4,598	5,496	3,295	3,277
Non-financial institutions	999	861	1,203	767	686
Forwards and swaps	2,470	2,233	2,657	1,563	1,709
Reporting dealers	658	637	599	361	447
Other financial institutions	1,321	1,262	1,489	927	979
Non-financial institutions	492	334	569	265	283
Options	6,119	6,236	7,521	4,607	4,910
Reporting dealers	2,460	2,373	2,879	1,736	2,209
Other financial institutions	3,152	3,336	4,007	2,368	2,298
Non-financial institutions	508	527	634	502	403
Total commodity Contracts	7,567	8,455	13,229	3,820	3,729
Gold	426	595	649	332	425
Forwards and swaps	141	200	222	116	179
Options	285	395	426	216	246
Other precious metals	88	103	190	96	203
Forwards and swaps	42	51	86	48	101
Options	46	52	104	48	102
Other commodities	7,053	7,758	12,389	3,392	3,101

By instrument and counterparty

In billions of US dollars

Instrument / counterparty	Notional amounts outstanding					
	Dec 2008	Jun 2009	Dec 2009	Jun 2010	Dec 2010	
Total equity contracts	6,471	6,584	5,937	6,260	5,635	
Reporting dealers	2,245	2,664	2,101	2,183	2,020	
Other financial institutions	3,445	3,248	3,144	3,291	2,880	
Non-financial institutions	781	682	692	785	734	
Forwards and swaps	1,627	1,678	1,652	1,754	1,828	
Reporting dealers	389	445	413	479	524	
Other financial institutions	965	950	953	932	995	
Non-financial institutions	273	283	287	343	310	
Options	4,844	4,906	4,285	4,506	3,807	
Reporting dealers	1,856	2,209	1,688	1,704	1,497	
Other financial institutions	2,480	2,298	2,191	2,359	1,886	
Non-financial institutions	509	399	406	442	424	
Total commodity Contracts	4,427	3,619	2,944	2,852	2,922	
Gold	395	425	423	417	396	
Forwards and swaps	152	179	201	224	230	
Options	243	246	222	193	166	
Other precious metals	111	**93**	107	127	123	
Forwards and swaps	62	44	76	81	90	
Options	49	49	31	46	32	
Other commodities	**3,921**	3,101	2,414	2,307	2,403	

Changement d'écriture entre le rapport de juin 2010 et celui de décembre 2010 :

Table 22A : Amounts outstanding of OTC equity-linked and commodity derivatives by instrument and counterparty

Colonne 2 : pour juin 2009

Ligne : other precious metals

Le Silver était à l'époque à 15$ l'once. 110 Milliards de $ divisés par 15$ font 7,333 Millions d'onces. Dix années de production minière auraient changé de main ?

Non ! Ce n'est pas possible. Nous savons qu'il n'y a pas de stocks d'argent ! Les mines travaillent en flux tendu n'arrivant pas à couvrir la demande, créant une situation de pénurie permanente. Il est plus probable qu'il y a eu une opération comptable pour effacer une ligne de produits dérivés OTC sur le Silver qui, sur le papier, représente 10 années de production. Ce qui n'est pas tout à fait la même chose.

À tort ou à raison, on pourrait faire un rapprochement avec l'annonce faite par la Chine en août 2009, autorisant les sociétés et banques d'état à faire défaut sur les produits dérivés sur les matières premières, que le gouvernement Chinois considérait comme une escroquerie.

JPM s'est donc probablement pris une claque de 110 Milliards de $ sur ses produits dérivés Silver en été 2009. Ce qui explique que le responsable du risk management de JPM à l'époque, Jim Winters, ait été brutalement « défenestré » selon l'expression de Reuters.

Les dérivés OTC Silver restant, après cette manipulation d'écritures, sont comptabilisés en décembre 2010 à hauteur de **123 milliards de $**.

Le prix moyen de l'once d'argent en 2010 étant d'environ 25$, cela représente 4 920 Moz, soit **6,5 années de production**.

Ce qui conforte les chiffres donnés par les Traders de JPM.

Ce n'est pas au COMEX qu'on va pouvoir trouver la marchandise pour solder ces 4,9 Milliards d'onces. Comme les métaux précieux sur le LME sortent plus vite qu'ils ne rentrent et qu'il y a la queue au guichet, la situation semble des plus tendues.

Tout cela est vraiment Orwellien. Dans *1984*, le héros officie au Ministère de la Vérité. Son travail consiste à remanier les archives historiques afin de faire correspondre le passé à la version officielle que souhaite le Parti.

L'APPEL D'ÉRIC SPROTT AUX MINEURS

Dans la crise monétaire et bancaire actuelle, Eric Sprott, président de Sprott Management et fondateur d'un ETF considéré comme le plus sûr du marché du Silver, a lancé un appel à toutes les compagnies minières, en leur disant que :

- Si elles veulent se protéger de la dépréciation des monnaies, elles devraient garder une grande partie de leur trésorerie sous forme de barres d'argent, qu'elles auraient elles même produites. L'argent a une valeur monétaire.
- Si elles veulent se protéger des faillites bancaires, elles peuvent éviter de mettre leur trésorerie en banque, la laissant dans leurs entrepôts sous forme de barres de Silver.
- Si elles veulent éviter les manipulations à la baisse des métaux précieux, sur le LBMA ou le Comex ; il leur suffit de conserver leur trésor jusqu'à ce que le prix du métal atteigne un cours correct, reflétant sa rareté et le déséquilibre entre offre et demande.
- Si elles veulent valoriser leur titre en bourse, il faut qu'elles profitent de leur production et valorisent leurs stocks...

Cet appel a été très bien reçu par les principales mines Silver. Si elles mettent en application ces principes, le cours du Silver ne peut que s'apprécier fortement.

Dans une interview du 20 février 2012 sur Silverdoctors, Eric Sprott révélait que la Mine **Endeavor Silver** avait suivi son conseil.

Au dernier trimestre 2011, Endeavor avait produit 1,2 Million d'onces mais n'en avait vendu que 400 000. Ses dirigeants avaient refusé de vendre au cours de 27$.

Ainsi, avec la hausse qui a suivi, ils ne pouvaient pas avoir fait de meilleur placement, puisque les cours sont montés d'abord à 33$ puis à 35$, leur permettant de faire une très belle plus-value.

Eric Sprott a pesé lourd sur le marché fin 2010 en achetant 22 Moz d'argent, qu'il avait dû aller chercher à Londres, Zurich ou Hong Kong, dans les mines et chez les raffineurs. Il récidive début 2012 en ayant obtenu l'autorisation de la SEC d'augmenter le nombre de parts de son ETF PSLV.

On peut s'en réjouir et en même temps s'en inquiéter.

Sprott en se mettant ainsi en avant avec un seul fonds, se prête aux manipulations de la Fed ou de toute autre entité juridico-administrative américaine, qui voudrait rejouer le dézingage des Frères Hunt. Le cas échéant, ses millions d'onces d'argent pourraient être vendues brutalement sur le marché, faisant s'effondrer les cours.

L'ouverture du Pan Asian Gold Exchange ou de son équivalent, si elle peut avoir lieu un jour, devrait révolutionner la donne. Si ce marché ouvre, il ne s'agira pas de « futures », cet argent fictif vendu en quantités 350 fois plus importantes que les stocks réels, comme c'est le cas aujourd'hui à Londres. Cela devrait permettre une véritable révision du cours de l'argent.

La valeur du RMB pourrait s'en trouver nettement réévaluée, rééquilibrant à terme la donne industrielle sur le marché mondial. La valeur du salaire de l'ouvrier chinois devrait se rapprocher plus rapidement de celle de ses alter-ego occidentaux.

Malheureusement, nos industriels ont démonté leurs usines pour les implanter dans des pays à bas salaires en Europe de l'Est, en Amérique latine ou en Asie… Cette situation rappelle celle de l'Allemagne de Weimar après la guerre de 14-18. Ne pouvant payer les dommages de guerre demandés par la France et l'Angleterre, ces dernières avaient démonté les usines allemandes pour les remonter en France ou en Grande-Bretagne. L'Allemagne était couverte de dettes et sans outils de production capable de générer de la richesse pour rembourser. C'est exactement la situation des États-Unis et de l'Europe aujourd'hui.

Les mêmes causes produisant les mêmes effets, nous pourrions connaître une phase monétaire aussi destructrice que celle connue par le Deutsch-Mark sous la république de Weimar dans les 4 années à venir avec une accélération en 2015-2016.

Seul salut possible, mettre votre trésorerie en Métaux Précieux.

PRÉ-CONCLUSION DE CET ÉTAT DES LIEUX

En Novembre 2012, les Banksters défendant la monnaie fiduciaire sont aux abois, mais inventifs. La Fed qui avait annoncé un Twist et devait acheter pour 40 Milliard de Dollars par mois d'obligations hypothécaires a doublé ce volume annoncé dès septembre. Le risque inflationniste est réel. Les banques à qui ces MBS sont rachetés doivent placer leur argent en bons du trésor. Mais les banques revendent ces bons du trésor. L'argent créé par la Fed arrive donc très vite dans l'économie réelle.

JPM, acculé dans les cordes, a utilisé tous les subterfuges pour trouver tout l'argent disponible, que ce soit en faisant des raids dans les mines, en vidant les entrepôts de l'ETF dont il est le gardien officiel, en faisant tomber MF Global pour piller les stocks des clients de ce courtier, en payant les investisseurs pour qu'ils ne demandent pas livraison ou en augmentant les marges de trading.

En juin 2012, ils ont provoqué la chute au Japon d'un courtier deux fois plus gros que MFG, AIJ, probablement pour vider les métaux précieux des clients du marché japonais, le TOCOM.

JPM manipule les cours sur le COMEX, mais les BRICAD, Chine et Russie en tête, achètent massivement à Londres, tant l'or que l'Argent, profitant de la baisse des cours des métaux précieux, en se débarrassant de leurs réserves monétaires en Dollars. Le Cartel est coincé à son propre jeu. Ils ne peuvent plus faire baisser le cours de l'or sans vider les réserves des Banques Centrales, à un moment où celles-ci devraient acheter en vue de la future réserve monétaire.

L'Or n'a qu'une très faible marge de baisse possible, je doute qu'il puisse passer durablement sous les 1650$.

Si la Fed, pour renforcer le Dollar, haussait les taux cherchant à attirer des investisseurs LT, elle provoquerait probablement un effondrement boursier. Celui-ci entrainerait peut être le Silver brièvement dans sa chute avant une rapide remontée.

En face de JPM, les acheteurs sont extrêmement puissants. Les petites mains ont lâché prise, il reste l'immense appétit de la Chine, qui constitue des réserves stratégiques ou monétaires, la puissante Russie, riche de son gaz et de son pétrole. Et nous avons des groupes bancaires et miniers puissants, notamment Rio Tinto, BHP Biliton ou Glencore, dont le jeu n'est jamais très clair, du fait de leurs intérêts multiples. Ils seraient les premiers bénéficiaires d'un système proche du Bancor.

La crise bancaire qui vient se rajouter à une crise de la dette devrait faire vaciller les monnaies tour à tour. L'Euro devrait chuter dans un premier temps et pourrait être suivi quelques semaines plus tard par une baisse relative du Dollar.

Ce petit jeu entre les monnaies est bien sur relatif, c'est la valeur des métaux précieux qui reste l'étalon à surveiller.

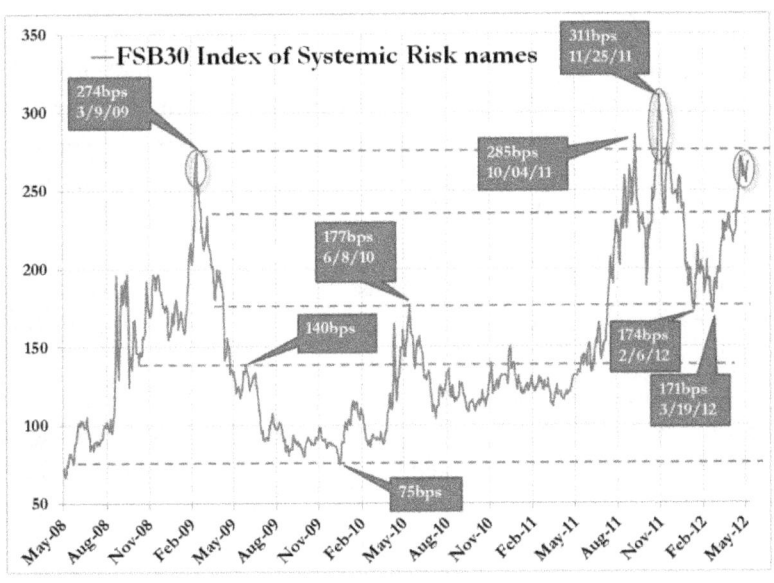

Ce graphique qui provient du Financial Stability Board, organisme chargé de surveiller les 30 groupes financiers susceptibles de provoquer un krach systémique en cas de défaillance, donne la température instantanée du système. Ce graphe daté de Mai 2012 montre que le risque était alors maximum. L'ensemble du système pouvait s'effondrer à tout moment. Nos édiles financiers et monétaires trouveront sûrement de nouvelles béquilles pour le faire tenir quelques mois de plus.

Les ruées aux guichets en Espagne et en Grèce, tout autant que l'arrivée à échéance de produits dérivés ont saigné à blanc les banques hellènes et ibériques. Rien n'est réglé.

L'Espagne refuse de céder sa souveraineté à la BCE pour sauver ses banques et les autorités monétaires bloquent sur la dette grecque. L'Europe est toujours plus divisée.

2014 va être une année difficile.

Déjà fin Septembre, sur le CME et le LME, la poussée de l'or et de l'argent a frisé la « commercial failure » des Majors. Le système a failli s'effondrer. Les États-Unis ont dû exporter massivement de l'Argent métal vers la Grande-Bretagne en Mai, Juin et Juillet pour sauver le LBMA, qui ne pouvait répondre aux demandes de livraison des fonds asiatiques. Ces exportations de juillet pour le LBMA ont représenté 169 tonnes, 5 fois plus que le mois précédent. Cet épisode fait penser à la chute du « London Gold Pool » dans les années 60.

En Février, la lecture des COT montrait que les « commerciaux », c'est à dire les grandes banques « too big to fail », qui avaient comme rôle jusqu'ici de maîtriser le cours des métaux précieux avaient fortement diminué leurs positions Short sur l'or, mais pas sur l'argent.

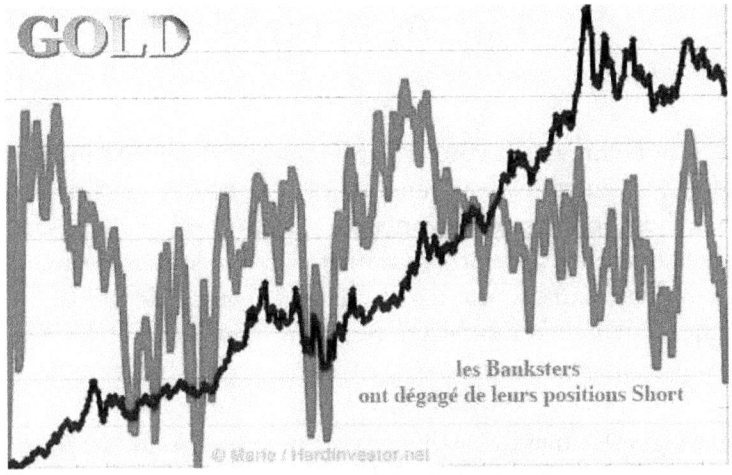

Toutes les positions short avaient été endossées par les hedge funds, comme on le voit sur le graphique ci-dessous.

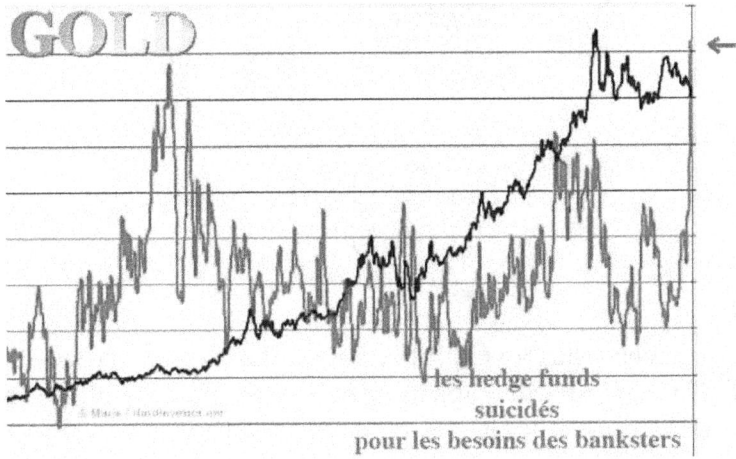

Un raid était donc à prévoir, mais il apparait évident que les 4 grandes banques systémiques avaient été mises à l'abri d'un éventuel short-squeeze. Les hedge funds peuvent faire faillite sans mettre en danger l'ensemble du système bancaire.

Faillite de Chypre

La faillite de Chypre et le principe de « bail-in » adopté par les autorités monétaires de la troïka, autorisant de rembourser les créanciers sur le dos des déposants a sapé la confiance. Or nous sommes dans un système qui repose entièrement sur la confiance dans la monnaie et dans les banques. Il s'en est suivi un véritable bank run sur les dépôts d'or du Comex et du LBMA.

Sur ce graphe d'avril 2013, on voit que les clients de JPM ont retiré 95% de l'or qui lui avait été confié en dépôt.

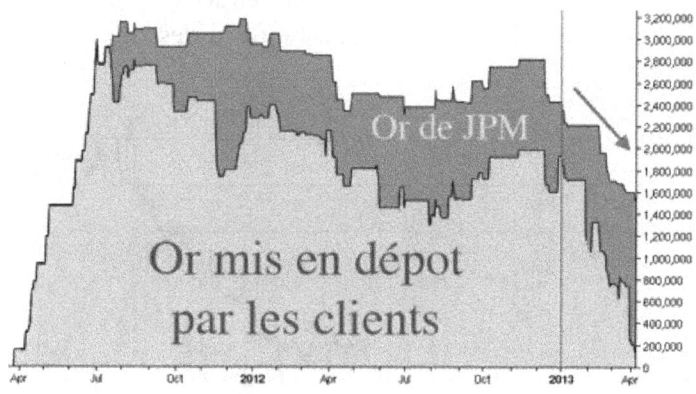

Globalement sur le COMEX, 30% des réserves d'or dites « éligible », c'est à dire appartenant aux clients mais n'étant pas à vendre, ont déménagé pour se mettre à l'abri d'un « bail-in » en cas de défaut de la banque ou du Comex. La confiance a disparu. Pour Pascal Roussel, analyste de la B.E.I., l'hyperinflation nait quand la confiance est détruite. Nous n'en sommes plus très loin. Lorsqu'à l'automne 2013 ou début 2014, un bail-in général sera mis en place en Europe, la confiance dans le système disparaitra et les désordres sociaux se généraliseront.

Andrew Maguire révélait le 15 mars 2013, que sur le marché de Londres la semaine précédente, une des bullion banks avait fait défaut. Elle a été incapable de livrer l'or réclamée par ses clients et leur a imposé de prendre du cash à la place. C'est un fait le LBMA a été mis en défaut.

Les autorités et les « commerciaux » « too big to fail » avaient anticipé cela et préparé un raid massif sur les métaux précieux, qui a été déclenché le vendredi 12 mars 2013 et qui a continué le lundi avec la même violence. Les cours de l'or sont tombés de 1571$ à 1318$ en deux jours.

Il s'en est suivi une ruée vers l'or dans le Monde. Notamment en Inde, ce qui a déséquilibré la balance extérieure et la monnaie, et en Chine, dont la demande a été telle que le HKMEX a fait défaut et a du renoncer à sa licence de clearing sur l'or.

Il s'avère en 2013 que le marché de l'or de Shanghai, le SGE, est devenu l'une des places les plus importantes du Monde dans le commerce de l'or. Ces derniers mois, les chinois ont officiellement consommé toute la production minière mondiale. Il y a livraison chaque jour sur le SGE et il s'agit quotidiennement de dizaines de tonnes d'or. Finalement le PAGE aura vu le jour sous une autre forme. Regardez à côté, comme le COMEX est inexistant. Le SGE livre sans doute 20 fois plus d'or que le COMEX.

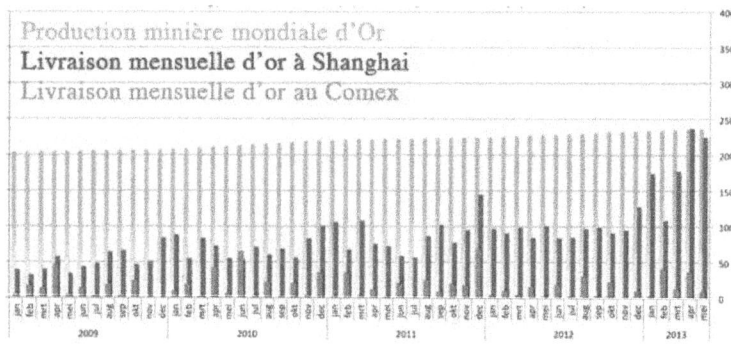

Des images incroyables ont montré une queue de 10 000 chinois devant une bijouterie d'une ville de l'est de la Chine, qui avait fait une promotion en juin sur des bijoux en or. L'Argent a été violemment attaqué également passant de 28 à 21,90$.

Quel était l'objectif ? Faire sortir de leurs trades un maximum de spéculateurs et d'investisseurs, de façon à ce qu'ils n'aient pas intérêt à demander livraison. L'Open Interest du Silver sur le Comex était sur ses plus hauts historiques avec 166 000 contrats avant le raid, il en reste 159 000 après. Sur ce point, le raid a échoué. Pour Harvey Organ, seul un fond souverain peut rester stoïque et conserver sa position après une perte financière de cette ampleur. Il soupçonne la Chine.

Au lendemain du raid de mars, pour faire lâcher plus d'investisseurs, la Shanghai Futures Exchange et le COMEX ont augmenté les marges sur le trading de tous les métaux précieux.

Une deuxième hausse, de 25% est intervenue mais d'autres devraient suivre, pour que la remontée ne puisse pas être joué avec levier. Les métaux précieux doivent être achetés de préférence sous forme de pièces, comme une assurance en cette période de grande incertitude monétaire.

Ces pièces doivent être réellement détenues et non pas laissées en compte ou en coffre dans une banque. En effet, si une banque fait faillite, les coffres des particuliers sont saisis. C'est du moins la loi en France. Soyez très prudents !

Un grand ménage bancaire s'apprête à être fait dans tout le système bancaire. La loi du bail-in a été intégrée à toutes les constitutions dans le Monde. En France, elle a été votée le 5 juin 2013. Les banques vont être mises en faillite dans les 7 à 8 mois devant nous. Votre coffre privé et son contenu sont en grand danger d'être confisqué. Videz-le avant d'être spolié par les banquiers ou les autorités. Ce jour-là, la confiance aura été totalement détruite et le système fiduciaire sera mort.

L'Argent à travers l'Histoire

Où ira l'Argent demain ?

L'Argent est-il seulement une matière première industrielle aujourd'hui?

SPÉCULATIONS SUR LA RÉFORME MONÉTAIRE À VENIR

Préambule

J'ai commencé à écrire sur l'économie et les métaux précieux en 2008. Les analyses et prévisions futuristes de Cassandre ont été en grande partie confirmées par les faits depuis.

La scission de l'euro est désormais au menu de tous les tabloïdes, dans la rubrique « préparation psychologique des masses laborieuses ». Certaines de ces pages ont de ce fait perdu de leur fraîcheur. J'aurais pu les couper, mais j'ai préféré conserver le cheminement intellectuel de ces dernières années, à tort ou à raison.

L'histoire de demain et après-demain n'est pas encore écrite. Les brouillons sont jetés et déchirés tous les jours, par des banquiers et des politiques pris dans les nasses, qu'ils ont contribué à créer.

Ce chapitre a pour but d'essayer de vous aider à traverser au mieux la phase à venir durant laquelle un krach systémique semble inévitable, si une réforme monétaire n'est pas rapidement mise en place.

La Dette Mondiale

La dette publique américaine a dépassé les 16 Trilliards de $, la dette américaine totale, publique et privée, est, quant à elle, proche de 60 000 000 000 000 de Dollars.

À l'issue du G20 de 2008, Larry Edelson écrivait dans moneyandmarket.com, que si on devait monétiser la dette publique des États-Unis à 100%, l'once d'or serait à **53 000 $**.

Officiellement, les derniers chiffres parus attribuent au Trésor américain 8 133 tonnes d'or, soit 261 475 950 onces.

14 Trilliards de Dollars de dette de 2008 divisées par 261 Millions d'onces d'or de « *réserves officielles* » américaines, donnent bien 53 639 $ l'once.

Dans les livres de la Fed, les réserves d'or sont depuis quelques années, qualifiées de « deep storage gold ». Cet or n'a pas encore été extrait du sol. Fort Knox est une fable.

Mais la dette n'est pas l'apanage des États-Unis. La dette d'état mondiale est évaluée à 40 000 Trilliards de Dollars, alors que les réserves officielles des banques centrales dans le Monde se montent officiellement à seulement 31 000 tonnes d'or, environ 1000 Millions d'onces, donc un trillion d'onces.

L'or devrait donc valoir près de 40 000$ l'once.

D'après les informations qui ont filtré des négociations serrées, toujours en cours, il n'était question, **à court terme**, que de monétiser une faible partie de la dette publique US pour cette première phase, avec un cours de l'or entre 3 500 et 5 000$.

Mais la Grèce a déjà fait défaut sur 70% de sa dette et ce n'est qu'un début. L'or devrait donc être valorisé beaucoup plus haut.

Une confidence plus récente de l'entourage des banquiers évoquait un prix final proche des 32 000 $.

« XI »

Une analyse de Tuur Meester, reprenant et développant celle de Vladimir Bukowsky en 2006, comparait l'état actuel de l'UE à celui de l'URSS juste avant son explosion en **1991**.

Je ne peux m'empêcher de faire le rapprochement avec ce nombre magique, qui reste une constante :

Franc de l'**an XI**   -Renaissance du bimétallisme

1871 Soixante et **XI**   -Fin de l'étalon Argent

1971 Soixante et **XI**   -Fin du Gold Exchange

1978 Chine **XI**   -Congrès du PCC - Tournant politique

Quatre-vingt **XI**   -Faillite de l'URSS

Deux mille **XI**   -Faillite du bloc de l'Ouest

11 en numérologie, ces deux 1 côte à côte, additionnés ils donnent 2 : Signe de la discorde et de l'opposition.

Or nous avons aujourd'hui des groupes opposés dans l'oligarchie, qui n'envisagent pas la Réforme Monétaire de la même façon.

Les uns veulent un monde unipolaire, les autres, multipolaire. Les uns veulent un panier de monnaies purement fiduciaires, les autres veulent des monnaies garanties par des matières premières et/ou des métaux précieux.

La **XIème** colonne du tableau des éléments de Mendeleïev n'a que 4 éléments dont 3 sont essentiels :

L'Or, l'Argent et le Cuivre

Ce qui nous ramène au point de départ de ces analyses fin 2008.

1 oz d'or= 1000 Ameros   1 once d'Ag= 100 Ameros

Ces prototypes de monnaies montrent un Ratio de 1/10

L'AMERO

Les 3 pièces ci-dessus ont fuité sur le net à la fin de 2007. Elles sont gravées **Union of North America**. Cette UNA est la zone de libre-échange économique nord-américaine, formalisée par les traités de l'ALENA incluant les USA, le Canada et le Mexique. L'UNA est construite sur le modèle de l'Union Européenne. L'UE a abouti à la création d'une unité monétaire unique, l'Euro. L'aboutissement de l'UNA devait être la création d'une monnaie unique, l'Amero.

Cette série de pièces a été conçue par David Carr, designer spécialisé en numismatique, ayant travaillé à de nombreuses reprises pour la monnaie américaine. Ces pièces portent l'estampille « D » de la Denver Mint, l'équivalent de la Monnaie de Paris ou de la Banque de France. Utiliser cette estampille est un crime, au même titre que fabriquer de la fausse monnaie. Carr n'a pas été poursuivi. Il a donc réalisé ces prototypes sur commande, pour le compte du gouvernement américain ou de la Fed. L'un des scénarios étudié à l'époque était : « l'or s'envole violemment à 10000 $ puis changement d'unité monétaire, l'or est à 1000 unités nouvelles. »

It's time to create the 'amero'

HERBERT GRUBEL

In their July 24 article, Canadian Dollar's Value Reflects Fundamentals, David Laidler and William Robson criticize my earlier review of their CD Howe study on the merit of a North American monetary union (Dollar Needs Big Change, July 11). They complain that I did not consider their core argument about the benefits that the flexible exchange rate has brought Canada. Their econometric studies show that world commodity prices and interest rate differentials have determined the value of the dollar. In the absence of exchange rate flexibility, they believe, changes in commodity prices and interest rate differentials during the last 30 years would have imposed large real adjustment costs on the Canadian economy.

Ironically, on the same day their article was published, the lead story on the front page of the *Financial Post* was Dollar 'Caught in a Vortex': Posts Largest Two-day Decline in 17 Years. No news about commodity prices or interest rate differentials emerged during these two days to justify this decline of the dollar.

It may well be that all of the many ups and mostly downs during the last 30 years were short-run phenomena and that, in the long run, the exchange rate will obey the fundamentals. But how long do we have to wait for the long run to emerge? By that time we may not all be dead, but certainly the real economy will have suffered greatly.

The exchange rate instability imposes costs on exporters and importers and capital flows. The secular decline in the rate has slowed the conversion of our economy out of declining commodity-producing industries and into more productive industries. These costs and other problems could have been avoided if the Canadian and U.S. dollar had been linked irrevocably in a monetary union.

Messrs. Laidler and Robson point out correctly that my recommendation for a monetary union implies distrust in the ability of the market for foreign exchange to produce efficient outcomes. They then note that this position is inconsistent with the faith in markets to which I confess readily.

I am surprised that Mr. Laidler, one of the world's most respected monetary theorists, has not grasped that there are significant differences between ordinary markets and the market for money and national currencies. Has he forgotten the lessons he learned from his teachers Milton Friedman and Robert Mundell at the University of Chicago?

Both of these men's contributions to economic science were recognized through Nobel Prize awards. Both have outstanding credentials in their advocacy of free markets. Yet, while I was on the faculty of the University of Chicago, I learned that Mr. Friedman endorsed Panama's decision to use the U.S. dollar in place of its own currency. As he told me, "Panama is simply too small to have its own money and central bank." Mr. Mundell is known as the father of the European Monetary Union because of his articulation of the reasons why a country like Panama is not well served by having its own money.

As Mr. Mundell frequently asks of advocates of flexible exchange rates like Messrs. Laidler and Robson, why not have separate currencies and flexible exchange rates for Newfoundland and British Columbia? Would these regions not benefit mightily from having their exchange rates absorb the shocks brought on by fluctuating prices of commodities, their main exports? Why are Messrs. Laidler and Robson not consistent and recommend that regions of Canada get their own currencies and flexible exchange rates?

AMERICANS MIGHT BE WILLING TO CREATE A MONETARY UNION WITH CANADA AND MEXICO FOR A NUMBER OF EXCELLENT REASONS

Most puzzling is this basic contradiction: They forcefully argue the case against a monetary union on economic grounds but then they come up with the empirical judgment that the Americans would never agree to a common currency. On this basis, they argue that "to make a convincing case for abandoning an independent Canadian dollar, Mr. Grubel has to show how Canada can elicit the U.S. co-operation that would make the *attractive alternative* possible." (Italics added.)

Perhaps I miss an important subtlety here, but how can a common currency be inferior to the flexible exchange rate system and at the same time offer an attractive alternative to it?

I believe that we must first decide whether a monetary union with the United States (and possibly Mexico) would assure superior performance of the Canadian economy than is attainable under the current flexible exchange rate system. We must also throw into the equation non-economic costs and benefits, most of which involve nationalist sentiments of one sort or another. Once we have decided that a monetary union would be good for Canada, we then approach the Americans about their willingness to accommodate our wishes. We may well find that such willingness would come with some strings attached. Negotiations would develop a final package deal and new studies would be made to decide its merit for Canada. The parallel with the process that led to NAFTA is obvious.

I am not at all sure what the conclusions of such a process would be, but it makes no sense to prevent it because some people believe that the Americans would never be part of a North American monetary union.

In fact, Americans might be willing to create such a union for a number of excellent reasons. For one, the union would prevent Canadian industry from gaining even greater market share in U.S. markets simply by virtue of the depreciating dollar. These Canadian gains can be blamed for many political problems in the United States and contributed much to the softwood lumber and other trade disputes.

Illegal immigration from Mexico is another big policy problem facing the United States. A monetary union would accelerate economic prosperity in Mexico and diminish pressures on Mexicans to seek employment in the United States.

The euro is a success, much to the distress of vocal pessimists like Messrs. Laidler and Robson, who had expected it to have failed by now. It is time we disregard these pessimists' advice and get to work on the creation of the amero.

Herbert Grubel is a Senior Fellow at the Fraser Institute and Professor of Economics Emeritus at Simon Fraser University.

E-mail: herbert.grubel@shaw.ca

Financial Post   August 9, 2002

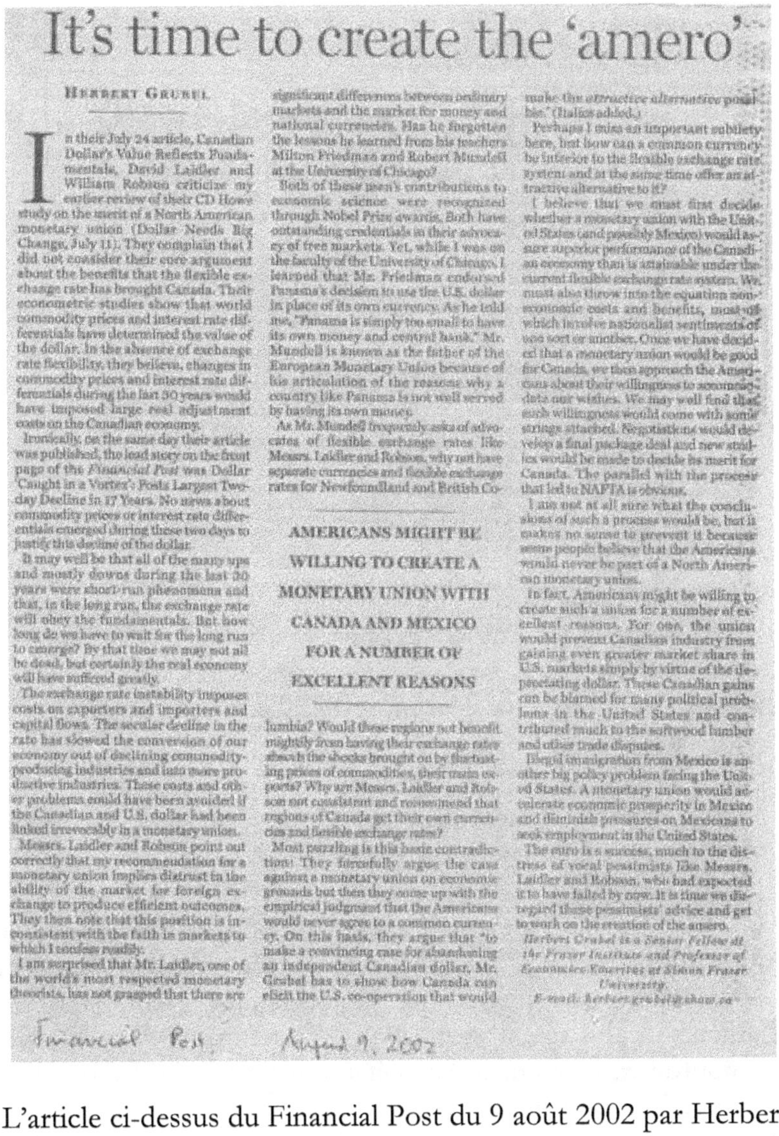

L'article ci-dessus du Financial Post du 9 août 2002 par Herbert Grubel explique la nécessité de créer rapidement une monnaie commune pour la communauté économique nord-américaine.

Une série de billets aurait même été imprimée. Cette photo est parue, notamment, dans le magazine russe Russia Today. Les autres coupures que l'on distingue en arrière-plan, ont été publiées par différents sites.

Le journaliste américain, qui le premier a dévoilé l'Amero, Hal Turner, et qui lors d'une de ses émissions radio, révélait que des containers de billets avaient été expédiés en Chine, a été incarcéré peu après sous un prétexte fallacieux et a totalement disparu des ondes depuis.

L'Amero était réellement dans les cartons à un moment donné. Ce projet a-t-il été totalement abandonné ?

La seule chose réellement intéressante de cette histoire est le ratio donné pour l'Or et l'Argent. **Dix onces d'argent achèteraient une once d'or.** Aujourd'hui, il faut 64 onces d'argent pour une once d'or. Et exprimé en Dollars d'aujourd'hui, l'Argent devait s'établir à 1000$, chiffre que l'on retrouve à diverses reprises.

La Fed a créé de la monnaie par Milliards de $. N'ayant plus preneur pour les Obligations du Trésor, la Fed les achète en imprimant plus de Dollars. C'est l'opération « Twist ».

Elle a fait de même pour les hypothèques immobilières sans valeur rachetées aux banques, comptabilisées dans les actifs de la Réserve Fédérale. Alors que l'Amérique entre dans une forte récession, et que le prix de l'immobilier ne cesse de se dégrader depuis 2007, ces hypothèques au bilan de la Fed n'ont plus aucune valeur. Et ce d'autant plus, qu'une très forte proportion de ces hypothèques a été jugée illégale et considérée comme un « faux en écritures publiques » par la Justice américaine. Les banquiers voulant accélérer les délais des formalités de prêts hypothécaires, ont inventé de toutes pièces un système notarial virtuel, n'ayant aucune base légale, le MERS, qui leur permettait de surcroît de ne pas payer les taxes foncières et locales d'enregistrement. Ces hypothèques au bilan de la Fed devraient être valorisées pour « zéro ». **La Fed est donc en faillite.** C'est une réalité. Elle s'est mise sous la protection du Trésor américain, mais, lui-même est incapable de rembourser ses dettes, sans recourir à la presse à billets de la Fed.

En toute objectivité, le système est totalement mort. Le Dollar étant la monnaie de référence pour le commerce international, c'est l'ensemble du système monétaire qui est en faillite aujourd'hui, ce qui n'était jamais arrivé dans l'histoire.

La Chine menace de mettre sur le marché les 2/3 de ses Trillions de Dollars d'obligation U.S., au moment même où le Japon a besoin de vendre les siennes pour compenser les gigantesques pertes industrielles dues à l'accident nucléaire de Fukushima. La Russie, quant à elle, s'est déjà débarrassée de l'essentiel de ses Bons du Trésor américains.

La Fed a lancé un QE3 sans limite permettant de racheter toutes les obligations américaines affluant sur les marchés. C'est une destruction orchestrée de la valeur du Dollar, qui entrainera une terrible paupérisation des populations. Cette actualité est toujours brulante en 2013.

Bernanke et d'autres officiels ont posé ici devant un billet de 100 Dollars, qui a fait couler beaucoup d'encre dans les blogs. La partie gauche du billet ressemble à celle des billets précédents, mais sur la partie droite, la plume, le texte manuscrit, la « liberty Bell » et le nombre 100 sont imprimés en Or. Pour certains analystes américains, ce billet annoncerait un retour progressif au « Gold Standard ».

Le jeudi 11 octobre 2012, un hold-up a eu lieu à l'aéroport de Philadelphie, durant lequel les voleurs ont fait main basse sur une « grande quantité » de ces nouveaux billets, qui étaient destinés à la Reserve Fédérale du New Jersey. Le FBI a indiqué à la presse, que les malfaiteurs ne pouvaient rien faire de leur butin, « ces billets ne devant être mis en circulation qu'en **2013** ».

Au printemps 2013, Bernanke a annoncé que ce billet serait mis en circulation le **8 octobre 2013**. Ce qui est évidemment très excitant si on pense que cela a quelque chose à voir avec la réforme monétaire.

Mon crédo était ainsi libellé il y a un an :

« Ces billets pourraient être mis en circulation, quand l'or sera à 100 fois sa valeur de 1971, soit 3500 $. L'argent vaudra-t-il 100 fois sa valeur de 1971, soit **155 $** ? »

Aujourd'hui, 25 juin 2013, je pense que cela est possible. L'or est à 1276 $ et un krach semble se dessiner du fait de la hausse des taux sur les marchés et d'un « crédit Crunch » en Chine. L'argent est à 19,50 $ et pourrait chuter plus bas encore. Les Hedge Funds qui ont désormais toutes les positions shorts visent une chute de l'or à 800 $.

En 1979-1980, il y avait eu une forte consolidation de 38% de l'ensemble de la hausse, puis un très court bear-trap, allant jusqu'à 44% de retracement. Les vendeurs à découvert visaient les 50% de Fibonacci, mais ils se sont fait piéger par le démarrage de la nouvelle jambe de hausse et ont dû racheter leurs positions en catastrophe, accélérant la vélocité de la hausse des cours. Entre le point bas de la consolidation et le point haut de l'or, il s'est passé moins de 90 jours calendaires et seulement 56 jours de bourse. De ce fait, il est possible de voir une hausse vertigineuse commençant vers le 10 juillet et se terminant le 8 octobre, avec entre temps une dévaluation massive du Dollar et probablement des autres monnaies fiduciaires, amenant une forte hausse des métaux précieux. Nous serons très vite fixés à ce sujet.

Pour s'en persuader, il n'y a qu'à voir la ruée sur les Silver Eagles et les Silver Maple Leaf depuis quelques années pour comprendre que l'argent va retrouver une valeur plus proche de la réalité actuelle. Les quelques initiés de haut niveau que nous connaissons ont mis leur fortune en or, mais détiennent également d'importantes quantités d'argent.

Aujourd'hui, que ce soit aux États-Unis ou en France, les pièces anciennes en 900/1000e sont devenues beaucoup plus difficiles à trouver. Beaucoup ont été fondues et ceux qui détiennent ce qui reste, ne sont pas vendeurs aux cours actuels, sauf avec une prime conséquente. Le désordre monétaire, la crise bancaire et les doutes sur la pérennité du système n'encouragent pas à lâcher des pièces ayant une réelle valeur intrinsèque, pour des billets qui n'ont de valeur, que celle que l'on veut bien leur accorder.

La Fed a annoncé au début du printemps 2013, que ce billet de 100 Dollars serait mis en service le **8 octobre prochain**. J'observe depuis les événements sur les marchés avec un regain d'intérêt, par rapport à cette échéance.

Voltaire disait que toute monnaie-papier avait tendance à revenir à sa valeur intrinsèque, c'est à dire zéro.

Étrange Philharmoniker

Le Philharmoniker est une pièce officielle Autrichienne en Argent. Cette pièce neuve d'une once d'argent pur montrait une valeur faciale de 1,5 € mais elle était vendue 15 € en décembre 2009.

En 2008, l'once d'argent a valu 12 € du 18 février au 18 mars ; il a fallu attendre novembre 2009 pour retrouver ce niveau. 12 € + tva de 19,6% pratiquée sur les pièces neuves = 15 € Mais pourquoi la valeur faciale affiche-t-elle une valeur 10 fois moindre que le prix de l'argent à cette date ? Même phénomène sur les frappes de la monnaie de Paris début 2009. Valeur faciale d'une pièce d'or 200 € l'oz quand le cours est à 800 € En mars 2010, je me posais la question, serait-ce possible que l'unité monétaire de cette pièce, ne soit pas la même que celle actuellement en circulation ?

S'agit-il d'un « Nouvel Euro » ?

Comme il y a eu le Franc jusqu'en 1959 et le Nouveau Franc à partir du premier janvier 1960, date à laquelle, on a échangé 100 anciens Francs contre un Nouveau Franc.

Vous constaterez, qu'il n'y a pas marqué Ancien Franc sur la pièce de 1958, ni Nouveau Franc sur celle de 1960. Nous aurons probablement dans les années à venir, 100 $ pour un nouveau Dollar et **100 € pour un nouvel Euro.**

Pour qu'un tel changement d'unité monétaire se révèle nécessaire, nous devrions connaitre une très forte dévaluation, autrement dit, une forte réévaluation des Métaux Précieux. Nous attendions une hausse de l'Or à 3 500 $ fin 2011. Cette hausse et ce timing avaient été effectivement programmés par l'oligarchie, mais ce programme a été décalé. Ces **3 500 $ n'évoquent-ils rien pour vous ?**

L'or avait un cours fixe de 35 $ jusqu'en 1971 ! Si les cours s'arrêtent sur 3 500 $, 100 Dollars anciens pourraient valoir 1 Nouveau Dollar !

L'Argent valait 1,55 $ en 1971, vaudra-t-il 155 $ fin 2013 ?

Certaines de nos sources avaient annoncé qu'elles vendraient une partie de leur Or vers 3 450 $. Elles le vendront pour se mettre en terre agricole, forêt, matières premières agro-alimentaires, pétrole, mais évidemment pas pour rester en monnaie fiduciaire.

Notez que ces initiés évoquent une deuxième réforme monétaire, deux ou trois ans après la première, avec une valeur finale de l'or 10 fois plus élevée. À cette date, la possession d'or sera très probablement interdite, les transactions massivement taxées et les mines nationalisées.

Très officiellement, l'imprimerie de billets de Chamalières doit produire une nouvelle série de billets, les **Euros 2,** dont les couleurs seront différentes. Ces nouveaux billets devaient être mis en circulation au début de 2013. Ce n'est pas un secret, l'information est parfaitement officielle, depuis plusieurs années. Cette mise en service a été décalée une nouvelle fois. L'Eurozone actuelle existera-t-elle encore ?

Ces €uros 2 auront-ils un pouvoir d'achat très différent des €uros actuels ?

Lors de cette Première Réforme Monétaire, si tant est qu'elle ait lieu, si les métaux sont remonétisés officiellement, quel sera le ratio entre l'or et l'argent ?

L'Or aura préservé votre pouvoir d'achat, mais est ce que l'argent, ce vulgaire métal industriel, oublié des politiques et ignoré par les médias, l'améliorera-t-il ?

Dans les plans monétaires d'une partie de l'autorité monétaire, l'Union Européenne et l'**Euro** étaient des modèles destinés à être clonés. L'idée est amusante, quand on voit l'échec patent de ce système aujourd'hui et le très probable éclatement de la zone Euro à court terme.

J'ai évoqué plus haut **l'Union of North America** et l'Amero, mais d'autres structures similaires ont été conçues et mises en place avec le Sucre ou le Latino en Amérique du Sud, l'Afro en Afrique et le Dinar dans les pays du Maghreb et d'Arabie (MENA pour Middle East-North Africa).

L'**ASEAN** est supposée devenir la communauté économique, politique et monétaire de la zone Asie, regroupant sous l'égide de la Chine toute la région. Une réunion a eu lieu à Hanoï avec 13 nations asiatiques. Florent Detroy de la revue *Edito Matières Premières* dans un article du 11 mai 2011 à ce sujet, écrivait en sous-titre :

« L'Asie prépare-t-elle un putsch monétaire ? »

La réponse est sans aucun conteste possible « OUI ». Les échecs successifs des G8 et G20 depuis novembre 2008 culminant avec le camouflet du G20 en Corée à l'été 2011, où le FMI était déclaré *persona non grata*, montrent que les écarts se creusent entre blocs géopolitiques et factions de l'oligarchie financière.

Benjamin Fulford, dans sa lettre confidentielle, évoque lui aussi depuis deux ans le nouveau système monétaire que la Chine veut mettre en place avec ou sans l'accord des américains. Celui-ci serait déjà opérationnel, il suffirait d'appuyer sur le bouton pour basculer de l'un à l'autre. Cela pourrait se produire à tout moment. Lors de la réunion des Ministres des Finances de l'Union Européenne en Pologne fin 2011, où Timothy Geithner s'était invité sans y être prié, le représentant allemand avait été très clair et très brutal avec le Secrétaire du Trésor américain :

« Notre nouveau système monétaire est pleinement opérationnel, il n'attend pour être mis en vigueur, que l'instant où le vôtre s'effondrera. »

Quand, au printemps 2012, les États-Unis ont menacé d'exclure du système de transaction interbancaire SWIFT, tous les établissements financiers travaillant avec les banques iraniennes, le système parallèle et concurrent mis au point par les BRIC a été mis en œuvre, permettant à l'Iran de continuer à commercer avec l'Inde, la Russie et la Chine notamment. Cette menace américaine s'est révélée être une gigantesque bévue diplomatique et géostratégique.

Confidence de l'un des Rothschild début 2012 :

« La réforme monétaire ne pourra pas avoir lieu tant que la Chine ne disposera pas de 3 000 tonnes d'or. »

Le 10 août 2012, un article parait sur le journal officiel chinois « Renmin Ribao » et repris par RT : **La Chine doit sextupler ses réserves en or.**

« Une ruée vers l'or commence en Chine. Pékin se prépare à augmenter la proportion de l'or dans ses réserves, et pas de quelques dizaines de pourcents, mais d'emblée de six fois. C'est ce qui ressort de la recommandation des économistes chinois, publiée à la une du journal étatique <u>Renmin Ribao</u>. »

Mise à jour : Nous avons appris début 2013, par une source proche des Rothschild, que les chinois avaient dépassé les **6 000 tonnes**, mais plaçaient la barre plus haute encore.

Pour mémoire, mi-2012, mes calculs évaluaient les futures réserves monétaires de la Chine en janvier 2013, date à laquelle *aurait dû* se situer la « première » réforme monétaire internationale, à environ 2 000 t d'Or et de 15 000 t d'argent.

<u>Hypothèse basse</u> (prix d'après Jim Willie)

2 000 t d'Or =64 Moz à 3 000$ l'once =192 Milliards de $

20 000 t d'Ag=640 Moz à 200$ l'once =128 Milliards de $

Soit 10% de leurs réserves de change de 3 000 Milliards de $

Nous savons que les Chinois achètent toujours massivement sur le marché de Londres, tout l'or qui se présente à la vente, contrariant le jeu des banksters de Wall Street, coincés avec leur Or virtuel. La Chine, qui a nettement augmenté sa production intérieure d'or et en a interdit l'exportation, achète également discrètement directement aux mines d'Afrique du Sud et d'Australie. Ceci pourrait expliquer les baisses officielles de production de ces deux pays.

L'information, ci-dessus, sous-entend que le système Dollar actuel sera bientôt remplacé par un nouveau système, où le Yuan aurait pour le moins un rôle majeur dans le panier de monnaies internationales, alors qu'il ne joue aucun rôle aujourd'hui.

Ces derniers mois, la Chine a élargi la bande de fluctuation du Yuan, l'une des étapes obligées vers une internationalisation de la monnaie chinoise.

Changement monétaire

Il est possible que nous connaissions un changement des monnaies dominantes dans le Monde, Livre Sterling, Dollar, Euro, Yen... avec un Nouveau Dollar, un Nouvel Euro, un Nouveau Yen... etc. en 2013 ? 2014 ? 2016 ?

Ce serait une vaste dévaluation concertée.

Dans un article de septembre 2007, Roland Hureaux estimait que le Yuan chinois était sous-évalué de 50%, et que l'Euro fort paralysait l'Europe, quand les salaires des pays concurrents sont 10 ou 20 fois plus faibles. Par exemple, Il y a quelques mois,

Mercedes décidait de produire aux USA pour profiter du Dollar faible et des bas salaires, et Renault annonçait la délocalisation de la production de la Clio en Turquie.

Ces nouvelles monnaies au sortir de ce changement monétaire devraient être équilibrées pour permettre une plus juste compétition économique. L'objectif à terme serait une parité entre les salaires de base des pays dominants de l'Ouest et ceux des économies émergentes, avec une baisse de pouvoir d'achat en occident, contre une revalorisation ailleurs. Ce résultat ne sera atteint qu'après la Deuxième Réforme Monétaire. Il faut laisser du temps au temps. Les négociations entre factions de l'oligarchie ont été longtemps dans l'impasse. Chacun ne parle que de guerre pour imposer son point de vue.

Si les BRICCAAD[6] réussissent à imposer leur changement monétaire, le Silver pourrait être une partie importante des réserves monétaires, avec un ratio très satisfaisant pour ceux investis dans le métal Blanc.

Le 4 juillet 2012, la Chine et l'Australie ont signé un accord bilatéral, équivalent à celui passé entre la Chine et le Chili dans les semaines précédentes, pour court-circuiter le Dollar américain dans leurs échanges commerciaux et financiers.

Le déclin du Dollar comme monnaie de référence est une réalité de plus en plus tangible. Si les négociations actuelles n'aboutissent pas très rapidement à un accord, la réforme monétaire n'aurait lieu qu'en 2016, au milieu d'un champ de ruines.

L'Hyperinflation aurait alors totalement détruit les monnaies actuelles.

---

[6] BRICCAAD : Brésil, Russie, Inde, Chine, Chili, Afrique du Sud, Emirats Arabes Unis, Deutschland & leurs alliés.

L'accélération, que l'on peut constater à la fin de ce printemps 2013, dans la préparation du démantèlement des banques systémiques, dans la mise en place des lois de « bail-in » et les mouvements sur le prix des métaux précieux, laissent entendre qu'un grand changement monétaire se prépare pour les mois à venir. L'une de nos sources nous a annoncé mi-juin 2013, qu'en 2014, le pétrole serait à 180 $. Si vous regardez les cours actuels, le baril est à 90-95 $. Ce n'est pas le pétrole qui va doubler son prix, c'est le Dollar qui va dévaluer de 50%. L'or va donc monter à près de 3 000 $.

double-page du <u>Figaro-Magazine</u> de mai 2010

Depuis 2009, Jim Willie, qui publie une lettre confidentielle d'informations financières très bien renseignée, évoque une scission à venir de l'Euro, entre la ou les monnaie(s) des PIIGS, (dont la France) et la monnaie des pays du nord, dont les Pays Bas, centrés autour de l'économie allemande. Depuis ce scoop n'en est plus un, tous les blogs d'information financière en ont parlé.

On parle d'Euro du Nord, qui serait garanti par l'or au niveau des échanges internationaux. Les sources de Jim Willie sont des financiers de haut-vol européens, dont l'un, notamment, s'est entremis avec la Chine et la Grèce en 2010. Les autres sont des banquiers allemands et suisses.

Aucune monnaie ne peut être la seule offrant une garantie or, cela entraînerait un désordre monétaire mondial immédiat et la ruine de l'industrie exportatrice allemande. Soit ces nouvelles monnaies se lancent simultanément, soit aucune ne le fera. Jim Willie a émis une analyse parallèle, que l'on peut retrouver dans ses archives de février 2011.

(En droit, les annotations que j'ai rajoutées)

« *La Chine ne peut pas lancer une monnaie garantie par l'or* ou par l'or et un panier de matières premières, *toute seule, car cela ruinerait ses exportations. La Chine pourrait, par contre, lancer une telle monnaie simultanément avec la Russie et l'Allemagne...* »

(Addenda : voire les Émirats Arabes, l'Inde, le Brésil et l'Afrique du Sud)

« *Instantanément, les monnaies, qui ne seraient pas garanties ne vaudraient plus rien. Tout le monde cherchera à les vendre. Si les États-Unis ne se plient pas à la logique sino-russo-allemande, le Dollar sera amené droit vers une hyperinflation. Il en sera de même de la monnaie des PIIGS et de la Livre Sterling.* »

L'un de mes contacts travaillant à la World Bank et au FMI à Washington avait présenté mes analyses lors d'une réunion de travail au plus haut niveau du FMI, en présence du conseiller monétaire de Nicolas Sarkozy et des frères Strauss Khan. Un ange est alors passé... Long silence embarrassé, regards qui se croisent, avant que le grand mandarin d'alors ne botte en touche avec : « Il est impossible de faire parler un chinois qui a décidé de se taire »

Un deuxième de mes contacts ayant exposé, en mai 2011, mes théories à un diplomate de Bruxelles, a eu droit à un petit sourire du genre « vous êtes très informé, mais je ne dirai rien ».

Un troisième de mes contacts discutant avec un banquier privé, suffisamment informé pour avoir joué avec brio les crises de 2007 et 2008, lui a posé la question sur l'hypothèse d'une scission de l'Euro. Il s'attendait à une réponse franche du style « hypothèse farfelue, etc. ». Sa réponse fut : « *effectivement on en parle, il n'y a rien de concret, ni de sûr, mais tout peut arriver...* » Avait-il dit dans un grand éclat de rire.

Lors d'une conversation privée avec un ami commun, Marine Le Pen en décembre 2010, avait décrit la scission de l'Euro en donnant des dates. Nous sommes en retard de presque un an par rapport au calendrier, qu'elle avait annoncé, mais aujourd'hui le sujet est sur toutes les lèvres.

Y a-t-il eu des négociations pour temporiser cette scission en fonction de calendriers électoraux français, russe, chinois et américain ?

Durant l'été 2012, le calendrier s'affolait. Des confidences de financiers nous annonçaient tour à tour la sortie de la Grèce, de l'Espagne ou de l'Allemagne. Cette dernière semble avoir pris tout son temps pour que son éventuelle sortie de l'Eurozone soit faite sur des bases juridiques et constitutionnelles inattaquables. À l'inverse, elle combat pied à pied sur le terrain juridique les initiatives monétaires européennes, qui mettent en danger la stabilité de son économie. On parle désormais d'une scission possible après les élections allemandes de septembre 2013. Une date proche de ce fameux 8 octobre. Les Pays-Bas et la Finlande font front commun avec l'Allemagne pour s'opposer à la politique de la BCE.

Jim Willie, mi-avril 2012, avait eu une nouvelle confirmation d'un banquier allemand, que la monnaie européenne sera divisée entre l'Euro-Mark du Nord et l'Euro-Sud.

En 2009, l'Allemagne a quasi-nationalisé la principale imprimerie allemande de monnaie (Bundesdruckerei) pour garantir la confidentialité de sa politique monétaire. Cette année-là, la RFA avait commandé à la société Ruhlamat, basée à Marksuhl, 14 nouvelles machines à imprimer des billets à puces RFID. Information vite censurée sur internet.

En 2010, l'Allemagne a demandé à son fournisseur une énorme quantité de papier filigrané, qu'elle a mise en réserve.

En 2011, l'Allemagne a limité sa production de billets en Euros de 16%, alors que les Allemands sont les européens utilisant le moins les cartes bancaires et utilisant le plus le cash pour leurs transactions.

La France ne sera pas incluse dans l'Euro du Nord. Notre monnaie sera liée à celle de l'Italie et de l'Espagne, qui refusent la politique de rigueur budgétaire à l'allemande. Nul ne sait le timing exact de l'éclatement, mais on s'en rapproche. Cela pourrait être lié avec les élections allemandes de septembre 2013. La France devrait diriger cette scission et être la première à plonger. Quand cette scission aura lieu, le prix des Napoléons et celui des pièces d'argent doublera, si vous avez le droit encore d'en acheter.

Dans les coulisses, il semble que de grandes manœuvres se préparent entre Russes, Allemands et Suisses. La B.I.S. de Bâle serait en train de se poser en arbitre indispensable entre la nouvelle monnaie du Nord et le nouveau rouble. Cette dernière serait garantie par les métaux précieux, le gaz et le pétrole.

Contre-Putsch monétaire

En mai 1973, alors que le Dollar est en difficulté, un groupe de banquiers et de pétroliers, les **Bilderberg**, se réunit en Suède pour mettre au point un scénario, cité précédemment, qui mènera aux chocs pétroliers et au sauvetage du Dollar américain. Les pétroDollars investis en Bons du Trésor US sauvaient l'Amérique et la City.

En 2006, **GEAB** a annoncé et décrit la crise à venir. L'un des deux éléments déclencheurs du krach systémique, selon eux, a été la décision de l'Iran d'ouvrir la première bourse pétrolière en Euro, créant une faille dans ce système mis en place par les américains pour maintenir la suprématie du Dollar. Cette faille est devenue un gouffre ces derniers mois. Les pays pétroliers, même l'Arabie Saoudite, se seraient engagés à facturer leur pétrole dans la monnaie de leurs acheteurs, signant **la mort du Dollar.**

La Chine, la Russie, l'Europe du Nord, très probablement le Brésil et l'Inde souhaitent mettre en place une nouvelle variante de l'étalon Or à court terme.

Ce système aurait dû être mis en place fin 2011. La monnaie aurait dû être (ou sera) garantie par un panier de matières premières autour de l'or, l'argent, le pétrole, le cuivre, mais aussi le blé, etc...

L'Amérique a momentanément bloqué ce processus en arrêtant DSK sous un prétexte fallacieux et en tuant Kadhafi, qui était l'un des fers de lance de cette réforme pour le Moyen Orient et l'Afrique du Nord (MENA). Kadhafi mettait en place une monnaie d'or et d'argent panafricaine, qui était sur le point d'être officialisée. En renversant les chefs d'état et leurs clans au pouvoir en Afrique du Nord, et en arrêtant pour le même prétexte fallacieux dans le même hôtel de NY, la même semaine, le responsable de la Banque Egyptienne Mahmoud Omar, les États-Unis ont torpillé la réforme monétaire de 2011. La guerre de Libye fait partie d'une stratégie visant à remodeler la région MENA, en faisant éclater les pays actuels en plusieurs états, moins riches et donc plus facilement manipulables. C'est une balkanisation de la région. La Libye a été éclatée en 3 régions. Le Mali est en train d'être divisé. L'Égypte doit être scindée en au moins 2 états, comme dans l'Antiquité entre Haute Égypte et Basse Égypte. La Syrie laïque, plaque tournante des oléoducs et gazoducs doit être démantelée. L'Algérie est sur la liste et la Mauritanie est déjà dans la tourmente.

L'OTAN, ces mercenaires aux ordres d'une politique monétaire plus que pour la défense d'un territoire commun, a fait un hold-up sur le stock d'or stocké en Libye. Cet or a traversé la France dans un convoi de véhicules blindés pour gagner la Banque des Règlements Internationaux de Bâle. Il semblerait qu'une partie de cet or se soit révélée truffée au tungstène.

Ce lingot porte le cachet de la Bullion Refining Industry Examination, BRIE, mais une fois coupée en deux, il s'est révélé fourré au tungstène.

Pour mémoire, ce métal qui ne vaut rien, a presque la même densité que l'or. Plusieurs scandales ont filtré sur la toile sur une gigantesque escroquerie au tungstène. L'enquête faite à ce sujet mériterait un livre à part entière. Ce n'est pas le sujet de celui-ci.

Le reste de l'or libyen était stocké dans les coffres de la Banque d'Angleterre. Sa confiscation n'a nécessité qu'un simple changement d'attribution sur un écran d'ordinateur.

TWIST

Le but de l'opération TWIST lancée par Bernanke en septembre 2011 était de rendre plus attractif pour les investisseurs américains et étrangers l'investissement dans les Bons du Trésor américains.

Les USA ont du mal à trouver des capitaux et des créanciers aujourd'hui. La Fed et le Trésor vont donc augmenter les coûts de tous les autres produits d'investissements et diminuer les effets de levier, pour forcer les financiers à acheter des Bons du Trésor. Pour l'instant en vain.

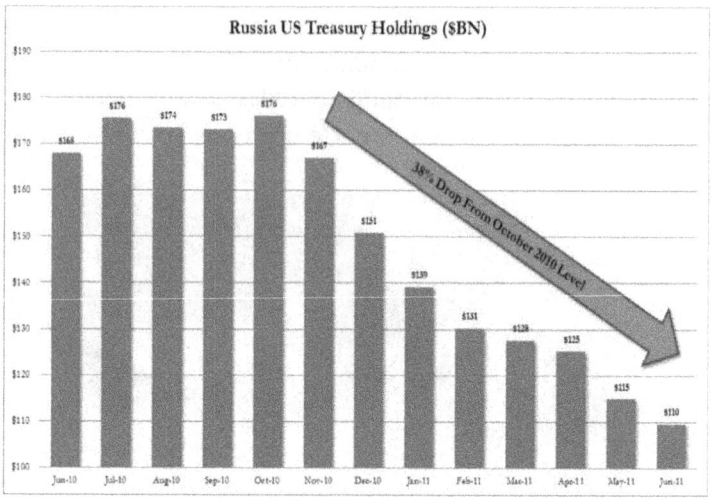

La Russie a vendu en 8 mois la moitié des obligations américaines qu'elle détenait et la Chine désinvestit aussi vite qu'il lui est possible.

L'or et l'argent sont actuellement extrêmement bon marché, la Chine continue d'acheter en masse et en demande livraison. Pendant ce temps, les plus gros fonds souverains du Monde se désinvestissent des hypothèques titrisées US (MBS) et des US Tbonds.

La crise européenne est sur le devant de la scène, mais les américains sont au moins aussi mal lotis que nous, avec les faillites de leurs plus gros états et des plus grandes villes. La Chine essaye de diminuer lentement son stock de Bons du Trésor américains, tout en important massivement de l'or.

La Federal Reserve depuis quelques mois émet des obligations du Trésor à deux ans pour racheter toutes celles à 30 ans, qui se présentent sur le marché. Le mur de la dette en 2013 et 2014 est plus du double de celui de 2012, alors que les États-Unis entrent en récession. La baisse du PIB va entrainer une baisse des rentrées fiscales et une impossibilité de rembourser la dette sans dévaluation massive. C'est le « fiscal cliff ».

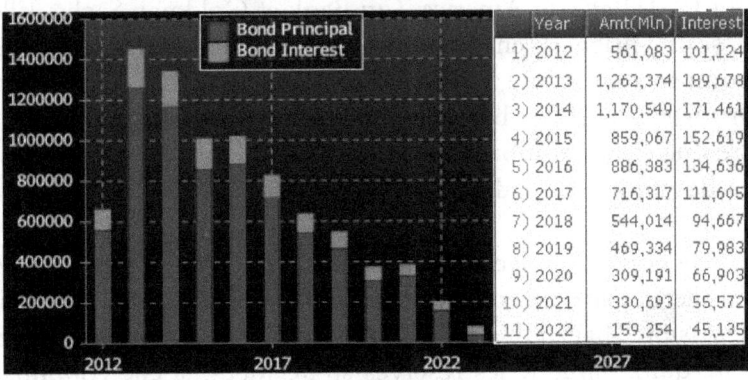

Défaut de la dette – QE3

Hyperinflation et Dévaluations

Toutes les solutions qui s'offrent à la Fed semblent amener à une violente dévaluation de la monnaie face aux métaux précieux et aux matières premières. Celle-ci entrainera une terrible paupérisation des masses laborieuses. Une hyperinflation semble inévitable à terme à horizon 2015. Celle-ci pourrait être due à la conjonction de plusieurs facteurs :

-Explosion des différentes bulles immobilières.

-Explosion du « système de la dette » arrivé à saturation, amenant les emprunteurs à faire défaut et déclenchant de ce fait un tsunami de CDS, qui abattront l'ensemble de la finance mondiale, à commencer par les 4 banques américaines qui ont émis 94% de ces « assurances » appelées CDS. Ces 4 banques sont JPM, Bank of America, Citi Bank et Goldman Sachs. Elles se sont enrichies en émettant ces produits financiers, mais seront mis en faillite si un seul pays faisait défaut sur sa dette. Or chacune de ces banques est classée « systémique », c'est à dire que si une tombe, l'ensemble du système tombe. La chute des dominos CDS a déjà commencé.

-Succession de catastrophes sur les principales plaines céréalières dans le Monde : Pakistan, Russie, Ukraine, Australie, Mississipi, Thaïlande, en 2010, 2011 et 2012. Cette terrible série noire qui a diminué les réserves stratégiques, si elle continuait, amènerait une envolée des prix alimentaires. La dévaluation monétaire de 50% attendue devrait doubler le prix des céréales. La vie va être de plus en plus chère.

Le QE3, tant aux États-Unis qu'en Europe, est une simple temporisation par les autorités monétaires en vue d'une dévaluation massive ultérieure et d'un changement de monnaie.

Cette dévaluation se traduira par une HAUSSE MASSIVE des cours du pétrole, de l'Or et de l'Argent.

Ce graphe de l'**or en Euro** montre la lente dévaluation de notre monnaie ces dernières années et la prochaine accélération, que nous devrions subir à court terme.

LE RÔLE POSSIBLE DES CATASTROPHES AGRICOLES

À cause de la vague de chaleur en Europe de l'Est en 2010, la Russie avait interdit l'exportation des céréales. Les plaines céréalières de la plaine alluviale de l'Indus au Pakistan ont été durablement inondées en juillet 2010, détruisant champs et plantations. En 2011, le Pakistan aura finalement produit 23,5 Mt de blé, ne laissant que 1,5 Mt pour l'export. La NASA a reconnu fin 2011 que les plaines de l'Indus s'étaient affaissées de 3 mètres. Elles sont toujours inondées aujourd'hui.

En janvier 2011, une partie des plaines céréalières australiennes ont été inondées, noyant une partie des récoltes de l'un des greniers à blé de la planète. 40% du blé a été déclaré impropre à la consommation humaine. En Janvier 2012, l'Australie a connu une nouvelle inondation.

Au printemps 2011, les plaines céréalières américaines du Mississipi et du Missouri ont été inondées avant de subir une vague de chaleur record. Cela a entraîné une envolée des prix des céréales et par extension de la volaille et de la viande. La sécheresse de 2012 aux États-Unis a aggravé le phénomène.

Après la mauvaise saison 2010, par besoin de trésorerie et pour profiter de la hausse des cours, de nombreux agriculteurs américains ont vendu leurs récoltes 2011 sur le marché à terme de Chicago. La récolte 2011 a été en partie détruite par les intempéries, ceux qui ont vendu à terme, sont dans l'incapacité de livrer les quantités attendues, ils doivent s'approvisionner sur les marchés internationaux.

La production française de blé notamment des années 2012, 2013 et 2014 a déjà été vendue d'après les informations, que nous avons pu obtenir.

La faillite de MF Global a ruiné de très gros agriculteurs et courtiers américains, les privant de trésorerie au moment où ils auraient dû investir pour la campagne 2012. On se souviendra que dans les années 30, les banques avaient fait jouer leurs hypothèques sur les agriculteurs et pris possession de l'essentiel des terres agricoles américaines. Relisez _Les raisins de la Colère_ de Steinbeck.

Début 2012, une vague de sécheresse a mis en péril la production future de maïs en Argentine et au Brésil, alors qu'officiellement les USA ne disposeraient que d'une réserve de 20 jours de consommation. Même si Obama a supprimé les subventions à la production d'éthanol à partir de maïs, les producteurs de carburant vert continuent à consommer du maïs. En avril 2012, 450 000 hectares de soja et de blé ont été noyés en Argentine, du fait d'un affaissement de la plaque d'Amérique du Sud. Une partie des récoltes avaient été engrangées, sans qu'on sache encore quel pourcentage.

http://www.agrositio.com/vertext/vertext.asp?id=133186&se=1000

Comme pour l'Argent, les courtiers jouent avec les « futures », repoussant la livraison toujours plus loin. Mais c'est une pyramide de Ponzi, qui ne peut durer éternellement.

L'ensemble du système financier aujourd'hui, quel que soit le secteur que l'on étudie, est une course en avant au-dessus du vide. Il y aura un moment, où la totalité du système s'effondrera d'un bloc, ne laissant qu'un chaos économique, social et politique.

Il semblerait qu'un inquiétant « dust bowl » se soit développé en octobre 2012 au Texas et dans le sud des États-Unis. Ce graphe des cours du maïs formait en juillet 2012 une figure typique de tasse avec anse. Ils auraient dû logiquement s'envoler vers 1200 $. Cela arrivera en 2014. Pour mémoire, le maïs fluctuait de 1980 à 2006 entre 190 et 300 $.

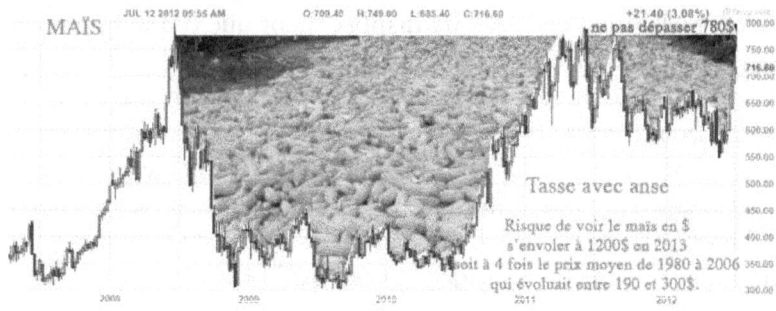

Le graphique des cours du blé en quotidien montrait qu'une inéluctable hausse du blé était en train de se mettre en place, qui devait amener les cours aux mêmes niveaux que 2008, soit 1100 $.

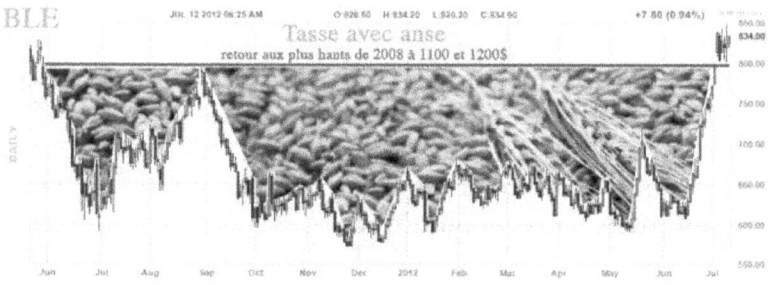

Toutes les céréales sauf le riz montraient une configuration similaire. Ces graphes montraient que les financiers jouaient une forte dévaluation de la monnaie américaine. Celle-ci a été décalée dans le temps. Vous verrez ces valeurs annoncées en 2014 mais leurs hausses ne s'arrêteront pas là.

Loi DODD-FRANK

Cette loi, extrêmement ambitieuse, puisqu'elle voulait réguler l'immense marché des swaps notamment, devait apporter de la transparence sur ces marchés américains. À partir de septembre 2012, seules des entreprises liées aux céréales (semenciers, céréaliers, minoteries, aviculteurs, éleveurs) pouvait prendre des positions pour se couvrir de la fluctuation des céréales. Exit Goldman Sachs et les autres purs spéculateurs ?

BANCOR : LES CÉRÉALES SERONT ELLES MONÉTAIRES ?

Comme l'or ou l'argent, les céréales sont des biens tangibles, qui ont été monnaies en leur temps dans différents pays du Monde. Les chinois, les russes, les brésiliens et les indiens ont clairement exprimé leurs souhaits de remplacer le système actuel par un **BANCOR**. Ce système monétaire, qui avait été proposé à Bretton Woods en concurrence avec le Gold Exchange Standard, s'appuierait sur un panier de matières premières, or, argent, cuivre, mais aussi blé, soja, etc. Chacune de ces matières serait pondérée. C'est l'un des scénarios possibles.

Est-ce pour cela qu'il y avait d'aussi grosses positions short sur les céréales, dont les prix ne reflétaient pas les réelles pénuries, dues aux calamités météorologiques ?

En faisant baisser les prix des céréales, ou en en maîtrisant les cours, on contrôle le prix de l'hectare agricole, qui pourrait être l'équivalent d'une mine d'or si le BANCOR était mis en place.

Faut-il pour autant s'investir dans la terre agricole ? Pourtant dans le monde de demain, les propriétaires terriens pourraient être des cibles pour les gouvernements.

En 1929, Staline avait mis les koulaks (gros propriétaires terriens) au goulag et collectivisé les terres dans un bain de sang. Les expériences de l'URSS ont démontré l'inefficacité de ces systèmes collectivistes en matière d'agriculture. L'ultralibéralisme a, quant à lui, montré la dangerosité pour la planète et l'écosystème d'un système agricole basé sur le seul profit des industriels (appauvrissement et pollution des sols, déforestation, épuisement des réserves d'eau, etc.)

Trouvera-t-on enfin demain une voie du milieu ?

Jules César aurait été assassiné parce qu'il voulait limiter les latifundias, ces grandes propriétés agricoles. On retrouve également des lois de ce type dans la Mésopotamie Antique. Il y avait beaucoup de sagesse dans les premières civilisations.

GOLDMAN SACHS

Dans le secteur agricole, les autorités américaines sont une fois de plus dominantes. Les données économiques réelles sont manipulées en fonction des besoins des positions des banques sur les marchés des matières premières et notamment de la banque Goldman Sachs.

Goldman Sachs a été dénoncé par le magazine _Rolling Stones_ dans un dossier très complet en 2009, comme ayant initié et fomenté des bulles successives sur différentes matières premières ou autres valeurs, dans le but unique de faire des « coups » financiers successifs.

Goldman Sachs est la banque dominante aux États-Unis, qui a mis des hommes-liges, à tous les niveaux des ministères et des administrations américains.

Une déclaration du Ministère de l'Agriculture annonçant une sécheresse, va faire s'envoler les cours, permettant à la banque pré-positionnée à la hausse de faire des bénéfices… Puis la banque se positionne avec levier à la baisse, avant que le Ministère annonce d'excellentes récoltes, bien meilleures que prévue, faisant s'effondrer la bulle. Si on suit un secteur d'assez près, les manœuvres sont évidentes, cela se voit dans les cours.

Si on oublie ces manipulations à court terme orchestrées par Goldman Sachs, la réalité des cours montre une très forte hausse sur plusieurs années. Les cours du maïs en novembre 2011 étaient 3 fois plus élevés que durant la période 2003-2006 et plus de deux fois les valeurs de 2009. La hausse des cours du maïs va faire s'envoler les cours du poulet et de toute la filière de viande aviaire. Un article du Telegraph en 2010 prédisait que les prix de la viande allaient être tels dans un proche futur, que les classes défavorisées en Grande Bretagne devraient devenir végétariennes. Boutade ?

En mars 2012, un ancien vice-président de **Goldman Sachs** démissionne après 25 ans de maison et publie dans le Financial Times une lettre ouverte dénonçant la banque. À la sortie de ses études, il était fier d'avoir été sélectionné parmi près de 10 000 candidats pour intégrer cette prestigieuse maison. Le maître-mot d'alors était de servir le client le mieux possible, même au détriment des bénéfices de la banque. Il est fier d'avoir lui-même formé plusieurs générations de stagiaires dans cet esprit d'une éthique irréprochable. Dans sa lettre, il dénonce l'esprit nouveau qui domine depuis une dizaine d'années, où les réunions du matin commencent par « la chasse aux éléphants ». Les éléphants étant les produits ou valeurs, qui ne peuvent plus rapporter à la banque et qu'il faut essayer de fourguer aux clients en leur promettant la lune. Les clients ne sont plus respectés par les courtiers de Goldman Sachs, ce ne sont que des citrons, qu'il faut presser pour le plus grand profit de la banque.

L'auteur de cette lettre ouverte a démissionné ne pouvant plus continuer à travailler sans éthique. Pour lui, une banque ne peut survivre en méprisant ses clients.

Goldman Sachs, comme on le sait désormais, a falsifié les comptes de la Grèce pour lui permettre de rentrer dans la communauté monétaire européenne, engendrant les problèmes que l'on connaît aujourd'hui.

L'ancien vice-président de **Goldman Sachs** pour l'Europe, Mario Draghi, après avoir été formé aux États-Unis, a eu d'importantes responsabilités au Ministère des Finances en Italie. Il a privatisé tous les joyaux de la République, vendant à l'oligarchie la Compagnie pétrolière, les raffineries, les ports, les autoroutes, les aciéries, etc… Aujourd'hui, cet homme de GS dirige la Banque Centrale Européenne. Le bilan de la BCE est totalement déséquilibré, montrant un levier de 36 par rapport à ses fonds propres.

L'ancien responsable pour l'Allemagne à la BCE, après avoir donné sa démission, a dénoncé la montagne d'obligations pourries qui truffent le bilan de la banque centrale, la rendant aujourd'hui insolvable à ses yeux. Si la Réserve Fédérale est en faillite, la BCE ne vaut guère mieux.

Pour prolonger la survie du système, les Banques Centrales ne peuvent que continuer à imprimer à l'infini par milliers de milliards. C'est ce que font la Bank of Japan, la Bank of England, la BCE et la Réserve Fédérale.

La BCE avec son LTRO vient d'augmenter le déséquilibre de son bilan. Le ratio avec ses fonds propres est désormais de 36,6. Le problème de la dette à très court terme semble avoir été en partie résolu, mais pour ce faire, les pays européens ont augmenté lourdement leurs dettes à 3 ans. 2012 + 3 ans = **2015**.

Cette échéance revient de manière itérative, pointant du doigt une **hyperinflation** qui semble inévitable, tant en Europe qu'aux États-Unis.

Irons-nous vers une destruction totale de la confiance dans la monnaie ou une réforme monétaire sera-t-elle mise en place auparavant ?

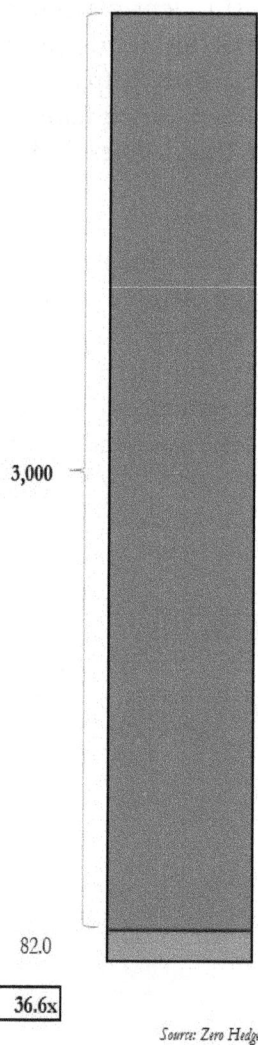

Source: Zero Hedge

Avis Officiel de l'I.A.S.B. sur une Hyperinflation sévère

Dès la deuxième injection de 200 Milliards de $ en 2008, tout le monde a prédit l'hyperinflation à venir. À force de crier « au loup », les mots perdent de leur force.

Lorsque c'est l'organisme international chargé de fixer les normes comptables, qui édicte de nouvelles règles pour les entreprises, afin qu'elles puissent établir une comptabilité malgré une sévère hyperinflation, les mots ont un tout autre poids.

Vous trouverez en ligne un PDF en français de l'IFRS, si vous faites une recherche sur « IASB severe hyperinflation ».

*Le projet de modification vise à fournir des indications sur la façon dont les entités doivent recommencer à présenter leurs états financiers selon les IFRS à la suite d'une période pendant laquelle elles n'ont pu le faire en raison d'une **hyperinflation grave** ayant affecté leur monnaie fonctionnelle.*

*La modification proposée consiste en l'ajout d'une exemption dans IFRS 1. Cette exemption permettrait aux entités qui ont été touchées par une **hyperinflation** grave d'évaluer leurs actifs et passifs à la juste valeur et d'utiliser celle-ci comme le coût présumé de ces actifs et passifs dans l'état de la situation financière d'ouverture en IFRS.*

*Ces amendements sont applicables aux exercices ouverts **à compter du 1ᵉʳ juillet 2011** ; une application anticipée est autorisée.*

Depuis l'an 2000, les cours de l'argent fluctuaient dans le canal dessiné ci-dessous.

La crise des subprime et la chute de Lehman Bros provoque un tsunami financier en 2008 obligeant les hedge-fund à vendre en catastrophe les valeurs qui avaient le mieux résistées : Or, Argent, mines.

Lorsque les cours ont essayé de passer au-dessus de la limite supérieure du canal, le Comex a changé 5 fois les règles du trading en 8 jours déclenchant une vente massive au début de mai 2011. Cela rappelle les mesures prises pour bloquer le corner des frères Hunt en 1980.

D'après certaines sources citées par Jim Willie, la Première Réforme Monétaire qui était initialement prévue pour fin 2011 puis attendue pour début 2013, si elle a lieu, devait voir l'or à 5 000 $ et l'argent à 200 $. Certaines de nos sources, tout aussi fiables, évoquaient un plus haut de l'or dans cette phase proche de 3 500 $ et l'argent à 145 $.

Dans la hausse de 1979 à 1980, l'argent est passé de 6 $ à 52$ en l'espace de 12 mois. Les prix ont été multipliés par 8,5. Si la hausse démarrait du niveau actuel à 19,6 $, les cours pourraient dépasser les 170 $.

Si on tient compte de la dévaluation monétaire officiellement calculée par le Consumer Price index, les 6 $ au départ de la hausse de 1979 correspondent à 19 $ actuels, et les 52 $ atteints en 1980 équivalent à 145 $.

Le chiffre de 3 500 $ pour l'or évoqué par notre source correspondait à mes analyses graphiques depuis septembre 2011. En effet, les cours de l'or de 2010-2011 reproduisaient avec seulement un mois d'écart, les cours de 1978-1979. J'avais donc anticipé la baisse brutale de l'or à 24 heures près et la succession de vagues de la consolidation actuelle, sauf que le tempo a changé depuis septembre 2011. Les bougies qui représentaient une journée sur les graphiques de 1979, sont devenues des bougies représentant 3,5 ou 4 jours de trading en 2012. Ce qui a faussé tous les pronostics. L'agenda du Cartel a été modifié, surprenant quelques-unes de nos sources les plus fiables, qui suivaient, elles aussi, ce modèle et ce timing. Les banquiers cherchent à gagner du temps.

Voilà le graphe de 1979-1980 avec des valeurs de 2012.

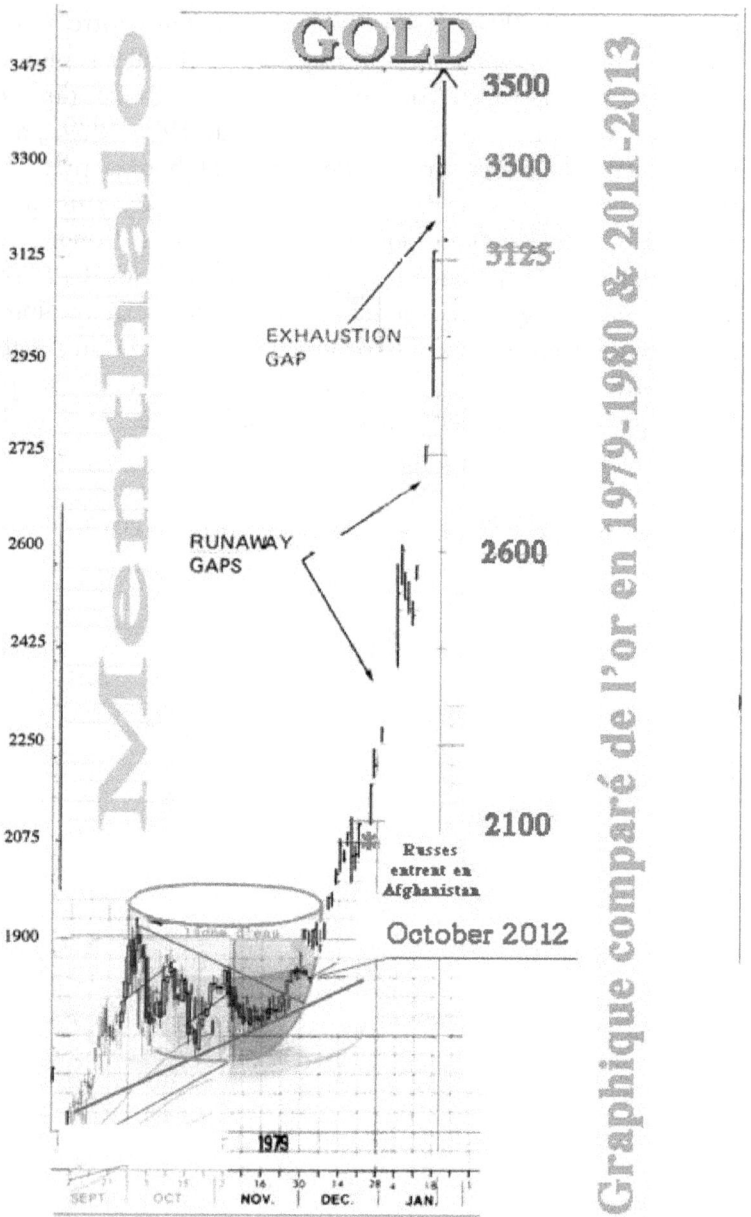

Le « Rapport Gold » d'Erste Bank divulguait en 2010, que la Banque d'Angleterre cherchait à reculer la remonétisation de l'or en la repoussant vers 2020. Pour Erste Bank, cette remonétisation ne serait pas totale, mais progressive. Les Banques Centrales auraient pour obligation d'avoir un pourcentage de leur masse monétaire en Or, ce pourcentage s'élevant progressivement au fil des ans.

Premier pas vers la remonétisation de l'or ?

Une banque désireuse de faire un emprunt auprès d'une autre banque ou d'une banque centrale, doit fournir une garantie. En fonction de la qualité de cette garantie, le prêt est consenti sur un montant équivalent à 100%, 50%, 33%, du nantissement, la sûreté réelle qui garantit le prêt. Pour l'or, encore aujourd'hui, le système ne tenait compte que de la moitié de la valeur de l'or. Il était considéré comme un risque, pouvant fortement fluctuer. Cela ne sera bientôt plus le cas. En effet, début juillet 2012, la Banque des Règlements Internationaux (BRI), devenue l'autorité suprême des banques centrales, a proposé de classer l'or physique en actif de première catégorie au même titre que la monnaie. La FDIC (Federal Deposit Insurance Corporation) a proposé simultanément que l'or soit classé comme un risque de niveau zéro (Zero Risk Tier 1 Asset). Cette mesure permettra aux banques qui détiennent de l'or en fonds propres de le comptabiliser suivant le cours de l'or et non plus suivant le régime actuel, de la moitié du cours de l'or. En octobre 2012, the Office of the Controller of the Currency (OCC), la FDIC et le Board (des gouverneurs de la Fed) étudient un projet équivalent pour classer l'Argent, le Platine et le Palladium en Tier One. Cette information confidentielle n'a pas filtré dans la presse mais le NPR (Notice of Proposed Rulemaking) peut être trouvé sur le site de chacune de ces « Agences » monétaires dans leurs courriers officiels.

L'oligarchie financière fluctue sans cesse dans son agenda du fait des tractations entre les diverses factions. La Chine, la

Russie et leurs alliés ne se sont pas laissés imposer les conditions et l'agenda de l'Ouest.

Il semblerait qu'ils aient actuellement un coup d'avance sur l'échiquier, forçant les banquiers occidentaux à réagir. En même temps, ces négociations rugueuses font monter dangereusement la tension des relations internationales.

Il ne faut pas chercher à jouer ces mouvements de l'or ou de l'argent sur les marchés, car les manipulations de cours ne sont plus le fait d'une seule faction comme auparavant, mais de plusieurs se contrariant.

La sagesse vous dicte d'investir en physique Or et Argent en attendant la hausse à venir. Vous qui devez penser en Euro, la prochaine hausse des métaux précieux pourrait devancer la hausse en USD.

La jambe de baisse de l'Euro sera liée à une nouvelle crise bancaire et pourrait dans un deuxième temps, être due à une très grande faiblesse de la monnaie européenne du fait de la scission de l'Eurozone. Beaucoup de candidats se pressent pour fuir le diktat de Bruxelles et retrouver une partie de leur indépendance.

Une dévaluation de l'Euro de l'ordre de 30% est attendue, conséquence de la sortie possible d'un membre de l'Eurozone et de la monétisation des dettes.

Depuis novembre 2008, lors du G20, la Chine en son nom, mais également en celui des BRIC, a demandé la fin d'un système monétaire international basé sur le Dollar en demandant un retour à un système proche du **BANCOR**. Les négociations, qui ont suivi, ont porté leurs fruits puisque les Banques Centrales en 2009 et les années suivantes, sont devenues nettes acheteuses d'Or, que ce soit dans les pays du G8 ou dans des pays de moindre importance.

Il est possible que les occidentaux n'aient pas donné pleine satisfaction aux BRIC, en acceptant un retour à l'étalon or (stricto sensu) mais en excluant le bimétallisme ou un système plus large dans un premier temps.

La Chine aurait alors interdit l'exportation de l'argent en août 2009, coupant l'occident de 40% de l'approvisionnement d'argent. Les effets de cette décision chinoise sur les cours de l'Argent ont été très sensibles à partir d'août 2010, créant une semi-pénurie, qui n'a fait que s'aggraver depuis.

La très forte baisse du prix du pétrole en 2008 était une manipulation des cours imposée par le Cartel bancaire et pétrolier, pour faire plier les producteurs de pétrole et en premier lieu la Russie dans ces négociations monétaires et géostratégiques. En tant que premier producteur de gaz et de pétrole, l'économie russe est très dépendante des cours des hydrocarbures. Cela n'a pas empêché la Russie de passer des accords de gaz et de pétrole avec la Chine dont une partie des règlements sont conçus en échange marchandise, sans tenir compte des cours internationaux manipulés par le Cartel.

Les autorités américaines pourraient rejouer à faire baisser les cours de l'argent en utilisant les mêmes recettes que précédemment pour essayer de faire chuter les cours à 19 $.

Mais ce faisant, elles offriraient des verges à leurs adversaires pour les battre. En effet, les Hedge Funds asiatiques sont actuellement plus performants que leurs homologues au service du Cartel dans les batailles de nanotrading. Toute baisse des métaux précieux sur le CME se traduit par un raid sur le physique sur les métaux de Londres au profit des BRICAD.

Comme les asiatiques, réjouissez-vous de toute baisse plus substantielle des cours, qui vous permettraient de renforcer votre position acheteuse. Ne perdez jamais de vue que l'argent physique est un métal cinq fois plus rare que l'or sous forme de lingots ou de pièces et un métal indispensable à diverses industries.

MISE À JOUR DE JUIN 2013.

La crise de liquidités qui déstabilise la Chine actuellement est en train de fausser ces prévisions. Les hedge funds asiatiques pourraient être pieds et poings liés pendant l'attaque du Cartel. On est en plein dedans.

NANOTRADING

J'ai raconté dans un chapitre précédent, comment Goldman Sachs avait recruté un analyste programmeur russe pour créer un logiciel de trading permettant de passer des ordres en milliardièmes de seconde, le nanotrading. Il s'agit bien sûr de trading automatique entre robots, parce que personne ne peut prendre une décision et taper un ordre sur un clavier à cette vitesse. L'objectif de GS était de dominer ses concurrents par la vitesse de ses ordres. Mais Serguei a donné les sources du logiciel à l'Allemagne et à la Russie et l'un de ses collaborateurs a piraté ce même logiciel pour la Chine.

Les méthodes utilisées par les Banques Centrales pour contenir la hausse de l'or et donc essayer de conserver la valeur des monnaies fiduciaires, sont connues et officielles. Ce sont les Washington Agreement on Gold. Ces W.A.G. fixent les volumes d'or que chaque BC doit vendre sur le marché, pour limiter la hausse des cours. En théorie, Berlin vend 100 tonnes mais Paris étant prévenu va acheter, pour revendre aussitôt à Washington, qui revend à Berlin. Berlin a donc toujours 100 tonnes mais a réussi à faire baisser l'or.

Les Majors, ces grosses banques qui chassent en meute pour le compte du Trésor Américain et/ou de l'oligarchie financière, ont depuis longtemps adopté une technique très semblable. Elles vont louer de l'or aux Bullion Banks et aux ETF, pour ensuite le vendre très massivement sur le marché. UBS va vendre à Morgan Stanley, qui revend à JPM, qui revend au CS, qui revend à UBS.

En théorie, UBS à la fin de la journée possède toujours la même quantité d'or, qu'elle est supposée rendre aux Bullion Banks ou à l'ETF, chez qui il a été emprunté. Quand ces ventes massives ont lieu, les Majors s'arrangent pour faire leur vente à proximité d'un support important. Elles savent que si une vente massive fait passer les cours sous le support, les robots traders des investisseurs lambda ou des banques, qui ne sont pas dans la confidence, ont des ordres automatiques de vente, pour racheter plus bas près du prochain support. Les Majors en profitent. Ces robots-traders vont prolonger et amplifier le mouvement de baisse. Il suffira aux Majors d'appuyer à nouveau sur le bouton au niveau du support suivant pour déclencher une deuxième vague de vente automatique.

Mais depuis février 2012, ce système ne marche plus. Quand A vend 100 tonnes d'or sur le marché après avoir prévenu B de son action, pour que B rachète plus bas, l'or n'a pas le temps d'arriver là où B l'attend. Une main plus rapide achète l'or avant B. Cette main est non seulement très rapide, mais en même temps extrêmement puissante financièrement parlant.

De février à mai 2012, la meute des Majors s'est fait souffler ainsi 20 000 tonnes d'or. Faites le calcul. Cela fait 705 Millions d'onces d'or à 1 550 $. **Plus de 1 Trillion de Dollars !**

Reliez maintenant ces histoires entre elles. Vous aurez compris que le logiciel de Serguéï, peut-être même amélioré depuis, permet aux Chinois, aux Russes et aux Allemands de ruiner les banksters occidentaux, en ramassant la mise. Le problème pour ces banksters, c'est que l'or, qu'ils ont joué et perdu, ne leur appartenait pas. C'était celui de leurs clients investis en « compte-métal » ou de celui des ETF et des Bullion Banks, donc là aussi, l'or confié par des clients.

Où vont-ils pouvoir retrouver 20 000 tonnes d'or ?

À quel prix vont-ils être obligés de monter pour que des investisseurs acceptent de vendre leur propre trésor ?

On peut également se demander, si la livraison de ces 20 000 tonnes sera une réalité, ou s'il s'agit seulement d'or papier.

En cette fin 2012, le jeu n'est plus comme avant. Les Majors sont exsangues, alors que la Chine et ses alliés ont des milliards de $ à revendre. Le système occidental à bout de souffle est dominé.

Faites le rapprochement entre cette histoire et le fait qu'un client de ZKB, n'a jamais pu prendre livraison de ses métaux précieux et que pour finir, a dû accepter un simple chèque. Idem avec les histoires de procès en Suisse, tenus à l'écart des médias, de tous les clients, qui se sont fait floués de la même manière avec leur or en « compte-métal » chez UBS ou GS. Notez bien que ces deux banques n'ont plus de suisse que le nom. Les dirigeants en place sont des américains ou des cowboys formés à Wall Street.

ABN AMRO a prévenu ses clients investis sur les marchés de Londres et du Comex, qu'à dater du premier avril 2013, ils ne pourraient plus demander livraison de physique.

Puis le 15 avril, c'est Andrew Maguire, qui signale un défaut à Londres sur le LBMA où un client n'a pas pu prendre livraison de son or et a dû accepter un chèque à la place. Ça sent le short squeeze et une très forte hausse à suivre.

Je considère la très violente attaque des MPx mi-avril, et son prolongement en juin comme un gigantesque bear-trap, pour effrayer les mains faibles et leur faire vendre leurs métaux précieux avant la hausse. Ce bear-trap peut être plus profond et plus long, mais je ne doute pas une seconde de la hausse formidable, qui suivra.

PRÉMICES DE LA RÉFORME MONÉTAIRE ?

Si on faisait confiance aux chiffres officiels, on verrait que les réserves d'or des États-Unis (8135 t), de l'Allemagne (3401 t), de l'Italie (2451 t), de la France (2435 t), de la Suisse (1040 t), du Japon (765 t), des Pays-Bas (612 t), de la Grande-Bretagne (310 t), de l'Espagne (281 t), de l'Autriche (280 t), de la Belgique (227 t) totalisent **19 430 tonnes**.

L'ensemble de l'or des Banques Centrales et du FMI est supposé représenter 30 623 tonnes.

Au printemps 2012, des traders non-identifiés ont fait main basse sur 20 000 tonnes d'or, l'équivalent des 2/3 de l'or des Banques Centrales. Il est difficile de constater ce fait, sans se dire que la Chine ou la nouvelle Banque Mondiale que les BRICS ont créée au sommet de Mumbaï, n'y sont pas pour quelque chose.

Si on se rappelle de l'invective du Ministre allemand à Geithner, qui avait imposé sa venue à cette réunion des ministres des finances européens, le 16 septembre 2011 en Pologne : *« Nous attendons que votre système monétaire s'écroule. Le nôtre est fin prêt pour le remplacer. »*

On peut se demander, si le puissant acteur qui rafle la mise sur les marchés, n'est pas en train de provoquer sciemment la faillite des Majors, des ETF, Bullion Banks, LME et CME, pour accélérer ce processus. Nous connaîtrons la réponse à cette question dans les mois qui viennent.

L'ALLEMAGNE HAUSSE LE TON

Sous la pression du Bundestag et de la presse allemande, la Bundesbank a révélé que 1 536 tonnes d'or, soit 45% des réserves allemandes étaient gardées dans les coffres de la Fed de New York, 31% en Allemagne, 13% sont à la garde de la Banque d'Angleterre et 11% à la Banque de France. Le député conservateur Philipp Missfelder s'était vu refusé une inspection des réserves d'or allemandes à la Banque de France.

Cela fait plusieurs années que l'Allemagne veut auditer l'or national conservé dans les caves blindées de la Federal Reserve à New York. Depuis 1980, l'Allemagne se heurte à une fin de non-recevoir. À force de pressions, les contrôleurs allemands avaient pu « voir » une palette d'or, mais sans la contrôler. La BuBa s'est engagée à rapatrier 300 tonnes sur les 1 536 tonnes conservées aux États-Unis, afin d'en vérifier la qualité. Les États-Unis ont négocié de rendre cet or sur 7 ans, ce qui prouve bien que leurs réserves de 8 000 tonnes sont purement virtuelles.

Officiellement, au début des années 2000, l'Allemagne a rapatrié 930 tonnes de Londres sur Francfort pour les faire analyser et certifier aux nouvelles normes. En octobre dernier, l'un des membres de la Bundesbank déclarait : *« Avec la fin de la guerre froide, il n'y a plus aujourd'hui de raison impérative de stocker de l'or à Paris. »* Paris va donc devoir montrer patte blanche et trouver près de 400 tonnes d'or pour les rendre aux Allemands. La Banque de France a-t-elle « leasé » cet or aux Bullion Banks ? C'est probablement une des raisons des guerres en Libye et au Mali, l'un des plus gros producteurs d'or d'Afrique.

L'Allemagne, en réclamant son or, met fin aux accords de confiance interbancaire et bouscule le jeu du Cartel sur le LBMA et le Comex. Les banquiers peuvent vendre 100 fois le même lingot sur les marchés mais si un joueur demande livraison, cela crée une véritable panique.

Depuis, les parlementaires autrichiens ont demandé à rapatrier l'or national et une pétition de plus de 100 000 signatures met la pression sur la Banque Nationale Suisse.Un référendum devrait donc avoir lieu à ce sujet. La BNS devrait détenir 20% de ses actifs en or, cela représente 2 000 tonnes. La Suisse va donc devoir acheter près de 1 000 tonnes d'or sur les marchés, ce qui va peser lourd sur les cours. Je ne serai pas étonné d'apprendre que les stocks des différents ETF Or suisses soient nationalisés, permettant de trouver rapidement 300 ou 350 tonnes.

Les termes de cette pétition suisse reprennent ce que nous savions déjà sur les conditions qui seront imposées aux banques centrales des pays du G20 par la future réforme monétaire. Les choses se mettent en place.

L'Allemagne a été la première à déstabiliser Londres et New-York. Son exemple sera certainement suivi par toute l'Europe du Nord dans les mois qui vont suivre.

Voilà une preuve de ce changement monétaire.

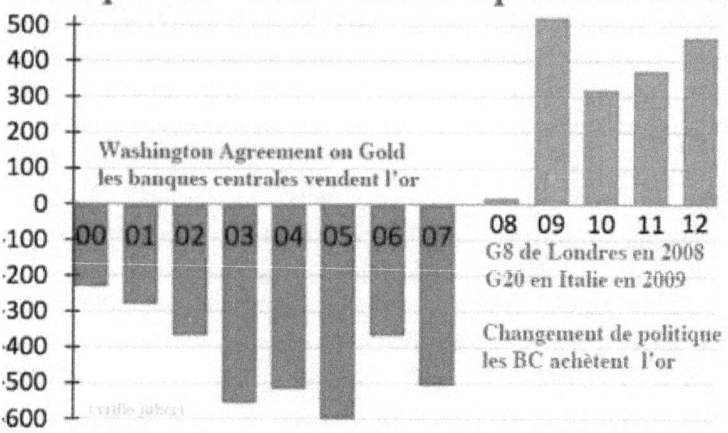

ÉVÉNEMENT MAJEUR SUR L'OR DÉBUT 2013

En étudiant les positions des différents acteurs sur le marché de l'or aux États-Unis, on s'aperçoit que les « commerciaux », c'est à dire les 4 grandes banques, qui contiennent les cours des métaux précieux en les vendant à découvert, ont fait en sorte de vendre leurs positions aux « large speculators », c'est à dire aux hedge funds.

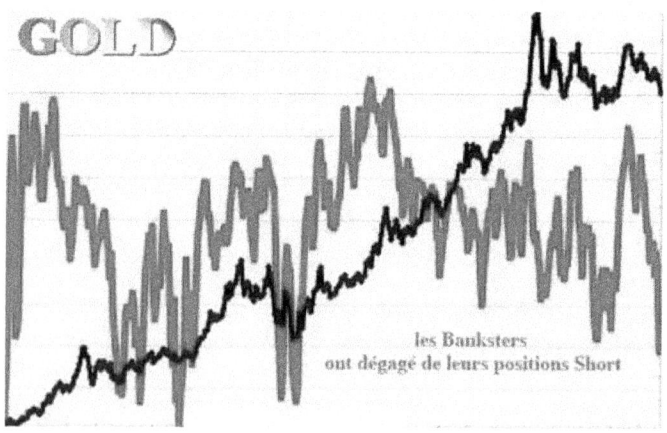

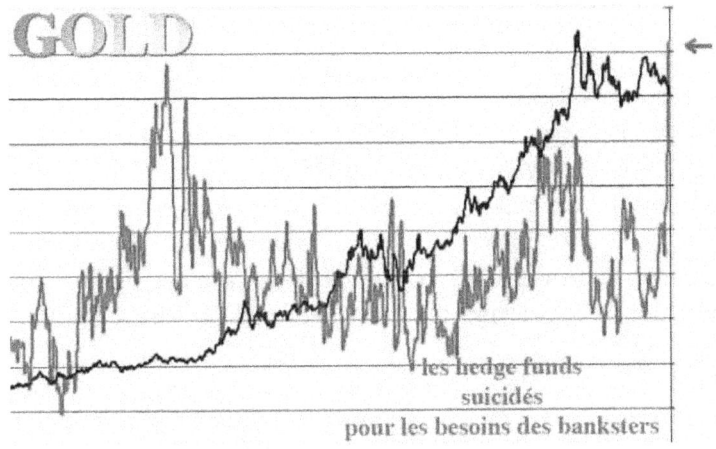

UN GIGANTESQUE BEAR-TRAP

Quelles conclusions en tirer ?

Les « commerciaux » sont parmi les plus grosses banques du Monde. Elles font partie des banques systémiques, ces « too big to fail » qui, si elles faisaient faillite, entraineraient toutes les banques dans un chaos complet. Pour que les hedge funds acceptent ce « mistigri », les autorités monétaires américaines ont promis de faire tomber l'or à 1 280 $, qui correspond à un retracement de 38,20% de toute la hausse depuis 2001, peut-être par une hausse des taux, qui pourrait provoquer un krach des marchés actions et même obligataire, si cette hausse est rapide. Les HF ont donc l'espoir d'en tirer de gigantesques profits. Il est beaucoup plus probable, qu'on leur a confié un rôle de kamikaze à leur insu. Les Hedge Funds vont être sacrifiés dans un Bear-Trap historique, un piège pour les baissiers. Leurs faillites n'entraineraient aucun choc systémique et les plus grosses banques auront été préservées. Pour convaincre les hedge funds, de très nombreux analystes et la plupart des médias ont été sollicités pour annoncer une chute profonde de l'or en 2013. Les stocks d'or disponibles à la vente le 26 juin 2013, sont tombés à 2,99 tonnes, moins de 100 000 onces. Avec seulement 120 millions de Dollars, la Chine pourrait mettre le COMEX en défaut. Le fera-t-elle ? Qui va appuyer sur le bouton ? Les taux montent sur les marchés. La Chine a une crise de liquidités, qui passe au stade du gel des crédits. Une nouvelle crise se profile en Italie. Serait-on à la veille d'un krach général pour faire tomber les métaux plus bas encore, avant la hausse ? Celle-ci pourrait être très rapide et plus violente encore qu'en 1979-1980. Certains parlent même d'une hausse « overnight », c'est à dire du jour au lendemain. Mais quand ?

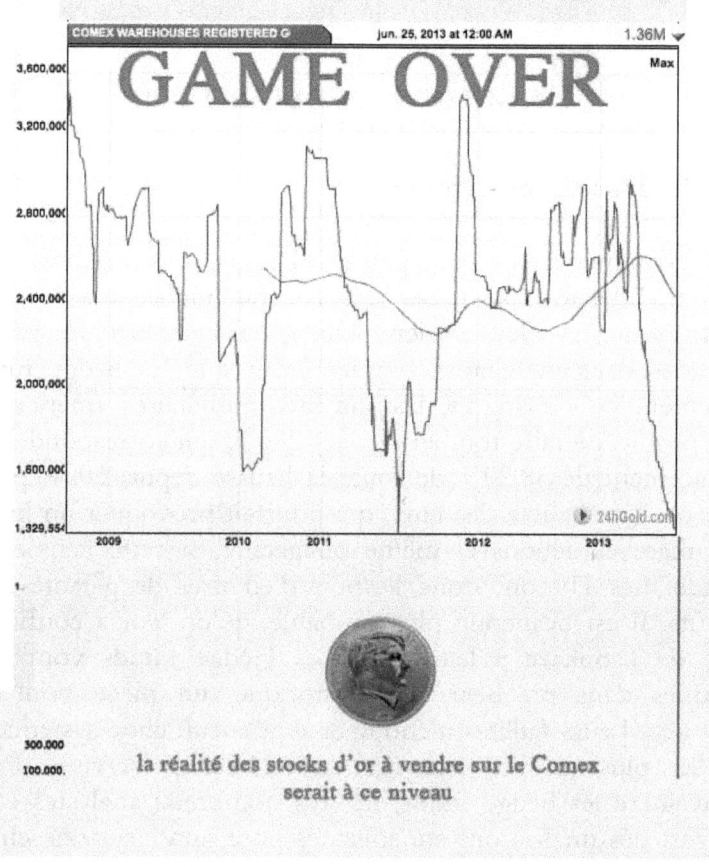

la réalité des stocks d'or à vendre sur le Comex serait à ce niveau

Tous ces signes montrent qu'on approche d'un changement profond de notre système monétaire à brève échéance.

Ne cherchez pas à vendre aujourd'hui, car demain quand personne ne pourra plus en acheter, votre or vaudra une fortune sur les marchés parallèles. La France a connu de très nombreuses périodes ou l'or était à « cours forcé », c'est à dire à cours bloqué, qui ne tenaient pas compte de l'offre et de la demande. À chaque fois, cela a entrainé des hausses énormes dans les échanges entre particuliers.

DÉPRESSION ÉCONOMIQUE AIGÜE
QUE FERA LE SILVER ?

Les états vont devoir serrer tous les boulons pour essayer d'équilibrer leurs budgets et pour payer les intérêts de leurs dettes, voire commencer à rembourser ces dernières.

La première étape devrait être de mettre un terme au secret des paradis fiscaux les plus facilement manipulables (Suisse, Luxembourg, Andorre…). Cette mesure est effective depuis mai 2012, ce qui explique les descentes de la brigade financière dans les filiales françaises de Crédit Suisse, de l'UBS et autres banques helvétiques en juillet 2012.

Les états vont pouvoir pressurer les contribuables, qui échappaient ainsi à l'impôt, sauf si ces derniers se contentent de métal mis dans un coffre anonyme. Les initiés ont acheté en masse, c'est pour cela que les raffineries sud-africaines, australiennes et suisses font les 3/8 depuis plusieurs années déjà. Beaucoup d'or s'est mis à l'abri en Asie.

En période de crise économique, le premier secteur à souffrir est l'immobilier. La crise, commencée en 2007, est née de prêts accordés à des personnes non solvables (subprimes) pour qu'elles puissent investir dans l'immobilier. Il y a eu surproduction immobilière aux États-Unis mais également en Europe de l'Ouest (Espagne, Irlande, Grande-Bretagne) en Europe centrale et en Chine, avec une bulle gigantesque sur les prix du mètre carré. Le stock immobilier à vendre est énorme alors que la demande s'effondre avec un chômage grandissant. Les banques espagnoles sont mises en danger par des prêts immobiliers dont 60% sont pourris. Santander, cette banque espagnole de premier plan, également classée systémique, a racheté l'essentiel des prêts hypothécaires de Grande Bretagne, qui est, elle-même, entrée en dépression. Le mal est général.

Les banques ont eu par ailleurs instruction partout dans le Monde de restreindre le crédit, d'une part, et de réaliser leurs actifs, d'autre part. La demande va donc s'effondrer au moment même où l'offre va gonfler. La construction d'immobilier neuf devrait s'effondrer.

Le baromètre de Morgan Stanley paru le 6 mars 2012, indiquait que le plomb et l'étain étaient en surproduction avec des stocks très importants. La demande de cuivre du fait de la crise immobilière va fortement baisser. Dans un tel cas de figure, les mines de cuivre, plomb, étain vont fermer leurs exploitations les moins rentables, n'y gardant que le personnel minimum pour empêcher le matériel de se détériorer. Si les mines tournent au ralenti, la production d'argent émanant de ces mines comme produit secondaire, ce qui représente 70% de l'argent extrait dans le Monde, va très fortement décroître.

L'étude des fondamentaux, montre que les principales mines du Monde ont constaté une très forte baisse de densité et une baisse de leur production respectives d'argent ces dernières années. On a vu également que quelques mines ont refusé de vendre leur production, quand les cours étaient trop bas et que d'autres mines, suivant le conseil d'Eric Sprott, ont décidé de conserver leur trésorerie sous forme de lingots d'argent plutôt que de la laisser en monnaie fiduciaire dans les banques, refusant ce double risque.

L'Offre de Silver devrait donc diminuer fortement.

L'étude commune du FMI et de GFMS, publiée au premier semestre 2011, envisage une croissance de la demande industrielle d'argent qui absorberait à elle seule la quasi-totalité de la production minière dès 2012, ne laissant aucune place pour la demande de pièces, médailles, argent d'investissement, bijouterie, ou autres. Or cette demande d'argent-physique est depuis plusieurs années très fortement croissante, justement pour se protéger de la crise monétaire.

L'accélération de la crise économique, bancaire et monétaire fin 2012 devrait renforcer cette demande, jusqu'à la mise en place de la « première » réforme monétaire.

Cette première réforme s'avérera probablement insuffisante, pour résoudre durablement les problèmes. Ceux-ci ressurgiront deux ans plus tard avec une plus forte amplitude. **Souvenez-vous que la Fed a entrepris de racheter toute la dette à 30 ans des États-Unis et émet désormais essentiellement de la dette à 2 ans.**

En 2015, les États-Unis pourraient faire défaut sur leurs dettes ou devront de nouveau dévaluer massivement. La panique monétaire serait alors totale.

Le COMEX peut s'effondrer, les marchés actuels peuvent être temporairement fermés, comme cela a été le cas en Russie pendant plusieurs mois en 2011. Les vraies valeurs tangibles qui restent, ce sont les métaux précieux.

Ne jouez pas. Ayez confiance et gardez vos positions, quoiqu'il arrive à court terme. Attendez l'heure qui récompensera votre sagesse et vos intuitions!

Rappelons enfin que Ron Paul, candidat malheureux à l'investiture républicaine pour faire face à Obama pour les présidentielles américaines, a fait campagne pour un retour à l'étalon monétaire tel qu'il a été défini par la constitution américaine de 1776. Ce qui implique le bimétallisme.

En mars 2012, lors d'un des débats sur l'audit de la Fed de la commission monétaire du Congrès, Ron Paul demandait à Bernanke pourquoi les citoyens américains n'avaient pas le droit d'utiliser les pièces d'argent Silver Eagle comme monnaie alternative aux Dollars fiduciaires de la Réserve Fédérale, alors que ces Silver Eagles sont inscrits dans la Constitution américaine comme la monnaie légale.

L'Utah a déjà fait passer une loi permettant de payer ses impôts en or ou en argent. Il a été suivi par le Colorado qui s'apprête à légaliser les monnaies alternatives, détrônant le Dollar de la Réserve Fédérale.

Si l'Europe a des velléités de scission, l'Amérique pourrait aussi se désunir pour des raisons monétaires. Cela est arrivé dans les années 30. La Fed de Chicago refusait les traites de la Fed de New York. Il n'y avait plus aucune confiance entre banquiers centraux d'un état à l'autre.

FONDAMENTAUX DE L'ARGENT

L'Offre

Production minière en hausse

Pour 60% à 70% de sa production, l'argent est un sous-produit obtenu lors du raffinage de minerai de cuivre, de plomb, de zinc ou d'Or. Il y a très **peu de mines strictement d'argent**.

La *Cannington Mine* appartenant au géant minier BHP Billington produit essentiellement du plomb et du zinc, mais de manière accessoire, elle produit aussi 7% de l'argent mondial. Que représentent les 38 Millions d'onces d'argent comparées aux 8 552 Millions d'onces de plomb sorties de cette mine ? En 2006, en terme de revenus, lorsque l'argent valait 10$ l'once, cette production représentait 400 M$, contre 275 M$ pour le plomb, qui cotait alors 0,50$ la Livre. L'argent représentait 68% des revenus de la mine.

Le prix de l'argent, maintenu très bas pendant des décennies, ne permettait pas de rentabiliser l'extraction de ce minerai. Seuls les filons d'une très grande densité ont pu être exploités.

En 2002, le coût moyen d'extraction de l'Argent était de **5$** contre 300$ pour l'or. C'est ce fait, qui explique le ratio Or/Argent de la décennie, qui vient de s'achever.

Ratio Or/Ag = nombre d'onces d'Argent nécessaires pour acheter une once d'Or.

La mine bolivienne de San Bartolomé de la société *Cœur d'Alène* est l'une des trois plus grosses mines pure de Silver au Monde. Elle a produit 8 Moz d'argent par an à un prix de production de 7,87$ l'once en 2011.

Production minière d'argent en millions d'onces									
2000	2001	2002	2003	2004	2005	2006	2007	2008	2009
591.0	606.2	593.9	596.6	613.0	636.8	640.9	664.4	684.7	709.6
Prix de l'once en US$									
4.953	4.370	4.599	4.879	6.658	7.312	11.549	13.384	14.989	14.674

La production minière a augmenté d'environ 20% entre 2004 et 2009. En 2011, elle a culminé à 761 Moz.

L'augmentation du prix de l'argent a permis d'accroître la prospection et, ces dernières années, de lancer l'exploitation de certains sites. Il faut relativiser la hausse du prix de l'argent en tenant compte de celle de l'énergie, qui tient une large part dans les coûts d'extraction. Un des outils de mesure de la relativité du prix de l'argent est le Silver-Oil Ratio.

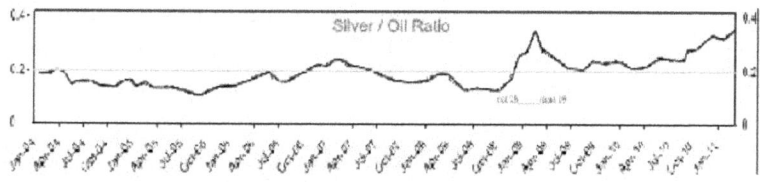

Silver Cost in Crude Oil : SCCO

Pour suivre l'évolution du graphe au quotidien : **http://stockcharts.com/freecharts/gallery.html?$wtic:$Silver**

Une hausse du baril induit à terme une hausse proportionnelle de l'or et de l'argent. Les métaux précieux ne peuvent pas être extraits à perte.

BAISSE DE DENSITÉ DES MINERAIS

Sur un rapport sur le marché du Plomb daté de 2011, on voit que la production du plomb et du zinc dans le Monde est toujours en croissance. Le « Peak » de production du plomb est attendu vers le milieu du siècle. Par contre, les deux graphiques ci-dessous montrent clairement que la densité du plomb et du zinc dans les gisements s'est énormément dégradée, passant de 32 à 4 en 120 ans pour le plomb et diminuant de moitié pour le zinc.

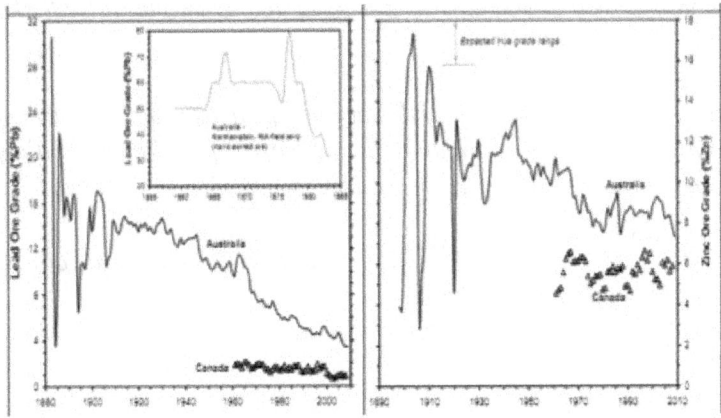

Cela signifie que le coût de production d'une tonne de plomb à salaire égal et prix de l'énergie stable a été multiplié par 8. Aujourd'hui, un autre critère entre en considération. Plus la densité est faible, plus les dégâts à l'environnement sont élevés. Les charges liées à ce nouveau poste des charges d'exploitation ont tellement augmenté, que de nombreuses mines sont obligées de fermer.

L'argent étant un minerai secondaire des mines de plomb ou de zinc, pour 32% de sa production, si la densité du plomb ou du zinc dans le minerai de base baisse de manière dramatique, il y a une forte probabilité que la densité de l'argent baisse également, et que les coûts de production augmentent sensiblement dans ce type de mines.

Le prix de l'argent ne peut donc qu'augmenter.

Le 22 février 2012, Gavin Thomas, le Président de la compagnie minière australienne *Kingsgate Consolited* s'exprimait sur CNBC : « *L'Argent est une opportunité fantastique. Il y a une énorme marge à la hausse des cours, à cause d'un défaut de l'offre.*

L'offre de Silver est sous pression parce que les mines de plomb et de zinc deviennent moins prolifiques, et que l'argent est un sous-produit de ces mines.

Dans le même temps, la demande augmente pour répondre à de nouveaux besoins médicaux ou industriels et que la demande d'argent d'investissement ne cesse de croître en Inde et en Chine.

Ces deux pays se tournent vers l'argent au fur et à mesure que l'or devient plus difficile à acquérir et plus cher. »

Répartition géographique de la production

Le **Pérou** est le 1er producteur mondial d'argent avec 123,7 Moz. La première mine d'argent du Pérou a produit 14,9 Moz. *Antamina copper/zinc Mine* est une mine de cuivre qui produit de l'argent en minerai secondaire. Elle représente à elle seule 12% de la production péruvienne d'argent. La seconde mine d'argent du Pérou produit 10 Millions d'onces (8%) et la troisième 8,6 Millions d'onces (7%). Ces trois premières mines produisent le quart de l'argent du pays, le reste est extrait par plus de 140 mines.

Le **Mexique** était le 2ème producteur mondial d'argent en 2010 avec une production en léger déclin, passant de 114 à 112,5 Moz d'argent. La première mine d'argent mexicaine *Fresnillo Silver Mine* a produit 35,9 Moz d'argent en 2010, soit le tiers de la production du pays et 5% de la production mondiale d'argent en 2010. C'est la deuxième mine d'argent au Monde. Cette mine produit également de l'or, du plomb et du zinc.

La **Chine** est le 3ème producteur mondial, avec une production d'argent qui continue à croître, passant de 93,2 à 96,4 Moz en 2010. La plus importante mine d'argent chinoise est une mine de zinc et de plomb argentifère. Elle ne représente que 4 à 5% de la production nationale et 0,6% de la production mondiale. Les mines de plomb et de zinc en Chine étaient extrêmement vétustes et artisanales, il y a encore une douzaine d'années. Le gouvernement a fermé de très nombreuses mines pour moderniser et structurer l'ensemble du secteur. Pour les sites les plus prometteurs, la Chine a mis en place des joint-ventures avec des professionnels occidentaux.

L'**Australie** est le 4ème producteur mondial d'argent avec 54,6 Moz. L'Australie possède la plus grande mine d'argent au Monde. Cannington est une mine de zinc et plomb qui produit en plus les 2/3 de l'argent du pays et 5,2% de la production mondiale.

Le **Chili** (n°1 du cuivre), est le 5ème producteur mondial d'argent avec 48 millions d'onces d'argent produites en 2010. Logiquement, le premier producteur d'argent du pays est le premier producteur mondial de cuivre. Il extrait le quart de la production d'argent du Chili.

La **Russie** est le 6ème pays producteur d'argent au Monde avec 45 Moz produites en 2010, dont le tiers provient d'une seule mine qui produit de l'or avec l'argent. Les informations sont difficiles à collecter.

La **Bolivie** est le 7ème producteur mondial d'argent avec 43,7 millions d'onces d'argent en 2010. Sa principale mine d'argent, *San Cristobal*, a produit 19,4 Moz d'argent en 2010. La célèbre mine de Potosi, qui a fait la fortune de l'Espagne de 1540 jusqu'au XVIIème siècle était considérée comme le Pérou à cette époque, elle est aujourd'hui en Bolivie. Il existe aujourd'hui dans cette montagne épuisée des centaines de petites mines artisanales, où des familles de mineurs sans aucun moyen et sans sécurité, continuent à gratter la roche en cherchant le métal blanc.

Par contre, *Cœur d'Alène* (CDE), l'une des plus grosses compagnies minières presque pure d'argent au Monde, exploite avec succès le site de *San Bartolomé* au pied du Potosi. L'entreprise ne se donne pas la peine de creuser la montagne, dont les filons ont été épuisés, elle exploite les tonnes de rejets de cette mine depuis 5 siècles. Les techniques actuelles permettent de récupérer de l'argent, que les générations précédentes ne savaient pas isoler du minerai de base. De ce fait *San-Bartolomé* est une des mines d'argent les plus rentables au Monde.

Les **Etats-Unis d'Amérique** sont le 8ème producteur d'argent au Monde avec 41 Moz. La première mine d'argent des USA, *Greens Creek Mine* en Alaska est exploitée par Hecla et produit 8,9 Moz, 17% de la production américaine. La seconde est *Lucky Friday*, exploitée aussi par HECLA, avec 3 Moz.

La troisième est le plus grosse mine mondiale de zinc, *Red Dog Mine* également en Alaska qui produit 2,4 Moz. Une forte proportion de l'Argent produit aux USA vient de mines de cuivre.

La **Pologne** est le 9ème producteur mondial d'argent avec 38,5 Moz. La production polonaise d'argent provient à 100% d'une seule mine, qui est une mine de cuivre. HSBC en 2012 a acheté l'essentiel de l'argent polonais et aurait un accord semblable pour 2013.

Comme nous venons de le voir, les plus grandes mines d'argent au Monde sont avant tout des mines de cuivre, de zinc, de plomb ou d'or.

LES 7 PLUS GROSSES MINES D'ARGENT

Mine	Country	2010 Production
Cannington Silver/Lead/Zinc Mine	Australia	38.6 Moz
Fresnillo Silver Mine	Mexico	38.6 Moz
San Cristobal Polymetallic Mine	Bolivia	19.4 Moz
Antamina Copper/Zinc Mine	Peru	14.9 Moz
Rudna Copper Mine	Poland	14.9 Moz
Penasquito Gold/Silver Mine	Mexico	13.9 Moz

MIM, une mine de cuivre australienne produit également 36 Millions d'onces d'argent.

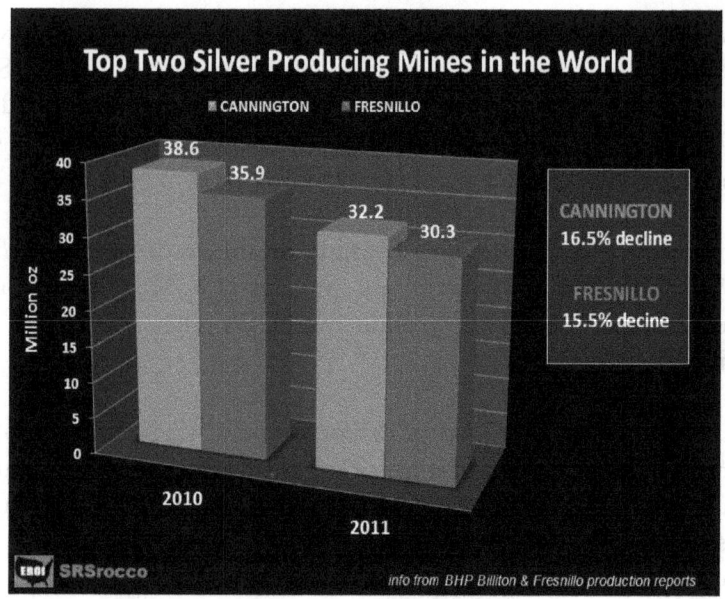

La production des deux plus grosses mines d'argent dans le Monde, *Cannington* et *Fresnillo*, a fortement baissé en 2011 par rapport à 2010.

La première est passée de 38,6 Moz à 32,2 Moz (-19,8%) et la seconde a baissé de 18,4% passant de 35,9 à 30,3 Moz. Les compagnies minières expliquent cette baisse de production par une baisse de densité du minerai.

En 2011, la mine de cuivre polonaise *KGHM Polska Meidz* est devenue la plus grosse productrice mondiale d'argent, passant de 37,3 Moz en 2010 à 40,5 Moz en 2011. La surprise a été totale sur le marché, car *BHP Billiton* produit 2,5 fois plus de cuivre que cette mine polonaise.

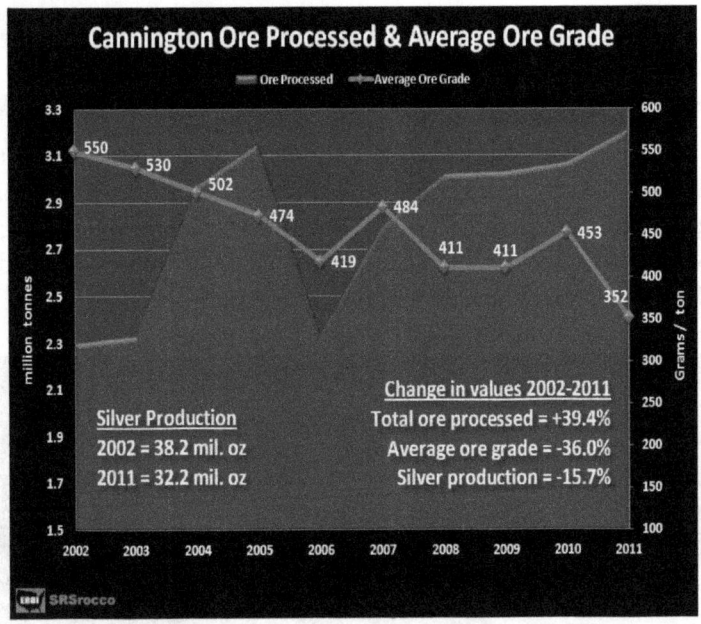

On voit sur ce graphique que *Cannington*, ces dix dernières années, a très sensiblement augmenté l'extraction et le traitement de minerai passant de 2,3 à 3,1 Millions de tonnes pour produire toujours moins d'argent, du fait de l'affaiblissement constant de la densité.

Le Tadjikistan, ce pays qu'il nous est difficile de situer sur une carte muette, est situé en Asie Centrale. Il a des réserves d'or de 430 tonnes et l'un des plus grands gisements argentifères de la planète, le *Bolchoï Koni Mansour* évalué à 50 000 tonnes d'argent par les soviétiques en 1980. Un appel d'offres est en cours pour son exploitation. Les entreprises les mieux placées actuellement sont des entreprises à capitaux chinois. Nous entendrons bientôt parler de cette valeur montante.

MINES D'ARGENT AMÉRICAINES

Le graphique ci-dessous, montre pour chaque état américain, quelle a été l'année où il a été extrait le plus d'Argent de ses mines. La plupart de ces états ont connu leur peak de production avant 1937. Autrement dit, la production de Silver aux États-Unis décline depuis cette date, malgré l'amélioration des techniques minières.

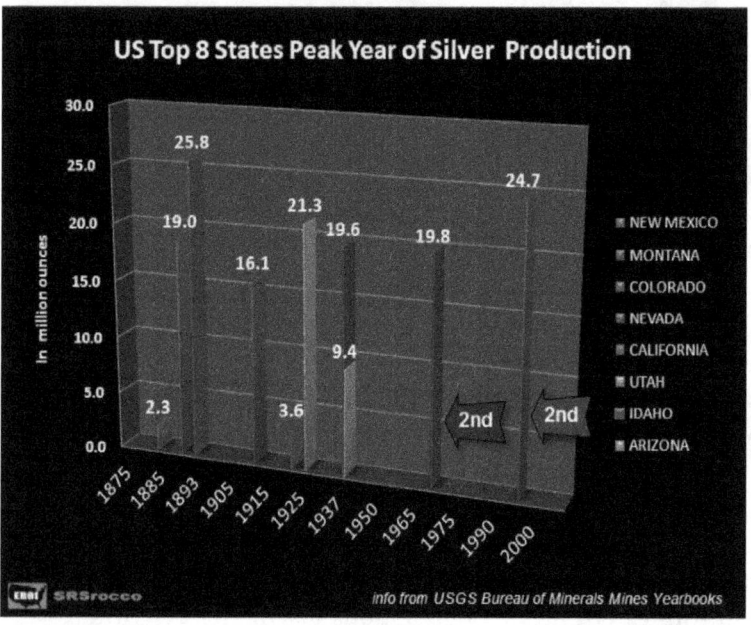

L'état le plus productif aujourd'hui est le Nevada, état mitoyen de la Californie, dont la production est en déclin depuis l'an 2000.

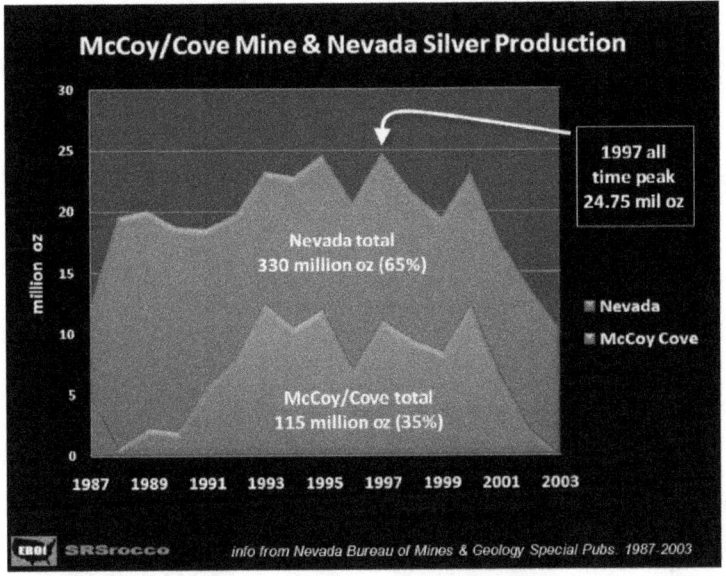

Le réchauffement climatique et la fonte des neiges dans le grand nord du continent américain vont certainement autoriser la découverte et l'exploitation de mines en Alaska, si les écologistes ne s'y opposent pas. Aujourd'hui la production minière américaine est très largement dépassée par la demande intérieure.

La dernière étude produite par l'USGS début 2012 montre que la production d'Argent aux États-Unis a baissé de 30% entre octobre 2010 et octobre 2011. Si la tendance s'est poursuivie jusqu'à la fin de l'année, les États-Unis n'auront produit que 35 Moz d'argent, alors que la demande de Silver Eagle aura dépassé les 40 Moz, pour la deuxième année consécutive.

MINE PRODUCTION OF RECOVERABLE SILVER IN THE UNITED STATES, BY STATE[1]

(Kilograms)

	Nevada	Other States[2]	Total
2010:[P]			
October	21,900	95,300	117,000
November	17,200	73,700	91,000
December	18,100	82,400	101,000
January–December	217,000	1,050,000	1,270,000
2011:			
January	18,800	79,300 [r]	98,100 [r]
February	16,800	68,400 [r]	85,200 [r]
March	19,900	83,000 [r]	103,000
April	18,200 [r]	77,100	95,300 [r]
May	18,900 [r]	81,400 [r]	100,000
June[r]	19,700	72,800	92,500
July[r]	16,900	73,400	90,300
August[r]	17,200	72,700	89,900
September[r]	14,100	73,300	87,400
October	13,000	68,400	81,400
January–October	174,000	750,000	923,000

[P]Preliminary. [r]Revised.
[1]Data are rounded to no more than three significant digits; may not add to totals shown.
[2]Includes Alaska, Arizona, California, Colorado, Idaho, Missouri, Montana, New Mexico, South Dakota, and Utah.

October silver production falls 30% yoy

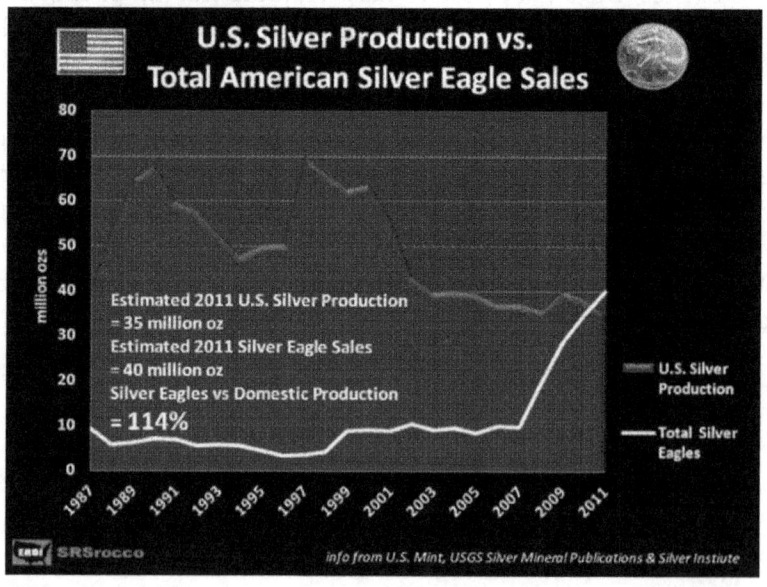

La production américaine a diminué de 50% depuis le peak de 70 Moz de 1997, alors qu'à cette date, la demande de Silver Eagle n'était que de 3,6 Moz, à peine 5% de la production intérieure d'argent.

Aujourd'hui, cette demande compte pour 114% de la production minière. Pour *Lucky Friday*, l'une des plus belles mines de la société HECLA, la densité d'argent par tonne de minerai extrait du sol a diminué de moitié entre 1965 et 2010. En d'autres termes ; l'argent, à coût énergétique et à salaires égaux, est devenu deux fois plus cher à produire.

Hecla's Lucky Friday Mine	1965	2010	(+/-)
Tons of ore milled:	181,100	351,074	+94%
Silver Production:	3,223,580	3,359,379	+4.2%
Silver ore grades:	17.8 oz/t	10.25 oz/t	-42.4%
Lead ore grades:	11.3%	6.6%	-41.6%

info from 2010 Hecla 10-k & USGS Bureau of Mines Minerals Yearbook 1965

Le bureau des mines américain, l'USGS, publie des statistiques générales beaucoup plus négatives pour l'ensemble des mines argentifères américaines. Pour produire la même quantité d'argent en 1993 qu'en 1935, il a fallu 12 fois plus de minerais. La densité d'argent dans le minerai a baissé de presque 92%.

Dans le même temps, la production canadienne d'argent a décliné de 57% depuis les hauts de 2002 à 44 Moz, pour seulement 18,6 Moz en 2011. En 2002, la demande de Silver Maple Leaf était de 576,196 Millions, soit 1,3% de la production, alors qu'en 2011, 22,5 millions de ces pièces d'une once ont été vendues. Une hausse de 30% par rapport aux deux années précédentes.

United States Silver Mining Statistics 1935-1993

	1935	1970	1993	(+/-)
Tons of ore milled*:	36.1 million tons	252.5 million tons	483.7 million tons	+1240%
Silver production:	48.9 million oz	45.0 million oz	52.7 million oz	+7.8%
Silver ore grades:	1.35 oz/ton	0.77 oz/ton	0.11 oz/ton	-91.8%

*Includes total ore from gold, silver, copper, lead and zinc mining.
SRSrocco — Info from USGS Bureau of Mines Minerals Yearbook

Sur ce graphe, on constate que la demande canadienne de pièces d'argent a très largement dépassé la production minière au Canada. Si la tendance a continué jusqu'à la fin 2011, les ventes de pièces d'argent auront représenté 121% de la production domestique.

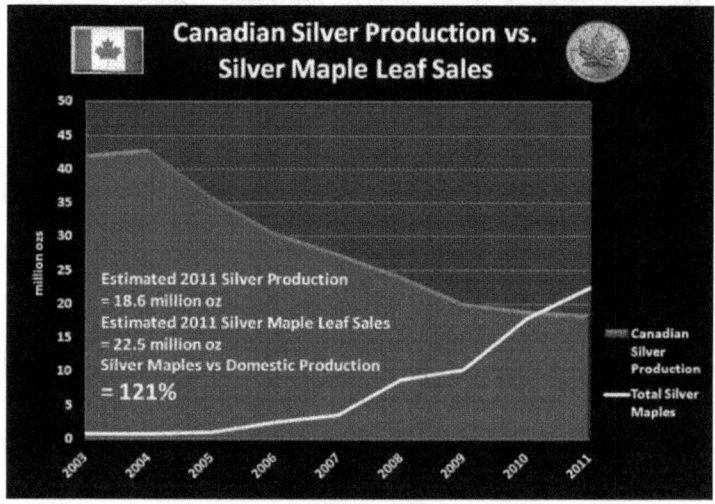

COMMENTAIRES PERSONNELS

Je considère comme suspectes ces fortes baisses de production tant aux États-Unis qu'au Canada. Le Canada est un pays extrêmement vaste et peu peuplé, dont les réserves minérales sont immenses et sous-exploitées. On peut en dire autant de l'Alaska, qui avec le réchauffement climatique va être plus facilement exploitable.

Les mines ont elles cherché à maintenir en sol leurs réserves, notamment depuis mai 2011, dans l'attente d'une très forte revalorisation des cours de l'Argent ?

Ou bien s'agit-il de directives plus vastes d'une certaine oligarchie cherchant à rendre l'argent plus rare sur les marchés ? C'est une des possibilités.

En Janvier 2012, le gouvernement américain a fermé la mine *Lucky Friday* de la Compagnie minière **HECLA**, l'une des très rares mines « pure Silver » du marché. La décision a été prise à la suite d'un accident dans la mine, le 1er décembre dernier, qui a causé des blessures mineures à 7 ouvriers de la mine. Le gouvernement a demandé que l'étayage soit remplacé, ce qui prendra un an. Le jour de l'annonce de cette décision, le titre HECLA a perdu 20% en bourse. Cette mine représente 30% de la production d'argent de HECLA. Cette baisse de production de 3 Millions d'onces d'argent par Hecla sur un an représente presque un mois de vente de Silver Eagle par la US mint ou 7,6% de la production intérieure américaine. Un caillou de plus dans les souliers de JPM, sur le CME mais plus encore sur le Marché de Londres.

GLENCORE-XSTRATA

Le groupe suisse Glencore, premier négociant en Matières Premières du Monde, essaye de fusionner avec le groupe minier Xstrata, dont il détient déjà une minorité de contrôle.

Le nouveau groupe contrôlerait 60% du marché du Zinc et 50% du marché du cuivre, sans évoquer son poids dans le charbon, l'aluminium, l'or et surtout l'argent. Comme 70% de l'argent provient des mines de cuivre, de plomb, d'étain et de zinc, Glencore est déjà en mesure de contrôler 35% de l'argent issu des mines. **Une position écrasante.** Seule la Chine détient une position plus importante.

En étudiant les comptes et communiqués de presse de Rio Tinto, la compagnie minière que contrôle la famille Rothschild et qui est la quatrième productrice mondiale de cuivre, on découvre que ses 698 000 tonnes de minerais brut, donnent 321 000 T de cuivre raffiné. « *Le reste donne par affinage des produits secondaires, Or, Argent, Molybdène et acide sulfurique, qui amènent des revenus substantiels à la compagnie. Les ventes de cuivre ont généré 8% des revenus de la compagnie en 2008. Les revenus du cuivre et de ses produits secondaires sont comptabilisés pour 16% des revenus de Rio Tinto.* »

Xstrata exploite entre autres mais notamment une mine australienne, *Mount Isa Mines* et une raffinerie *Britania Refined Metals*. Cette raffinerie, la plus grande productrice de plomb d'Europe, est située à 40 km de Londres, dans l'estuaire de la Tamise, une situation optimale pour desservir tant le marché domestique britannique que le marché européen. Elle raffine le minerai de plomb brut de *Mount Isa Mines* depuis 1931. En 2005, les performances de MIM ont été améliorées permettant de donner 231 000 tonnes de zinc, 160 000 tonnes de plomb affiné et 11.36 Moz d'argent (353t).

Le site de *Britania Refined Metals* (BRM) donne une amélioration de ces résultats qui sont passés en 2011 à 180 000 tonnes de plomb et 400 tonnes d'argent. À première vue, la production d'argent ne représente que le 450ème de la production de plomb, c'est donc en apparence infime. Si on fait les comptes, cela change tout.

Le plomb oscille autour de 2000$ la tonne. 180 000 tonnes de plomb valent donc 360 M$ alors que 400 tonnes d'argent représentent aujourd'hui 400 M$. L'argent représente la moitié des revenus de MIM et de cette raffinerie.

MIM est la 3ème mine d'argent au Monde avec 36 Moz.

Cette position dominante de Glencore sur le marché permet à cet acteur d'avoir un rôle clé dans toutes les manipulations de cours du métal blanc, même si son nom n'a jamais été évoqué jusqu'à présent.

RÉSERVES D'ARGENT EN SOL

La référence internationale pour définir les réserves en sol est l'USGS (United States Geological Survey). Chaque année, cet organisme gouvernemental américain publie les chiffres de production de différents minerais et les réserves restant dans le sol.

Définitions :

Réserves : Part des « réserves de base » qui peut être extraite ou produite à l'époque étudiée. Le terme « réserve » ne nécessite pas qu'une infrastructure d'exploitation soit en place ou opérationnelle.

Réserves de base : Ressource identifiée, mesurée et quantifiée, répondant à des critères minima physiques et chimiques usités dans l'industrie minière. Cela peut inclure les réserves exploitables économiquement à un horizon de planification des productions futures, et en tenant compte de l'amélioration des technologies, les « réserves » (cf. ci-dessus) et les réserves non exploitables économiquement dans un avenir mesurable. Dans cette compilation de données sur l'Argent, fournies par le service des mines du gouvernement américain, à gauche, vous avez, année par année, la production minière, les réserves exploitables et réserves connues en tonnes.

	Mine production	Reserves[e]	Reserve base[e]		Mine production	Réserve de base	découvertes
1995[e]	14,000	280,000	420,000	1995[e]	14,000	420,000	0
1996[e]	14,800	280,000	420,000	1996[e]	14,800	406,000	0
1997[e]	15,300	280,000	420,000	1997[e]	15,300	391,200	0
1998[e]	16,200	280,000	420,000	1998[e]	16,200	375,900	0
1999[e]	15,900	280,000	420,000	1999[e]	15,900	359,700	0
2000[e]	17,900	280,000	420,000	2000[e]	17,900	341,800	0
2001[e]	18,300	280,000	430,000	2001[e]	18,300	323,500	10,000
2002	18,800	270,000	520,000	2002	18,800	304,700	90,000
2003[e]	19,000	270,000	570,000	2003[e]	19,000	285,700	50,000
2004[e]	19,500	270,000	570,000	2004[e]	19,500	266,200	0
2005[e]	20,300	270,000	570,000	2005[e]	20,300	245,900	0
2006[e]	19,500	270,000	570,000	2006[e]	19,500	226,400	0
2007[e]	20,500	270,000	570,000	2007[e]	20,500	205,900	0
2008[e]	20,900	270,000	570,000	2008[e]	20,900	185,000	0
2009[e]	21,400	400,000		2009[e]	21,400	163,600	0
2010[e]	22,200	510,000		2010[e]	22,200	141,400	150,000

Le premier constat, à la lecture de cette compilation du service minier (tableau de gauche), c'est que ces chiffres ne sont pas tenus à jour d'une année sur l'autre. Logiquement, les réserves devraient diminuer chaque année en fonction de la production de l'année précédente. J'ai refait tous les calculs, en retirant la production de l'année précédente des réserves de base. Résultat : d'après ces nouveaux calculs, les réserves officielles depuis 1995 ont largement fondu, **passant de 420 000 à 141 400 tonnes.**

En admettant que les réserves de base soient identifiées comme au XIXème siècle de façon manuelle, sans jamais utiliser les images satellites et qu'elles puissent soudain être l'objet de découvertes sensationnelles, doublant les réserves connues, les réserves de base passeraient tout au plus de 141 400 à **291 400** depuis 2001. **On est très loin des chiffres annoncés de 510**

000 tonnes. Subitement en 2009, la totalité des « réserves de base » changent de colonne et officiellement deviennent techniquement et économiquement exploitables dans leur totalité. N'est-ce pas extraordinaire alors que le prix du pétrole s'est envolé ces 3 dernières années ?

141,4 Ktonnes divisées par 22. Kt de production annuelle = 6,42 années de production

291.400 tonnes : 22 Kt de production annuelle = 13 années de production

Nous approchons à grand pas d'une sérieuse pénurie d'argent jusqu'à ce que de nouvelles techniques permettent d'exploiter des réserves jusqu'ici non rentables ou non exploitables, comme le fond des océans. Mais pour ce faire, le prix de l'argent devra être plus élevé.

Notez que je joins ce document, parce qu'il fait partie du crédo imposé par les gouvernements et qu'il est utile de l'avoir en tête, mais je considère qu'il est fallacieux comme la presque totalité des données officielles, aujourd'hui.

Dates d'épuisement des richesses exploitables de notre planète au rythme actuel de consommation

																			Charbon	
														Aluminium						
														Cobalt						
											Fer									
									Gaz naturel											
									Platine											
							Pétrole													
							Nickel													
						Uranium														
						Cuivre														
						Tantale														
					Plomb															
					Etain															
					Indium															
					Zinc															
					Or															
					Palladium															
					Antimoine															
					Argent															
					Hafnium															
					Terbium															

55 1965 1975 1985 1995 2005 2015 2025 2035 2045 2055 2065 2075 2085 2095 2105 2115 2125 2135 2145 2155

Je ne crois pas à la fable du « pic du pétrole » et donc encore moins au « pic du gaz », qui sont des mythes créés par le Cartel anglo-américain du Pétrole pour assurer leur domination.

Le Premier producteur mondial de gaz et de pétrole est la Russie. Or, les spécialistes russes affirment que le pétrole est abiotique, autrement dit, qu'il se forme dans les couches profondes de la Terre et suinte vers la surface par des failles.

Le drame de la plate-forme Deepwater horizon est dû à l'exploitation de pétrole abiotique dans l'une de ces failles profondes par BP. Les gigantesques gisements de gaz et de pétrole trouvés en Méditerranée Orientale, au Brésil ou sous tous les océans du globe, montrent que les données ont été falsifiées.

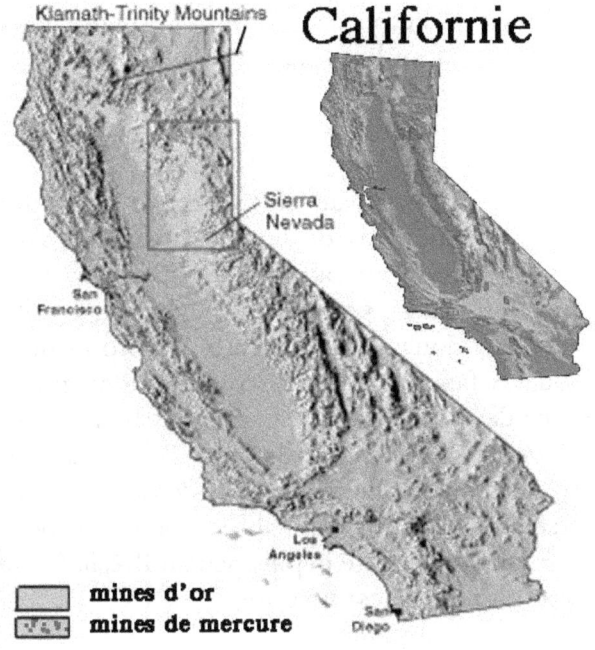

Cette carte montre les mines d'or de la Californie. Les géologues se sont vite aperçus que l'or trouvé par les prospecteurs, en surface d'abord, puis dans le sol, provenait d'un seul et même filon de plus de 200 km de long, avec des ramifications entrelacées, les veines faisant entre 30 cm et 3 mètres de large. La découpe de la carte est purement administrative. À droite de cette frontière, se trouve l'état du Nevada, l'état le plus riche en argent des USA.

La Californie est ciselée à l'ouest par la célèbre faille de San Andrea, qui marque le décrochement entre la plaque tectonique du Pacifique et celle de l'Amérique.

Les mouvements de cette plaque ont formé le plissement rocheux de la Sierra Nevada, dont le quartz est très riche en métaux précieux. Ces filons continuent naturellement au Mexique.

Le Chili, la Bolivie, le Pérou, les états les plus riches en cuivre et en Argent sont situés au bord de cette faille Pacifique, dans le plissement montagneux, la cordillère des Andes, a été façonné par les mouvements des plaques tectoniques.

Les filons d'Or, d'Argent, de cuivre, etc. ont été formés à l'origine par des remontées de liquides magmatiques vers la surface par des failles. Le refroidissement de ces laves a entraîné des cristallisations des particules minérales à différentes températures et donc à différentes profondeurs. Cette configuration de failles et de plissements montagneux existe sous la surface des océans, qui recouvrent 70% de la surface de la Terre. Il existe donc des gisements d'or et d'argent plus riches, que ceux de la Californie, du Pérou et du Mexique réunis, qui seront un jour exploitables, comme le pétrole des grandes profondeurs exploité depuis peu au Brésil. Ce sera plus cher, c'est tout. **La Terre est vivante.**

Il y a, depuis plusieurs années, un réchauffement du magma, dû à une déchirure du bouclier thermique de la Terre, qui laisse passer une plus forte densité de rayons cosmiques. Ce réchauffement du magma le rendant plus fluide, amène plusieurs phénomènes. Les plaques tectoniques glissent plus rapidement sur la croute terrestre, entrainant plus de séismes d'une plus grande magnitude, plus d'éruptions volcaniques et de nouvelles ruptures de failles. Les mêmes causes créant les mêmes effets, des filons métalliques se formeront à nouveau et, à plus court terme, les cassures de plaques mettront à jour des filons inconnus jusqu'alors parce qu'enfouis en grande profondeur.

Le pôle se déplace. Des territoires inexplorés du fait des conditions climatiques deviennent déjà et deviendront de plus en plus accessibles dans les décennies à venir.

Il y a aujourd'hui une ruée vers l'or en Alaska, pour « pêcher » l'or de la Mer de Béring. Une chaine américaine en fait même

un reality show, qui a beaucoup de succès.
www.akmining.com/mine/bering_sea_gold_the_nome_gold_rush.htm

Bref, la fin de toutes les réserves de la Terre est un mythe moderne. Comme nous ne sommes que des hommes et que nous devons vivre les soubresauts politico-économico-monétaires du moyen terme, nous devons raisonner en fonction de données à cette échelle de temps. L'USGS prévoit une augmentation de la production d'argent de 25% d'ici 2020.

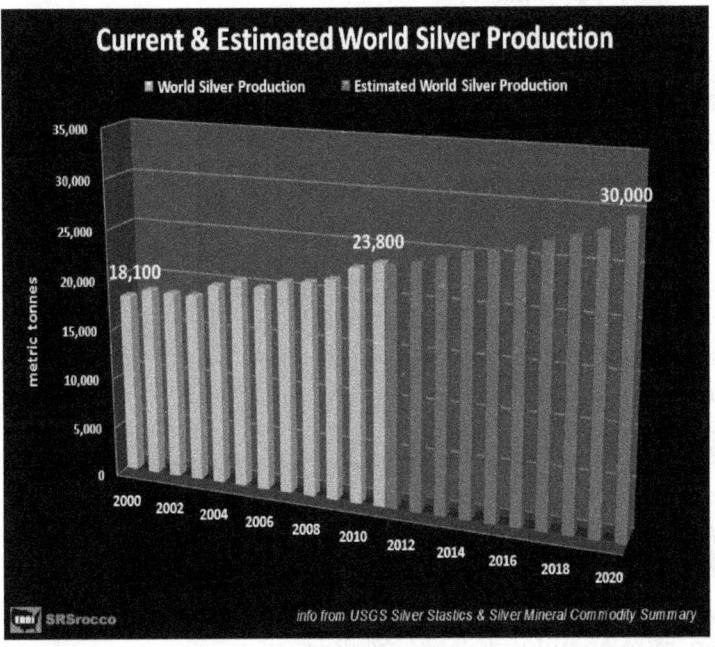

La hausse du prix du pétrole devrait impacter sensiblement le prix de l'argent dans les années à venir. La véritable raison est bien sûr la baisse du pouvoir d'achat du Dollar.

RÉSERVES OR PAR RAPPORT AUX RÉSERVES D'ARGENT

1/5

Le ratio Or /Argent est aujourd'hui fixé en fonction des coûts de production respectifs de ces métaux précieux, alors que : *« Les réserves dans le sous-sol montrent un rapport de 1 à 5. »* « *Il y a 5 fois plus d'argent que d'or restant à extraire.* » Dany Chaize, 2002.

Si vous prenez le chiffre de 291 000 tonnes d'argent d'après les calculs ci-dessus, divisé par les réserves officielles d'or, telles que définies par l'USGS, Dany Chaize a raison. **Le rapport est de 5.**

Le vrai prix de l'argent devrait donc être celui du prix de l'once d'or divisé par 5 soit aux cours actuels de 1 700$, l'argent devrait être à 340$, au cours attendus à court terme de 3 250$ l'argent pourrait être à 650$. À ma connaissance, ce n'est pas dans les cartons.

Le dernier rapport de l'USGS évoque 510 000 tonnes d'argent et 51 000 tonnes d'or restant à extraire. Pas besoin d'avoir fait polytechnique ou l'ENA pour comprendre qu'il y a **un rapport de 1 à 10.** Ces chiffres produits par l'USGS montrent une volonté politique, c'est une valeur de compromis, plus monétaire qu'industrielle ou géologique.

« En politique, rien n'arrive jamais par hasard »
Franklin D. Roosevelt

En 2002, l'analyste canadien Dani Chaize écrivait : *« Les coûts de production pour l'argent en 2002 sont de 5$ l'once et de 300$ l'once pour l'or. Ce ratio de coût de production est de 60. »*

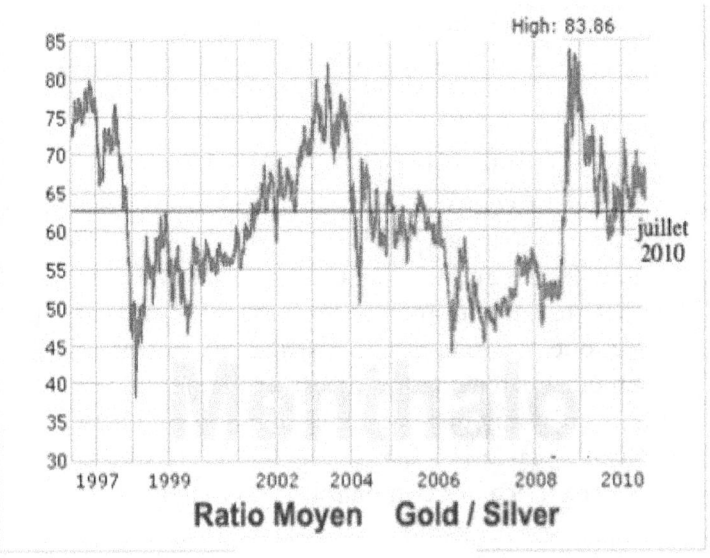

Ratio Moyen Gold / Silver

On peut constater sur le graphique ci-dessus que le ratio Or/Ag a bien fluctué autour de 65 de 1997 à 2010.

« Le ratio Or / Ag est aujourd'hui fixé en fonction des coûts de production respectifs de ces métaux précieux, (1/60). »

« Alors que les réserves dans le sous-sol montre un rapport de 1 à 5. Il y a 5 fois plus d'argent que d'or restant à extraire. »

« Ce ratio changera brutalement lorsque les premiers problèmes de pénurie apparaîtront. »

NATIONALISATION DES MINES D'OR ?

Au début de l'été 2012, la Bolivie a annoncé qu'elle allait nationaliser la mine de *Malku Khota*, réputée être l'une des plus grosses réserves d'argent mondiale, avec 230 Moz d'argent, sans parler de l'or, de l'indium ou du gallium. Le Président Morales a déjà nationalisé les mines d'étain et de zinc du groupe minier Glencore en juin. Soit la Bolivie dédommage les sociétés minières, soit elle renégocie le contrat sur les royalties.

C'est cette deuxième voie, que semble adopter le Guatemala, dont le Président veut imposer par décret des royalties de 40% à toutes les compagnies minières exploitant son sous-sol. À l'heure actuelle, les mines d'or et d'argent payent des royalties de 4%, les mines de métal de base 3% et celles qui ne s'occupent que de minerais industriels ne paient que 1% au gouvernement guatémaltèque. Il est probable que ces royalties ont été jusqu'à aujourd'hui extrêmement minorées, comme l'étaient celles calculées par l'Anglo-Persian Oil pour l'Iran avant l'entrée en lice des compagnies américaines.

Un décuplement des royalties sur l'or et l'argent, si la mesure était adoptée et se généralisait à tous les pays producteurs, serait l'équivalent des chocs pétroliers des années 70 sur le cours de ces métaux.

En septembre 2012, une de mes sources m'a parlé d'une très prochaine nationalisation des ressources en or des mines purement canadiennes. Cette nationalisation serait le premier signe de la confiscation de l'or au profit des banques centrales en vue d'un retour à l'étalon or. On se souviendra que la Réserve Fédérale dans ses comptes parle de « deep storage gold ». Les réserves d'or des mines américaines pourraient être également nationalisées dans un avenir proche.

L'ARGENT DE LA RÉCUPÉRATION

L'offre d'Argent provient également de la récupération.

PHOTOGRAPHIE ARGENTIQUE

Une partie de la récupération provient du retraitement des films photo, radio ou cinéma. La récupération se fait par électrolyse ou par précipitation.

ELECTRONIQUE

Tout le matériel informatique et électronique au rebut contient de 0,02 à 0,5% d'argent, que l'on peut récupérer sur les diodes, anodes, ou fiches et dans les circuits intégrés ou imprimés. En 2000, cette source représentait 90 tonnes soit 2,9 Moz.

BIJOUTERIE, JOAILLERIE

Bijoux cassés et usés sont une source constante de récupération. La majorité des bijoux d'argent sont des alliages de piètre qualité.

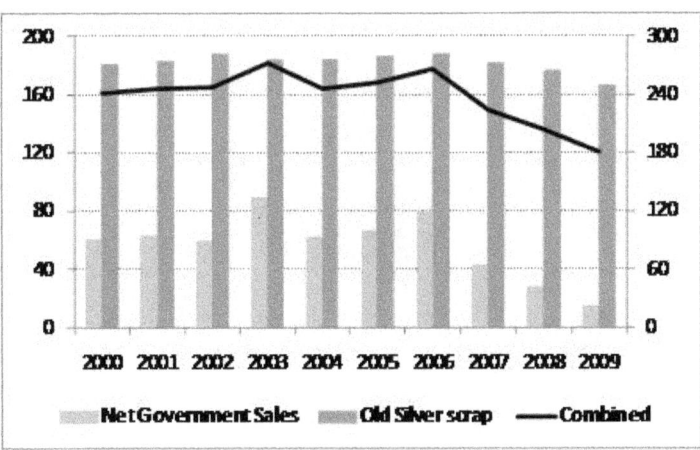

Plus le cours de l'argent sera haut ; plus la récupération sera une entreprise rentable. Aujourd'hui, une grande partie de l'argent utilisé dans les gadgets électriques ou électroniques n'est pas récupéré. En 10 ans, la récupération est restée stable proche de 190 Moz/an avec un sommet en 2011 à 250 Moz.

LA DEMANDE

Répartition de la demande par secteur

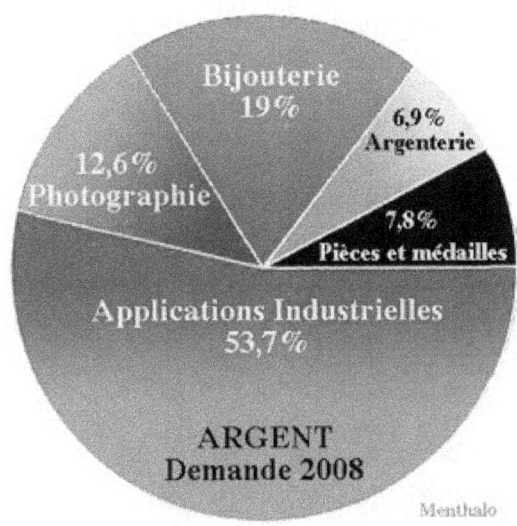

La demande évolue assez rapidement. Dans ce graphe, l'argent d'investissement n'est même pas mentionné.

Photographie

Ce secteur est passé de 218 Moz en 2000 à **70 Moz** en 2011. Il a été divisé par 3 au fur et à mesure du remplacement de l'imagerie argentique par le numérique. Ce dernier nécessitant du matériel informatique ou électronique, cette demande s'est seulement déplacée dans le tableau.

Argenterie

L'argenterie semble être moins à la mode qu'à la fin des années 1990. Ce secteur a diminué de moitié, passant de 100 Moz à **50 Moz**.

BIJOUTERIE

Malgré un prix de l'argent qui a été multiplié par 5 en onze ans, la demande est restée parfaitement stable à **170 Moz**.

PIÈCES ET MÉDAILLES

La demande de pièces en argent a été multipliée par 3,5 ces onze dernières années, passant de 30 Moz à 102 Moz.

2010 et 2011 ont vu s'inscrire de nouveaux records de vente de pièces d'argent et notamment de Silver Eagle, pièce américaine d'une once. Le premier jour ouvrable de 2012, la US Mint a établi un nouveau record de vente avec 3,2 millions de Silver Eagles vendus en un jour. Cela représente Presque 10% des ventes totales de 2011 en quelques heures (ventes 2011 : 39,8 Millions). Au mois de janvier 2012, 6 Millions d'onces d'argent ont été vendues par l'U.S. mint, établissant un nouveau record absolu.

Au Canada, la vente de pièces était quasiment inexistante, il y a 10 ans, elle représentait en 2011, 22 Moz.

En Chine, l'état frappait une quantité limitée de médailles commémoratives et il était interdit de thésauriser de l'argent-métal jusqu'à l'été 2009. Depuis septembre 2009, les investisseurs chinois se ruent sur l'argent sous toutes ses formes. Ces chiffres ne semblent pas comptabilisés par le Silver Institute américain.

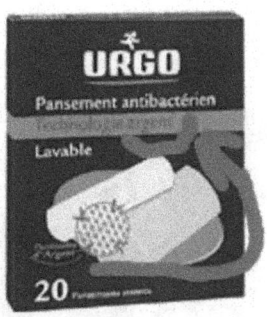

En Europe, des quotas ont été mis en place pour limiter les exportations de pièces d'argent par l'Allemagne.

DE NOUVELLES APPLICATIONS

Les propriétés antibactériennes, virucides et fongicides de l'argent sont connues depuis l'Antiquité. Aujourd'hui, les produits utilisant des colloïdes ou des nanoparticules d'argent en médecine se multiplient. Depuis le pansement de base pour le grand public aux produits hospitaliers pour les grands brûlés, les escarres, ou un accélérateur de cicatrisation, l'argent est partout.

Pour les mêmes raisons bactéricides, l'argent est utilisé dans le traitement de l'air ou de l'eau, tant dans les installations hospitalières ou hôtelières, que dans les filtres à eau des particuliers, où des particules d'argent sont incluses dans la céramique.

L'Argent colloïdal qui permet à l'homme de renforcer ses défenses immunitaires contre les agressions microbiennes et virales est devenu un produit courant du consommateur américain aujourd'hui.

À titre anecdotique, Eau Positive participe à des expérimentations in vivo avec un groupement d'ostréiculteurs et Ifremer, pour essayer de sauver les huitres de nos côtes, décimées par une bactérie tueuse, Vibrio splendidus biovar.

Photovoltaïque

Un marché neuf. En 2004, ce marché n'a consommé que 3 Moz d'argent. Six ans plus tard, le PV a nécessité 50 Moz et ses perspectives de croissance sont colossales dans un monde où l'énergie fossile tend à devenir plus rare et plus chère. La Photovoltaïque représentait 14% de la demande industrielle en 2011. On considère que cette demande annuelle d'argent pour le PV va au moins doubler d'ici 2015. La progression est géométrique.

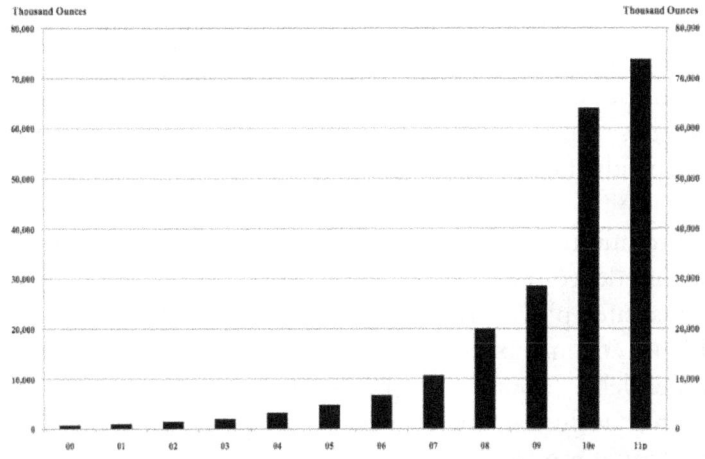

Une cellule Photovoltaïque ne contient que 0,15 à 0,25g d'Argent. Les fluctuations du prix de l'argent n'influent donc pas sur les prix de vente des équipements. D'autant moins que le prix de l'argent restera d'une manière ou d'une autre corrélé au prix de l'énergie, plus le prix du pétrole montera, plus la demande de photovoltaïque croîtra.

LES PUCES RFID

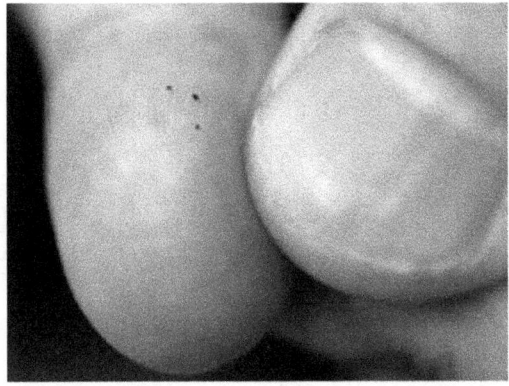

Une course industrielle vers la miniaturisation des puces RFID a amené l'industrie électronique japonaise à produire des puces toujours plus petites. En 2004, ces puces étaient de la taille d'un grain de riz. Deux ans plus tard, elles mesuraient 0,15mm x 0,15mm pour une épaisseur de 7,5 micron. La firme Wal-Mart, leader des vêtements bon marché aux USA, équipe la totalité des sa production sous-traitée en chine de puces RFID.

Aujourd'hui, tous les billets de banque, les pièces d'identité, les appareils de communication en sont équipés. Cela représente des quantités phénoménales. En France dès 2009, 30 milliards d'objets étaient pucés, la croissance de ce marché est exponentielle. Toutes les puces contiennent de l'argent en quantités infinitésimales, mais cela représente un volume important et croissant.

PERSPECTIVES DE LA DEMANDE INDUSTRIELLE

Un très fort accroissement de la demande pour ces nouvelles applications industrielles est attendu dans les années à venir.

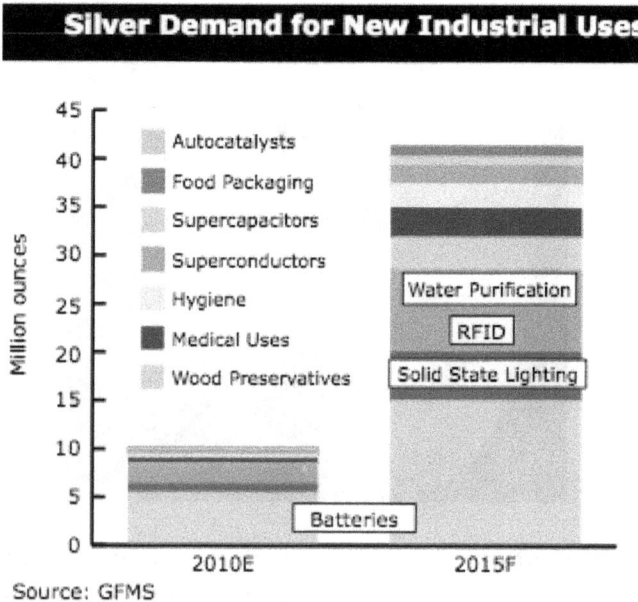

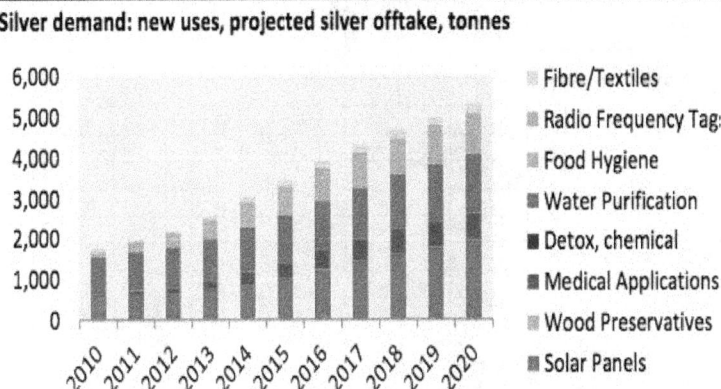

L'ARGENT D'INVESTISSEMENT

À travers les âges, l'argent a été un moyen d'échange monétaire au même titre que l'or, mais également un moyen de conserver une partie de son capital en le protégeant des aléas économiques, politiques et monétaires.

Depuis 2001, l'accélération de l'érosion monétaire de toutes les monnaies fiduciaires redonne du sens à la thésaurisation dans les métaux précieux.

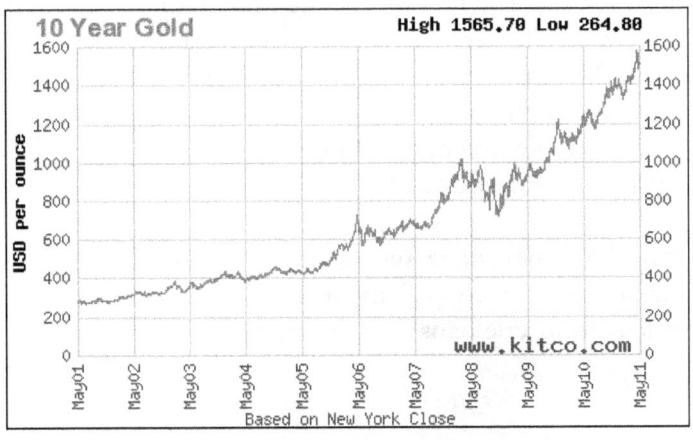

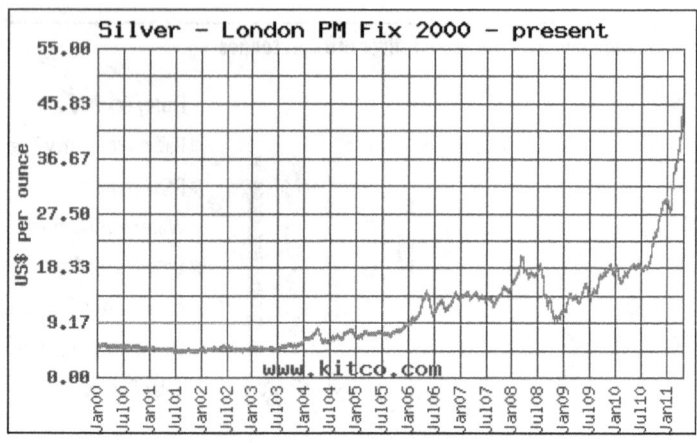

DE NOUVEAUX FONDS D'INVESTISSEMENT

En 2004, quelques banquiers de l'oligarchie financière anglo-américaine vont reprendre le concept développé par la Banque d'Amsterdam en 1600 en le modernisant. Ils créent un produit financier, aussi facile à acheter ou à vendre en bourse qu'une action de société, qui va porter le nom générique d'**ETF**, pour Exchange Trade Fund. Ce véhicule doit permettre à un investisseur d'acheter de l'or et de le revendre, sans avoir à se préoccuper de le mettre dans un coffre ou de l'assurer. Le client, confiant dans le système ne s'étonnera pas que contractuellement, il lui soit interdit de demander la livraison de son lingot, qui ne peut sortir des entrepôts sécurisés de la banque émettrice ou de la compagnie sous-traitante pour le gardiennage. Les clients méfiants sont en droit de se poser des questions.

En avril 2006, devant le succès de l'ETF GLD, les banquiers lancent un produit équivalent permettant aux investisseurs de placer leur trésorerie dans l'Argent métal avec l'ETF SLV.

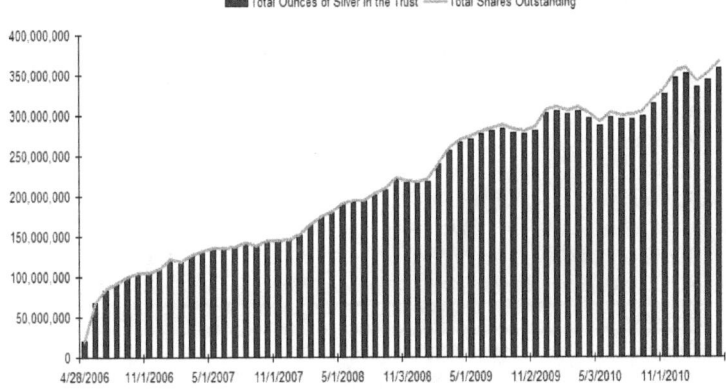

Comme on peut le voir, la formule plait et SLV draine beaucoup de capitaux, qui lui permettent d'investir massivement dans l'Argent.

Cet exemple sera suivi par d'autres groupes financiers en Suisse, au Canada et ailleurs et plus récemment en Chine, où placer sa trésorerie en ETF est institutionnalisé.

Lors d'une conférence donnée en 2011, Eric Sprott, manager d'un fonds d'investissement canadien ayant créé l'ETF Silver (PSLV), présentait les réserves connues d'argent à travers le Monde. Ishare SLV (entouré de rouge) prétend disposer de 340 Moz d'Argent, soit près de la moitié du stock d'argent connu.

SILVER :: DEPOSITORIES : ETFS

Name	Fund	Storage	Total Weight
COMEX	Registered	Depository	44,839,053 oz
COMEX	Eligible	Depository	59,575,472 oz
COMEX	Total	Depository	104,414,525 oz
TOCOM	Total	Depository	473,584 oz
Brompton	PBU-UN.TO	ETF	1,033,556 oz
Claymore	SVR.UN	ETF	2,915,000 oz
Deutsche Bank	XAD6	ETF	6,850,000 oz
ETF Securities	PHAG/SIVR	ETF	51,515,439 oz
iShares	SLV	ETF	340,004,314 oz
Japan	Physical	ETF	13,216 oz
Julius Baer	JBSI	ETF	9,411,000 oz
SilverBullion	SBT.U	ETF	3,143,830 oz
Sprott	PSLV	ETF	22,298,540 oz
UBS	SVCHA	ETF	250,000 oz
ZKB	ZSIL	ETF	77,034,712 oz
BMG Bullion	BMG	FUND	4,960,697 oz
Central Fund	CEF	FUND	75,209,103 oz
BullionVault		EFUND	4,243,969 oz
eGold		EFUND	85,244 oz
GoldMoney		EFUND	22,590,211 oz
	TOTAL	STOCKS	726,446,940 oz

Eric Sprott ironisait sur ce stock, comme beaucoup d'analystes connaissant ce marché, qui affirment qu'une très grosse partie de ce stock est totalement fictif. Aucun organisme indépendant n'a jamais pu contrôler la réalité des lingots, prétendument détenus par SLV.

Deux Banques dominent massivement le marché de l'or et de l'argent, ce sont la Banque JPM et HSBC. L'une est gardienne officielle des stocks de GLD, alors que l'autre est gardienne des stocks de SLV. Mais toutes les deux vendent de concert de l'or et de l'Argent sur le marché en quantités astronomiques. Ce que ces deux banques vendent sur le marché n'a pas de réalité, c'est de « l'Argent Papier ».

Concrètement, ils vendent des lingots d'argent, qui ne doivent pas sortir d'un entrepôt où personne n'a le droit d'entrer, pour vérifier si cet entrepôt est plein. Ils vendent également des barres de métal sur les futures ; c'est-à-dire qu'ils vendent aujourd'hui du métal qu'ils s'engagent à livrer 3 ou 6 mois plus tard, mais le jour de la livraison, ils « font rouler leurs positions » en repoussant la livraison de 3 mois en 3 mois.

Ubiquité & Triple Comptabilité

Un avis communément partagé chez les analystes, c'est qu'il y a une triple comptabilité. Les mêmes lingots d'argent sont comptabilisés trois fois :

- dans les entrepôts du Comex, le marché de New York

- dans les entrepôts du LBMA, le marché de Londres

- dans les entrepôts de SLV, à cheval entre Londres et NY

Or, on retrouve comme gardiens officiels de ces différents entrepôts, les mêmes banques complices JPM et HSBC.

Un esprit simpliste pourrait taxer ces accusations du vocable fourre-tout « théorie du complot », mais ce serait ignorer les mises en garde des autorités de marché et notamment le CFTC américain. Cet organisme récemment renforcé devait mettre en œuvre les nouvelles lois votées en juillet 2010 pour réglementer ce marché, mais ils ont en face d'eux les Banques de Wall Street, qui sont toutes puissantes aux États-Unis.

Sur son site, **le CFTC** met en garde **contre les escroqueries du marché des métaux précieux :**

Avis contre les fraudes aux consommateurs

Méfiez-vous des entreprises qui vendent des investissements dans les métaux précieux vantant des promesses de profits faciles grâce à la hausse des prix de l'or, de l'argent, du platine, du palladium et autres métaux précieux.

Soyez particulièrement attentifs aux entreprises qui vendent des investissements dans les métaux précieux, prétendant que vous pouvez faire beaucoup d'argent, avec peu de risque, par l'achat de métal à travers une convention de financement et un faible dépôt de garantie.

La CFTC a vu une augmentation du nombre d'entreprises qui offrent aux clients la possibilité d'acheter ou d'investir dans les métaux précieux. Cependant, beaucoup de ces entreprises n'ont pas fait d'achat et encore moins stocké de métaux pour le compte de leurs clients.

Cet avis sur les fraudes aux consommateurs dans les métaux précieux décrit comment certaines entreprises de métaux précieux peuvent utiliser des tactiques frauduleuses pour inciter les clients à investir, comment ces entreprises fonctionnent réellement et vous présente les signes qui vont vous aider à identifier une arnaque potentielle sur les métaux précieux.

L'expérience de la CFTC est que les entreprises des métaux précieux, faisant de telles ventes souvent :

- N'achètent à aucun moment le moindre Métal Précieux pour le compte de leurs clients.

- Facturent néanmoins de faux frais d'investissement, d'assurance ou de gardiennage.

- Ne stockent pas le métal dans une banque ou un entrepôt indépendant, mais facturent de faux frais de gardiennage.

SIGNES INQUIETANTS

Méfiez-vous des sociétés de métaux précieux qui :

- Précisent expressément que leurs transactions sur métaux précieux ne sont pas réglementées par la Commodity Futures Trading Commission (CFTC) ou par la National Futures Association (NFA). Ces déclarations sont courantes dans les conventions de compte associées à des escroqueries sur les métaux précieux;

- N'identifient pas l'endroit où le métal physique est situé, ou s'engagent à livrer le physique à une banque ou une installation de stockage à l'étranger.

SOYEZ PARTICULIEREMENT MEFIANTS AVEC LES COMPAGNIES US QUI DISENT UTILISER DES ENTREPOTS OUTREMER.

Parfois, les entreprises américaines qui proposent des investissements dans les métaux précieux prétendent que les métaux seront livrés à une installation de stockage située à l'extérieur des États-Unis.

Si vous placez des fonds dans des sociétés américaines qui font de telles allégations, il peut être difficile ou impossible pour vous de vérifier votre investissement ou de récupérer votre argent.

Par conséquent, demandez où vos fonds seront déposés et conservés, où le métal sera stocké et, si possible, appelez l'installation de stockage à l'étranger.

Fin de citation du site CFTC

Si on compare cette mise en garde officielle avec le prospectus de l'ETF SLV ; dès le 1er paragraphe de la 1ère page, il y a un panneau ESCROCS :

« The trust is not a commodity pool for purposes of the Commodity Exchange Act, and its sponsor is not subject to regulation by the Commodity Futures Trading Commission as a commodity pool operator, or a commodity trading advisor. »

Le CFTC vous a prévenu ci-dessus, méfiez-vous des entreprises, qui « *précisent expressément, que leurs transactions sur les métaux précieux ne sont pas réglementées par le CFTC ou la NFA.* »

« Neither the Securities and Exchange Commission (SEC) nor any state securities commission has approved or disapproved of the securities offered in this prospectus, or determined if this prospectus is truthful or complete. Any representation to the contrary is a criminal offense. »

SLV vous prévient que ni la S.E.C. (autorités de la Bourse) ni aucune autre agence gouvernementale n'a approuvé ou désapprouvé les termes de ce prospectus, ni même indiqué s'il disait la vérité ou s'il était complet (comprenez s'il mentait par omission). Autrement dit ce document n'a aucune valeur légale aux États-Unis.

« Silver owned by the trust will be held by the custodian in England, and other locations that may be authorized in the future. »

Le CFTC vous a mis en garde contre « *les entreprises américaines qui proposent des investissements dans les métaux précieux prétendant que les métaux seront livrés à une installation de stockage située à l'extérieur des États-Unis.* »

Bref, les ETF GLD et SLV correspondent point par point à ces escroqueries décrites par le CFTC. Les SLV utilisent en grande partie la trésorerie de ses clients, non pas pour acheter de l'argent, mais pour contrôler le prix de celui-ci, en vendant à découvert sur les futures un argent qu'ils ne possèdent pas ou ne possèdent plus.

Notez bien, que si JPM & HSBC et leurs complices sont des escrocs, protégés par leur puissance financière et leurs complicités multiples au sein de la ploutocratie américaine ; y a-t-il des ETF honnêtes et sérieux ?

ZKB de la Zurich Kantonal Bank est théoriquement garanti par l'état suisse, mais la *Hat Trick Letter* a publié en juin 2012 les mésaventures d'un client de ZKB, qui a demandé livraison de son métal (or et argent). Il a reçu une fin de non-recevoir de la banque. Malgré toutes les affirmations antérieures de cette banque, il n'était propriétaire que de certificats. Pour finir, ZKB lui a fait un chèque et ce client a été acheter des métaux précieux sous d'autres cieux, où il a exigé la livraison, d'entrée de jeu.

Sprott Management est supposé être exemplaire, mais ses ETF pourraient être trop en vue, facilement confiscable. Nous reviendrons dans la partie monétaire sur le rôle politique et monétaire des ETF SLV et GLD, où JPM se révèle être non pas un simple pirate, mais un corsaire au service de la Réserve Fédérale.

Un Marché en perpétuel déficit

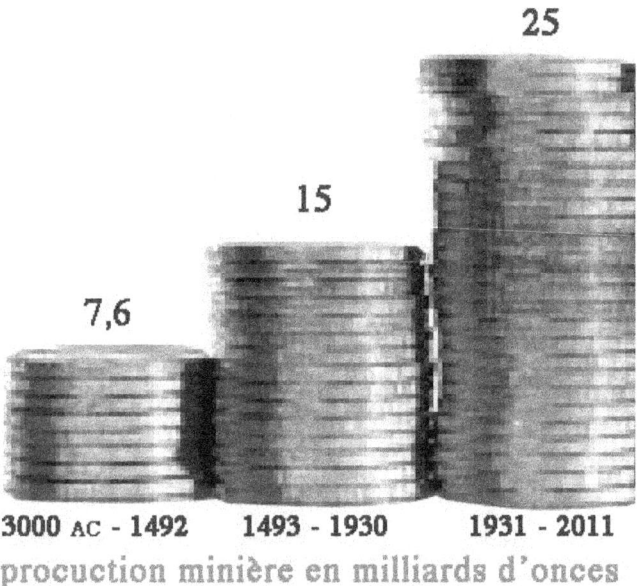

procuction minière en milliards d'onces

La découverte des gisements aux Amériques et au Japon, puis l'amélioration des techniques d'extraction et de raffinage a permis une très forte croissance de la production d'argent du XVIème siècle à la fin du XIXème. Le moteur à explosion, l'électricité, les nouvelles techniques de prospection et d'exploitation minières vont accélérer la production de manière exponentielle tout du long du XXème siècle notamment à partir de 1970.

Au lendemain de la Deuxième Guerre Mondiale, la société de consommation va amener la multiplication de produits électroménagers de plus en plus sophistiqués indispensables au « confort moderne ». L'invention de l'électronique, puis des circuits intégrés et des microprocesseurs à la fin des années soixante, va amener une demande extrêmement forte de l'Argent, matériau indispensable pour ses qualités intrinsèques de conductibilité.

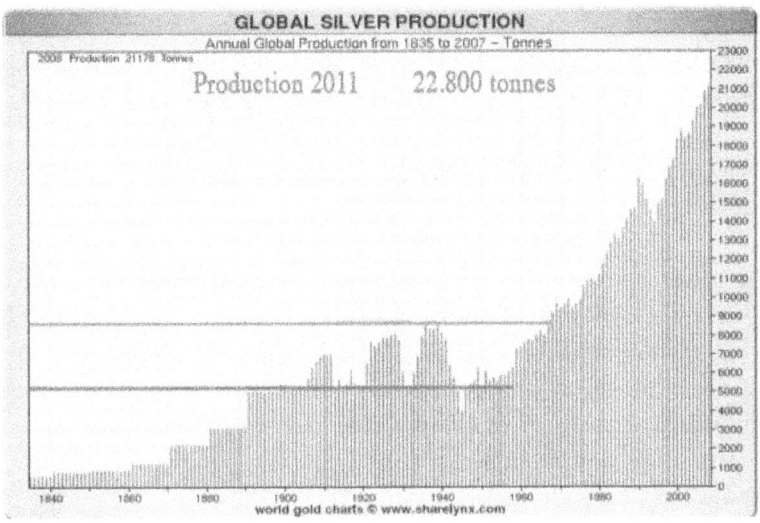

L'argent est le meilleur conducteur parmi les corps simples.

Dès 1950, le Trésor US détient à lui seul 2 Milliards d'onces d'argent. Il doit arbitrer ce marché en déficit en vendant du métal, pour empêcher l'argent de déborder le cours de sa valeur monétaire. De 1960 à 1965, 342 Moz vont être vendues dans ce but et 814 Moz sont encore utilisées pour la frappe de monnaies.

En 1965, **Lyndon Johnson** est obligé de constater que la demande industrielle est telle, qu'il va devenir impossible au Trésor Américain de poursuivre la frappe de pièces en argent. L'argent va être remplacé dans les pièces par différents alliages de cupro-nickel. L'exemple américain sera suivi par la plupart des pays, qui vont démonétiser l'argent. Les gouvernements disposent d'un fabuleux stock d'argent estimé à 10 Md oz, qu'ils vont écouler sur le marché.

Leur objectif est double :

-Maîtriser le marché de ce métal précieux pour empêcher une spéculation contre les monnaies fiduciaires, à une période où le Dollar est attaqué du fait des déficits américains. (1963-1973)

-Écouler leur stock devenu inutile dans les meilleures conditions.

De 1966 à novembre 1970, le gouvernement américain seul va vendre 674 millions d'onces. Le stock gouvernemental a fondu, il ne reste que 170 Moz en 1971. Les frères Hunt vont faire monter les cours et se faire plumer par le gouvernement américain, qui va mettre en place des structures pour mieux maîtriser les cours.

Le développement de l'informatique dans les 3 dernières décennies, puis la généralisation d'une société de communication (PC puis téléphones) va amener une demande industrielle très forte, puisque toutes les connexions électroniques demandent d'infimes quantités d'argent.

LA DEMANDE PRÉCÈDE TOUJOURS LA PRODUCTION.

LE DÉFICIT S'ACCUMULE

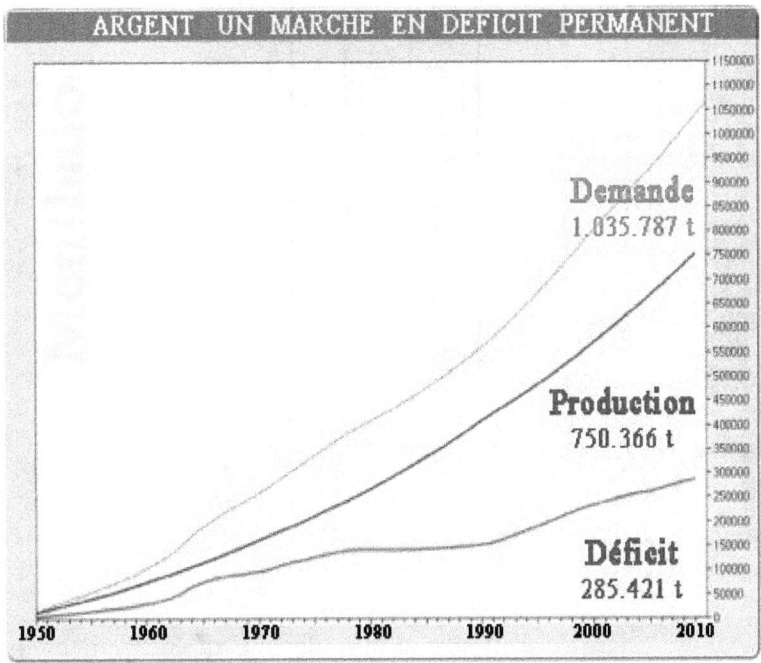

Année	Prod	Cons
1942	249	280
1943	217	370
1944	186	285
1945	157	300
1946	129	220
1947	157	250
1948	173	260
1949	174	230
1950	203	275
1951	199	270
1952	216	260
1953	216	270
1954	214	230
1955	223	217
1956	222	260
1957	231	296
1958	239	270
1959	222	301
1960	240	325
1961	231	352
1962	242	366
1963	251	409
1964	249	550
1965	251	708
1966	253	484
1967	266	452
1968	275	438
1970	301	397

Année	Prod	Cons
1971	294	379
1972	301	427
1973	308	495
1974	295	459
1975	294	390
1976	316	467
1977	340	457
1978	344	478
1979	346	447
1980	341	355
1981	361	353
1982	383	364
1983	392	349
1984	415	363
1985	418	446
1986	418	495
1987	445	496
1988	460	536
1989	474	546
1991	485	544
1992	503	602
1993	473	620
1994	446	636
1995	483	600
1996	491	742
1997	520	771
1998	544	812
1999	548	838

Année	Prod	Cons
2000	587	904
2001	611	867
2002	607	838
2003	611	853
2004	634	836

Un Déficit chaque année depuis 71 ans

Depuis le début de l'Humanité, l'Homme a raffiné près de 4,4 Milliards d'onces d'Or et 48 Milliards d'onces d'argent. Dix fois plus. Près de 95% de l'or a été conservé sous forme de pièces ou de lingots.

Près de 85% de l'Argent a été détruit définitivement par l'industrie.[7] En 1900, le stock mondial était de 12 Milliards d'onces d'Argent. En 1933, le stock monétaire mondial était de 4,94 Milliards d'onces.

En 1990, il n'y avait plus que 2,2 Milliards d'onces d'Argent. En 2011, il y en a moins de 1 Milliard d'onces. Le reste a été détruit par l'industrie.

---

[7] Ces chiffres ne tiennent pas compte de l'argent transformé en bijoux, mais qui ne sont qu'un alliage, souvent de faible teneur.

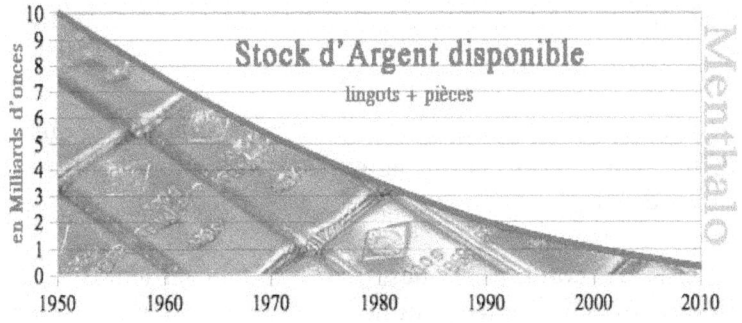

Les stocks gouvernementaux ont été totalement vendus.

Il restait en 2011 près de 800 Millions d'onces d'argent en pièces ou en lingots en mains privées, ou en d'ETF… plus les réserves stratégiques ou monétaires de la Chine et peut être de l'Inde, comme nous allons le voir plus loin. Ces 800 Millions seuls ne devraient couvrir, en théorie, que deux ou trois années de déficit, ce qui pourrait amener une panique en occident.

Les particuliers qui stockent de l'argent, attendent que les cours soient libérés et que le prix de l'Argent reflète enfin cette pénurie.

LES MARCHÉS DE RÉFÉRENCE

Deux grands marchés internationaux fixent le prix de l'or et de l'argent, suivis par des marchés secondaires Zurich et Tokyo (Tocom). Le marché de Shanghai SGE devrait être amené à avoir un rôle primordial, dans les années à venir.

Le **London Bullion Market** est le plus ancien et le plus gros des marchés des « futures », tant pour l'or que pour l'argent. Il s'y traite quotidiennement 18 Moz d'or et 107 Moz d'Argent. En d'autres termes, la totalité de la production d'or annuelle est échangée tous les 4,4 jours et la totalité de la production d'argent tous les 6 jours.

Le GATA (Gold Anti Trust Association) affirme que ces chiffres sont minorés et que la totalité de la production annuelle d'or est échangée chaque jour à Londres. Idem pour le Silver.

S'il existe des comptes alloués, où les dealers gardent des barres numérotées et référencées au nom de tel ou tel client, l'essentiel des échanges se fait avec des barres de métal non allouées. Les réserves réelles de métal ne couvriraient que 15% du métal échangé quotidiennement. Il suffirait qu'un client sur six demande livraison du métal acheté pour que les stocks soient vides et que cela cause un Krach systémique. Sur le Marché de Londres, le client peut demander la livraison de son métal deux jours après l'avoir acheté. C'est donc un marché de physique même si c'est le plus grand marché de métal-électronique ou « papier ».

Le **COMEX de New York** fonctionne de la même façon que le LBM, mais les livraisons ne peuvent être demandées qu'en fin de mois, certains mois étant plus important que d'autres (mars, juin, septembre, décembre).

Un contrat Silver sur le COMEX représente 5 000 onces. Depuis 2008, une loi permet aux traders du COMEX de remplacer la livraison de Physique par des parts de SLV ou de GLD.

L'autorité de marché est le **CFTC** (Commodity Futures Trading Commission), aujourd'hui quasiment sans autorité face aux Banques dominantes.

LE PRIX DE L'ARGENT

DE L'ÉLASTICITÉ DE LA DEMANDE PAR RAPPORT AU PRIX

Lorsque le prix de certains produits monte, d'une manière générale, la demande faiblit. C'est ce qu'on appelle l'élasticité de la demande par rapport au prix.

Dans le cas de l'argent, l'élasticité est nulle, c'est à dire que la demande industrielle ne baisse pas si le prix monte.

Pourquoi ?

Un téléphone portable ne contient que 0,250 g d'argent, soit environ 18 centimes d'euros. Même si le prix de l'argent décuplait, cela ne modifierait pas la demande de 5 Milliards de téléphones portables dans le Monde (vente 2010).

Dans un ordinateur de bureau ou un ordinateur portable, il n'y a qu'un gramme d'Argent, soit 0,72€. Le cours du Silver ne va pas influer sur la demande.

Dans votre automobile, il y a entre 10 et 30 g d'argent selon les modèles. Ce n'est pas cela qui influe sur le prix de vente des automobiles. Le marché de l'automobile absorbe 36 Moz de Silver soit 5% de la production minière. La croissance du marché des pays émergents, Chine et Inde en tête, devrait accroître cette demande dans les années à venir.

Les industriels ne peuvent pas remplacer l'argent par un ersatz, car ses qualités propres sont uniques. **L'argent-métal est le corps pur simple qui est le meilleur conducteur d'électricité à température ambiante.**

UN PRIX CONTRÔLÉ

Du temps où l'Argent était la monnaie, nous avons vu qu'un trop grand afflux de métal (de 1550 à 1650) avait amené une forte inflation des prix des biens et des denrées. Le pouvoir d'achat de l'Argent avait baissé.

Les gouvernements ont ensuite contrôlé le prix de l'Argent-métal afin que celui-ci ne dépasse pas la valeur faciale des pièces de monnaie. Pour ce faire, ils ont abaissé la teneur en argent des pièces, avant de supprimer toutes pièces en argent sauf les pièces de collection.

À partir de 1934, les États-Unis ont monopolisé la masse d'argent monétaire de la planète pour en contrôler le prix et faire oublier sa valeur monétaire intrinsèque. Le gouvernement américain et les banques centrales alliées ont cherché à contrôler le prix de l'Or et par extension de l'Argent pour conserver l'illusion de la force du Dollar américain, la monnaie obligée des échanges internationaux.

Le contrôle de l'or s'est fait par des accords entre banques centrales, qui se vendaient l'une l'autre de grosses quantités d'or pour maîtriser les cours. Ces accords officiels s'appellent les

Washington Agreement on Gold, les WAG. Le dernier en date n'autorisait la vente que de 500 tonnes.

Le contrôle du cours de l'argent se faisait par les ventes du stock gouvernemental de lingots. Ce stock d'argent monétaire a été épuisé au début des années 2000.

Depuis 2006, différentes techniques complémentaires ont été utilisées par les Banques et les organismes supposés régenter les Marchés. Le COMEX augmente les marges et les frais de garde obligeant les spéculateurs à vendre une partie de leurs contrats, quand la spéculation s'emballe.

Les partenaires du cartel bancaire anglo-américain vont mettre en œuvre de subtiles manœuvres vendant sur certains niveaux-clés, pour provoquer des ventes automatiques de robots-traders, faisant chuter les cours ainsi de paliers en paliers.

SLV a permis au Cartel de contrôler à la fois la trésorerie d'investisseurs sur le métal, mais également une grosse quantité d'Argent-métal, qui peut être injecté brutalement sur le marché pour faire chuter les cours.

Les Banques du Cartel vont également emprunter (lease) soit à des Bullion Banks, soit à des Fonds de placement (ETF), soit à des états, soit à des compagnies minières des quantités de métal, qu'ils vont vendre à terme sur les futures. Lorsqu'elles devront rendre ce métal emprunté, les Banques du Cartel proposent des parts de SLV, donc de l'argent-papier au lieu de métal sonnant et trébuchant. Si le prêteur refuse, il sera remboursé en Dollar avec une forte prime sur la valeur de l'Argent.

Les pertes générées par la défense, pied à pied, de la valeur apparente du Dollar ne coûte rien aux Banques du Cartel. La *Federal Reserve* n'ayant de comptes à rendre à personne, renfloue les caisses des défenseurs par de généreux virements de milliards de Dollars, comme cela a été récemment démontré par l'audit du Congrès américain.

Lorsque les vendeurs à découvert sont coincés, incapables de livrer, ils n'hésitent pas à mettre en faillite une banque, dont la position « longue » gène leurs manœuvres, comme cela fut le cas pour *Bear Stearns* ou faire chuter un Broker, comme ils l'ont fait en octobre 2011 avec *MF Global*, raflant du même coup les métaux des clients.

Le prix de l'Argent est donc toujours contrôlé, mais différentes forces ont amené une multiplication de son prix de base par DIX en dix ans, les cours passant de **5$ à 50$ de 2002 à 2011.**

L'histoire récente semble montrer que le prix pourrait être fortement revalorisé dans les mois et les années qui viennent.

Le fait que ce métal soit indispensable dans de nombreuses technologies essentielles, que sa production ait été inférieure à la demande 70 années d'affilée et que sa rareté soit amenée à s'amplifier plaide en ce sens.

Les négociations actuelles entre les différentes factions de l'oligarchie portent entre autre sur le rôle de l'argent par rapport à l'or et au pétrole, dans un éventuel panier de matière première. Rien n'est décidé aujourd'hui, mais nous savons que le sujet est sur la table.

Prix à venir

Nous devrions connaître une diminution des effets de levier de la finance, amenant un dégonflement de l'ensemble des marchés.

Dans un deuxième temps, les monnaies vont chercher à dévaluer de manière compétitive pour continuer à monétiser les dettes des états. Les matières premières en général et les métaux précieux en particulier monteront alors fortement.

L'Or devrait atteindre 3 450$ l'once (en séance). Cela arrivera très brutalement. L'argent pourrait alors faire une violente jambe de hausse, qui pourrait l'amener entre 145 et 175$.

De 2013 à 2015, les injections massives de liquidités par les banques centrales depuis 2008 pourraient amener une très forte hausse des prix des métaux précieux. Il est vrai que ces injections ont servi à boucher les trous des banques, qui ont perdu les dépôts ou les prêts qui leur ont été confiés, dans la folle spéculation depuis les années 90. **La hausse des métaux précieux pourrait être inversement proportionnelle à la baisse de confiance dans les systèmes bancaires et monétaires actuels.**

L'argent pourrait passer par des excès totalement déraisonnables, pour différentes raisons que nous verrons plus loin. J'estime que son prix devrait se stabiliser à terme entre 1000 et 3000 Dollars d'aujourd'hui.

CYCLES DE L'ARGENT

CYCLE ANNUEL

L'argent connaît également un cycle annuel. Le point bas se situe traditionnellement fin juin avant une reprise de la hausse. Le point haut est lié aux livraisons de décembre et de mars sur le Comex.

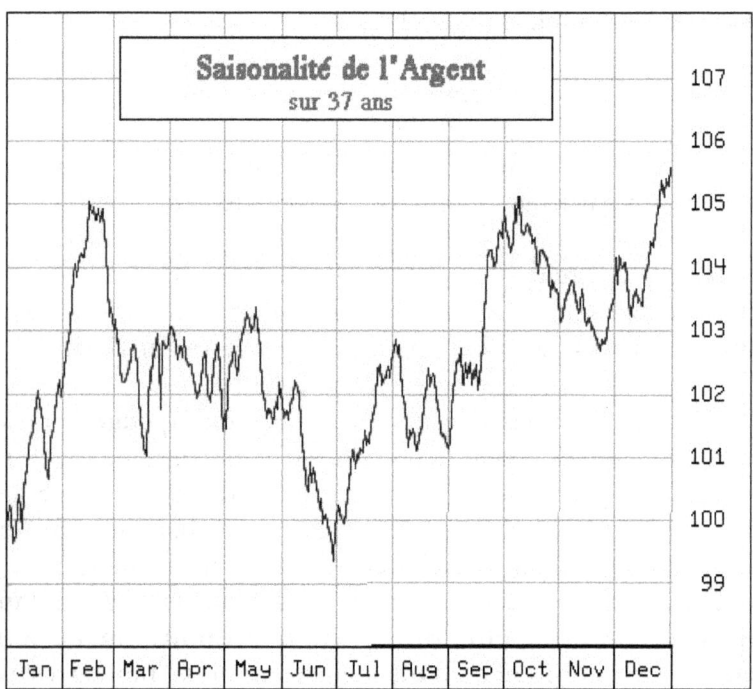

Cette vérité statistique ne se vérifie pas tous les ans. Il semblerait que l'argent ait le même support long terme depuis 100 ans. Nous aurions rebondi dessus en 2002.

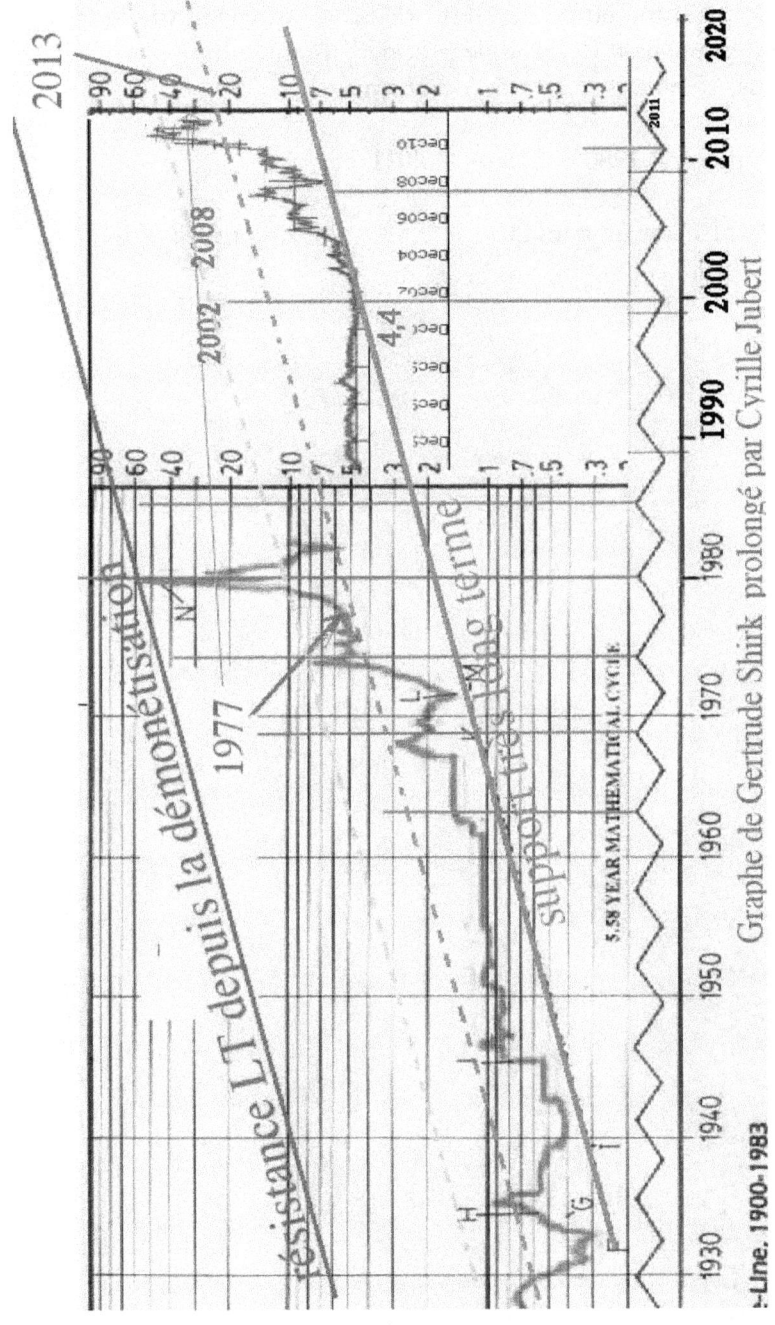

Graphe de Gertrude Shirk prolongé par Cyrille Jubert

D'après une étude de Gertrude Shirk, qui avait prévu les dates du point haut de 1980, le prix de l'argent subit des cycles de 31 ans, 15,36 ans, 9,26 ans et 5,58 ans

Point haut **1980 + 31 ans = 2011** …

Point Haut fin avril 2011 + 5,58 = 25 **novembre 2016 ?**

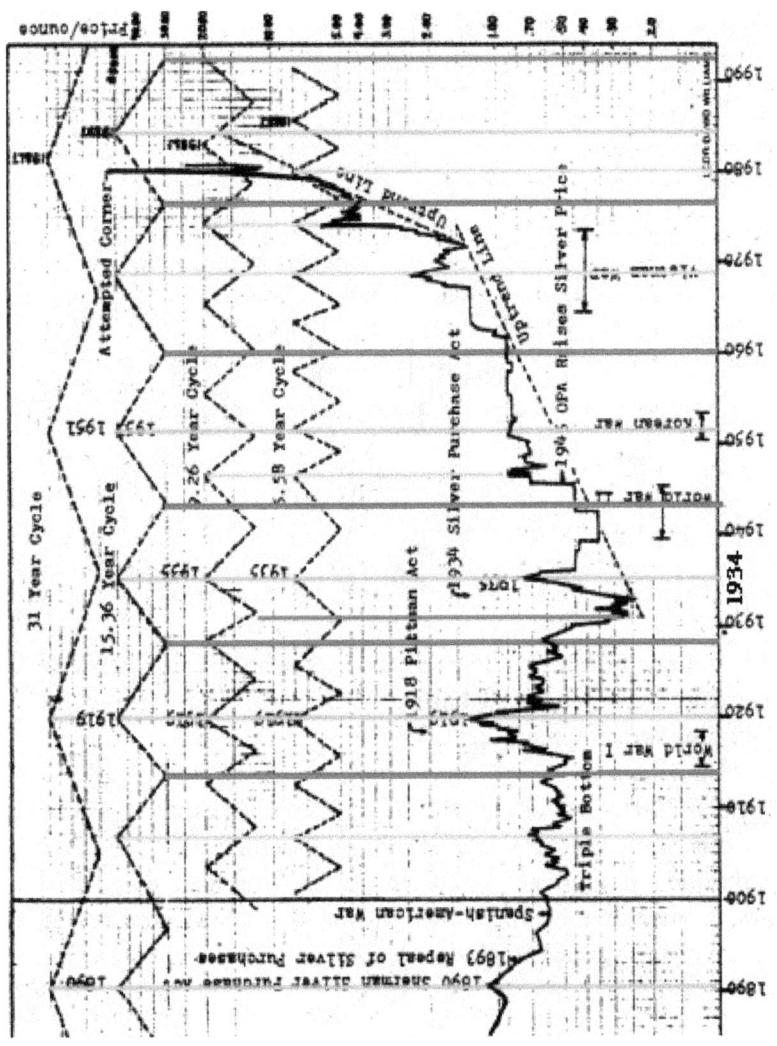

Les cours de l'argent sont intimement liés aux cours de l'or. L'un entraîne l'autre à la hausse ou à la baisse. En 1979-80, c'est l'argent qui avait amené la hausse de l'or.

Sur le CT, Je reste persuadé que l'or aujourd'hui suit le même schéma qu'en 1979-1980 et en 2008.

Graphe comparé 1979-1980 / 2011-2012

L'or devrait faire un pull-back sur le support avant de décoller pour une forte jambe da hausse. L'argent suivra le mouvement avec plus de violence que l'or.

Depuis 2001, les cours fluctuent dans le canal dessiné ci-dessous. La crise des subprime et la chute de *Lehman Bros* provoque un tsunami financier en 2008 obligeant les hedge-fund à vendre en catastrophe les valeurs qui avaient le mieux résisté dont l'Or et l'Argent.

Lorsque les cours passent au-dessus de la limite supérieure du canal, le COMEX change 5 fois les règles du trading en 8 jours, ce qui entraine une forte consolidation des cours.

Ne jouez pas avec des produits financiers !

LA FUTURE BULLE DU SIÈCLE

CYRILLE JUBERT

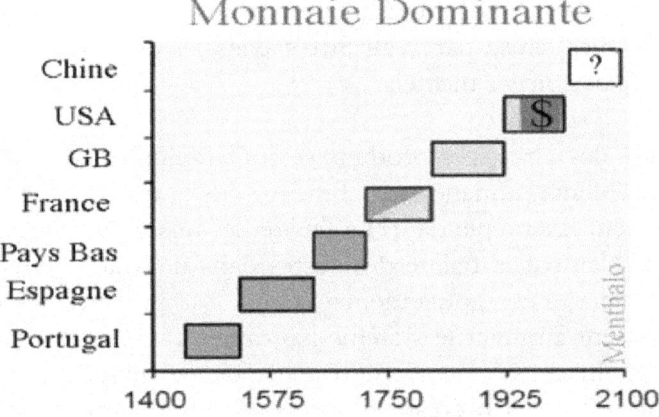

Nous sommes en train de vivre un changement de cycle.

Le Péso de l'Empire Espagnol a cédé le pas au Florin d'Amsterdam, qui lui-même a laissé le pas au Franc Germinal. Le bimétallisme de la France a plié devant l'étalon Or de l'Empire Britannique au faite de sa puissance. La Deuxième Guerre Mondiale a consacré le Dollar, d'abord échangeable contre de l'or, puis simple monnaie fiduciaire. L'Empire Américain s'éteint dans la corruption et la déliquescence de cette fin de règne. Les barons du régime, ces banquiers de Wall Street et de la City défendent pied à pied la monnaie fiduciaire, usant pour cela de tous les moyens et au mépris de toutes les lois.

La Chine, devenue la deuxième puissance économique mondiale, est en train de prendre la main. En mettant en place des swaps monétaires bilatéraux excluant l'usage du Dollar avec la Russie, le Japon, l'Inde, le Brésil, l'Iran, les Émirats, l'Afrique du Sud, le Chili et l'Australie, les chinois affaiblissent la monnaie internationale déclinante.

Les Banques anglo-américaines, qui avaient réussi à imposer que ces flux de capitaux transitent par leurs sociétés de clearing pourraient s'effondrer du fait de la perte de leurs prérogatives.

Simultanément, les produits financiers très novateurs et sophistiqués, créés par Wall Street dans les années 1990, sont devenus des pièges mortels.

Comme des virus, ces produits se sont multipliés au cœur des établissements financiers, rendant le système bancaire totalement interdépendant. La faillite des uns pourrait entrainer inéluctablement la faillite des autres dans un krach systémique en chaine. Les gouvernements et les banques centrales s'emploient à sauver le système bancaire en imprimant sans fin de la monnaie. C'est comme essayer de sauver un noyé en le forçant à boire. En créant désormais la monnaie par Trilliards de Dollars, de Livres, d'Euros ou de Yens, les banquiers détruisent la valeur des monnaies fiduciaires. Si ce système réussit à perdurer deux ou trois ans de plus, toutes les nations pourraient connaitre une hyperinflation à l'Argentine ou à la manière de Weimar. La République Allemande avait vu sa monnaie détruite du fait d'un trop plein de dettes. Nos sociétés sont aujourd'hui dans ce cas.

Aujourd'hui les nations sont asservies par la dette, cette situation est amenée à être bouleversée à la fin de ce cycle. Ces changements pourraient impliquer des phases de transition difficiles et peut-être même chaotiques, mais je suis confiant dans l'avenir, une fois ces orages passés.

L'Argent métal, plus que l'or, vous aidera à traverser ce cap de destruction monétaire. L'Argent va rester un métal indispensable pour l'industrie, si ce n'est pour les instances monétaires. Le déficit du marché depuis plus de 70 ans, caché pour des raisons monétaires et politiques, va s'accentuer au fil des ans. Toutes les banques qui ont œuvré au cours de l'histoire récente à empêcher la hausse des cours ont fait faillite, les unes après les autres. Les banques centrales qui ont dirigé en sous-main cette politique, sont, elles-mêmes, au bord de la faillite aujourd'hui. L'or va être remonétisé, au niveau des banques centrales.

L'Argent le sera-t-il également d'une manière ou d'une autre et jusqu'à quel point ?

La réponse n'est pas encore clairement donnée.

Quoiqu'il en soit, pour de multiples raisons, comme nous l'avons vu, son cours va s'envoler dans les 3 ans.

Une « tulipomania » va être développée sur le Silver dans les années qui viennent. Pour l'instant, nous en sommes très loin. Il n'y a pas l'amorce d'une bulle. Les initiés de la haute finance ont stocké l'argent physique autant que l'or en prévision de 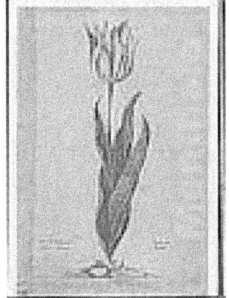 cette hausse parabolique. Le *GFMS*, une société au service du Cartel de l'or a publié des études mirobolantes sur l'avenir de l'Argent. Cette agence institutionnelle est étroitement liée au Cartel bancaire qui contrôle le prix de l'Or pour le compte des banques centrales. Pourquoi financer et publier une étude extrêmement haussière sur le Silver, si ce n'est pour jouer à la manière de *Goldman Sachs* à faire s'envoler une matière première, qu'on a acheté très bon marché, pour la revendre au plus haut ?

La bulle internet en 2000 a fait 898%

La Tulipomania en 1647 a fait 5 900%

eDigital tient le pompon avec 45 400%

Depuis près d'un siècle, le prix de l'argent a été bridé par le Trésor américain. Depuis 1980, il est écrasé par le Cartel des Banques. C'est toujours le cas aujourd'hui. Nous allons assister à un retour de balançoire, avec un excès inverse, dont il faudra un jour se méfier.

Bix Weir, de *Road-to-Roota*, membre du GATA, a développé une analyse en 20 points, justifiant une envolée de l'Argent à 204964 $ l'once. Je considère l'analyse de Bix Weir comme un pur délire, sauf s'il s'agit d'hyperinflation zimbabwéenne, c'est-à-dire une destruction de la monnaie fiduciaire. Dans ce cas, il n'y aurait aucune limite.

LA SILVER MANIA

On peut se demander quels événements pourraient déclencher une phase maniaque dans la hausse de l'argent. Pour l'instant, c'est le calme plat absolu. La presse n'a toujours pas parlé du métal blanc, ni pour sa très belle hausse de 2010-2011, ni pour sa consolidation actuelle.

Lorsque la hausse de l'or s'enclenchera au-delà de 1920$, l'argent pourrait être au plus bas, du fait d'une dernière manipulation des banksters sur l'argent papier du Comex.

Le Silver, avec la vélocité qui est sa particularité, pourrait revenir à étapes forcées retester les 50$ avant d'ouvrir de nouveaux horizons vers de nouvelles cimes.

HAUSSE DU PÉTROLE

Un conflit dans le Golfe Persique, mettant en danger l'approvisionnement en pétrole de l'Occident, verrait une hausse très rapide des cours du pétrole vers 250$. Avec les coûts salariaux, le prix de l'énergie est le deuxième poste dans l'industrie des mines. La hausse du pétrole induit une hausse de l'or et de l'argent, sinon toutes les compagnies minières seraient en faillite. Si celles-ci sont en faillite, l'offre tombe alors que la demande ne faiblit pas. Donc les prix de l'argent physique montent.

PÉNURIE ET DÉLAIS DE LIVRAISON

Avec la persistance de la pénurie, les délais de livraison vont augmenter. Les industriels de l'électronique, du photovoltaïque, de l'informatique, de la photographie et du médical, vont vouloir stocker le métal blanc pour ne pas être mis en chômage technique, prenant enfin conscience de la pénurie du marché. La demande industrielle de physique devrait alors brutalement augmenter. La commande massive d'Argent par un acheteur asiatique en juin 2012 monopolisait plusieurs raffineries, qui demandaient 2 mois de délais pour les livraisons, preuve qu'il n'y a aucun stock disponible aujourd'hui. La situation peut se tendre très rapidement.

TSUNAMI DES PRODUITS DÉRIVÉS

Pour mémoire, *JPM*, depuis 2010, doit livrer près d'un an de production d'argent sur le Comex et a déjà utilisé tous les expédients possibles pour extorquer des barres de Silver aux mines, aux clients du Comex et a probablement déjà livré toutes les réserves de l'ETF SLV. Par ailleurs, *JPM* et ses partenaires ont toujours 5 années de production vendues à découvert par le biais de produits dérivés. Il devra un jour couvrir ces positions en achetant dans la hausse. Autrement dit, il y aura une sorte de vente aux enchères publiques, où *JPM* offrira un prix d'achat de plus en plus élevé jusqu'à ce que des vendeurs acceptent de lâcher leurs trésors. Cela peut être très brutal, beaucoup plus brutal que le graphe de l'or ou de l'argent en 1979-80, où les cours avaient été multipliés par 10 en 12 mois.

« Bail-in »

Lors de la faillite de Chypre, les financiers du FMI, de la Banque Mondiale et de la BCE ont choisi de saisir une partie des comptes des déposants des banques. Depuis, cette formule a été institutionnalisée et mise dans les lois de finance partout dans le Monde. Les peuples n'ont rien compris. Ils se réveilleront brutalement, quand on aura ponctionné leurs comptes de 10 ou 30%. Ce jour-là, la confiance dans le système bancaire sera morte. L'hyperinflation ne nait pas d'un excès de liquidités injectées dans le système, mais de la perte de confiance dans le système fiduciaire. Les banquiers risquent de tresser les cordes pour les pendre.

Confiscation de l'Or pour 2013, 2014 ou 2015?

Souvenez-vous de la faillite de Law sous la Régence ! Rappelez-vous de ce que l'état à fait durant la faillite des Assignats ! Tant d'autres fois dans le siècle, l'état a cherché à récupérer l'or des particuliers comme Roosevelt en 1934.

Imaginez que l'Or s'envole comme attendu et monte en quelques semaines ou quelques mois à 3 450$. Supposons qu'arrivés à ce stade, d'une manière ou d'une autre, les gouvernements occidentaux bloquent les cours et confisquent l'or. Les stocks physiques des ETF Gold et autres Bullion Banks seront nationalisés ainsi que l'or « en compte-métal » dans les banques et les réserves en terre dans les mines. Nous savons par un insider, qu'un tel processus a déjà fait l'objet d'un accord entre banquiers en Suisse. Il sera déclenché si la monnaie nationale est en danger. Mais n'est-ce pas déjà le cas aujourd'hui ?

Tous les particuliers et toutes les institutions seront ensuite priés de livrer leur or aux gouvernements, comme en 1934 ou à d'autres tristes périodes dans l'histoire, de manière plus ou moins incitative ou coercitive.

L'argent, métal industriel indispensable, ne peut pas être confisqué. Aujourd'hui, les élites cherchent à nous faire croire que ce n'est qu'un vil métal industriel.

Ils ne vont pas changer une politique qu'ils ont suivi avec application depuis la guerre d'indépendance mexicaine pour aboutir à la démonétisation de l'argent en 1871 et à la pure monnaie fiduciaire en 1971. Aujourd'hui, c'est par son cours officiel, que l'argent est confisqué. Cela pourrait changer après la réforme monétaire à venir.

Les investisseurs ayant misé sur l'or, devront se rabattre sur un investissement alternatif. Ayant soudain une trésorerie pléthorique, après avoir été payés en billets tout neufs par les gouvernements, ils se précipiteront alors sur l'argent, la deuxième valeur refuge. Le microscopique marché du Silver ne pourra pas supporter une telle accélération de la demande de physique. Les cours pourraient alors ressembler à ceux de Weimar en s'envolant à la hausse. Et ce, d'autant plus que, quelques jours ou quelques semaines après l'expiration de l'ultimatum pour rendre son or, les banques centrales, d'un commun accord, pourraient dévaluer massivement les monnaies fiduciaires, portant l'or à 10 fois sa valeur précédente, vers **32 000\$**. Cette dévaluation peut s'étaler sur plusieurs mois avec une hyperinflation, ou brutalement au cours d'un long week-end.

Une fois encore, cet événement semble programmé par la Fed, qui rachète les dettes à 30 ans et met sur le marché des dettes à 2 ans. À cette échéance, 2014-2015, l'économie américaine sera dans une crise plus profonde qu'aujourd'hui, les rentrées fiscales ne permettront pas de rembourser les dettes et les

États-Unis pour ne pas faire défaut, dévalueront massivement leur monnaie après confiscation de l'or.

Un sommet de l'argent pourrait être touché 5,58 années après le sommet d'avril 2011, soit mi-décembre 2016. Dans les années 70, un pasteur américain, David Wilkinson, a révélé ses visions prophétiques, dont beaucoup se sont déjà réalisées :

> « Les détenteurs d'or, un jour, perdront tout. »
>
> « L'argent atteindra une valeur astronomique. »

L'Argent a toujours eu un parcours chaotique et violent. Il va être amusant de surfer cette bulle gigantesque, en gardant la tête froide, en essayant de profiter au mieux de ce système mafieux.

La hausse à venir sera probablement suivie d'une consolidation. Elle sera probablement violente, certains prédisent déjà une rechute des cours pour retester les 50$. Nul ne sait combien de temps, elle durera, mais il est certain, qu'il faudra être lourdement investi en argent avant que l'or ne soit confisqué pour que les banques centrales puissent répondre aux normes de la réforme monétaire.

Regardez le film *Le Sucre*. Cette bulle peut gonfler pendant des mois voire quelques années et l'Argent atteindre des valeurs inimaginables, si les « événements exogènes » permettent aux banquiers d'aller jusqu'au bout de leurs desseins.

Tout l'art sera de transformer cette richesse à temps en diversifiant son capital dans le meilleur timing possible, en surveillant le ratio Or/Argent, mais aussi le prix de l'immobilier, celui des céréales et de l'hectare agricole, qui ont déjà beaucoup monté.

Préparez une cabane à la campagne, pour ne pas être en ville lorsque les troubles liés à l'effondrement économique et monétaire commenceront. Sortez votre trésor des villes, car en cas de troubles sociaux, vous ne pourrez plus le faire sans danger et déplacer des kilos d'argent est toujours malaisé. Mettez-le là où vous pensez vous réfugier en cas de troubles.

Si vous avez un endroit où stocker, n'hésitez pas à diversifier vos investissements. L'Or et l'Argent ne se mangent pas.

LE CODE D'HAMMOURABI : 900€ L'ONCE

Au début de la partie historique de ce dossier, je vous ai parlé du premier code de lois de l'humanité, celui du Juge Hammourabi qui régnait en Mésopotamie en 1750 av. J.-C. À la porte de chaque ville, une stèle rappelant la législation en vigueur avait été érigée, afin que nul ne puisse ignorer les lois. Parmi celles-ci, il y avait le salaire d'un ouvrier exprimé en grammes d'argent. Un manœuvre devait gagner entre 1,88 et 2,1 grammes d'Argent par jour.

Au cours actuels de 32$, 2 grammes valent 1,60€ environ

Le SMIC journalier net 2012 est de 57,84€

2 grammes devraient valoir 57,84€

Donc l'once d'argent devrait valoir 28,92 x 31,10 = 899€

L'argent devrait être 37 fois plus cher qu'aujourd'hui.

Ce code d'Hammourabi revient étonnamment souvent, que ce soit chez les francs-maçons ou chez ceux qui sont supposés être leurs opposants de l'autre côté du miroir.

Le 31 mars, il a encore été cité par Drake interviewé par David Wilcox au sujet de la révolution américaine à venir. Pour eux, ces lois ont été dictées par les Dieux. Il semblerait que pour beaucoup de gens dans l'oligarchie, cette phase première de l'Histoire de l'Humanité soit essentielle.

Les très nombreuses tablettes trouvées sur les sites archéologiques ont apporté la preuve que Hammourabi a procédé à quatre annulations générales des dettes (en 1792, 1780, 1771 et 1762 avant J.-C.). Afin de garantir la paix sociale, le pouvoir en place annulait périodiquement l'ensemble des dettes de la population, évitant ainsi aux hommes libres d'être esclave de leurs dettes et en limitant la constitution de trop grosses propriétés privées.

Il y a des preuves d'annulation de dettes par les Juges précédant et suivant Hammourabi de 2400 à 1400 av. J.-C. La célèbre Pierre de Rosette, traduite par Champollion, fait état de ces annulations de dettes tant en Mésopotamie qu'en Égypte.

La petite Islande n'a pas accepté les dettes artificiellement créées par les banquiers véreux de l'Ile. Elle a mis les banquiers en prison et fait défaut sur leurs dettes. Il semblerait que ce petit pays s'en porte mieux que la Grèce. Nos dirigeants feraient bien d'imiter la sagesse des anciens dans l'effacement des dettes, avant d'avoir faire face à des soulèvements populaires incontrôlables.

Conclusions

Ce livre a été écrit à reculons. Connaissant parfaitement les manipulations actuelles des banquiers aux ordres des banques centrales et de l'oligarchie financière, j'ai creusé l'histoire à reculons. Plus je creusais, plus de nouvelles histoires venaient enrichir le tableau. Encore aujourd'hui, les informations affluent sur le pourquoi de l'assassinat de Jules César, les vraies raisons de la révolution de Cromwell ou du massacre des Templiers. Il faut savoir se limiter. Je me suis également interdit de rajouter des chapitres sur les manipulations des cours de l'or depuis les années 60 car il faudrait un livre complet sur le sujet. Celui-ci est déjà assez lourd.

Retenez l'essentiel.

L'énormité de la bulle de la dette implique une monétisation, c'est à dire une dévaluation des monnaies par rapport aux valeurs tangibles, dont l'or et l'argent. L'or pourrait atteindre une valeur comprise entre 32 000$ et 53 000$ d'ici 2020. Après un palier à 3 450$, l'or monétaire pourrait être réservé aux banques centrales, comme ce fut le cas aux États-Unis en 1934. Quand cette confiscation aura-t-elle lieu ? Nous ne le savons pas. Le seul timing de référence est pour nous ce premier sommet de 3 450$ l'once, qui peut fluctuer en valeur.

Souvenez-vous aussi que 200 pièces de 20 F or suffisaient à faire vivre une famille durant les 5 ans de disette de la dernière guerre. La monnaie circulant ne reviendra pas aux pièces d'Argent comme autrefois. C'est mathématiquement impossible avec la croissance de la population mondiale, alors même que ce métal est indispensable dans de très nombreuses industries et qu'il se raréfie. Il pourrait néanmoins être valorisé comme métal précieux au niveau international si une forme de BANCOR était mise en place pour répondre aux vœux de la Chine et de ses alliés.

Quand l'Or sera nationalisé, l'Argent connaitra une phase de panique acheteuse de la part des investisseurs cherchant à conserver leur capital, sans qu'il soit possible de donner une valeur limite au cours final de cette gigantesque bulle.

Israel Friedman a écrit que l'Argent pourrait un jour valoir plus cher que l'Or. Cela ne sera pas difficile, si les cours pour le public sont bloqués à 3 500$. L'Argent dans une bulle peut faire infiniment plus en cas d'hyperinflation, comme on l'a vu sous la république de Weimar. Après le dégonflement de cette bulle, l'argent pourrait se stabiliser à un ratio entre 1/10 et 1/5 par rapport à l'or, qui sera alors à une hauteur stratosphérique.

Les pièces d'Argent en France se sont raréfiées pour qui cherche des quantités importantes. Ceux qui en ont, préfèrent garder plutôt que vendre aux cours actuels. Voilà pourquoi, il faut acheter quand vous en avez l'opportunité, quitte à accepter une prime par rapport aux cours officiels. Vous ne pourrez que vous en féliciter dans les mois et les années à venir. Par contre, les fonderies suisses interrogées en juillet 2012 pouvaient fournir de très grosses quantités d'argent-métal sous forme de lingots sans problème. La pénurie n'est donc pas la même partout.

De très gros fonds nationaux et internationaux sont aujourd'hui liquides, ne sachant pas quelle valeur et quelle monnaie s'effondrera le moins dans les mois qui viennent. Lorsque le tsunami du « deleveraging » sera passé, ces fonds s'engouffreront dans la vague haussière des métaux précieux, accélérant sa vitesse de déferlement.

L'effondrement des économies occidentales et les faillites bancaires sont toujours possibles aujourd'hui, malgré les cris de victoire de la BCE et de la FED. On en a des exemples toutes les semaines !

On se souviendra qu'en juin 2012, les plus grosses banques mondiales ont dû remplir un document très détaillé appelé leurs « dernières volontés » (living wills) pour qu'en cas de faillite, les autorités puissent démêler leurs opérations les plus secrètes. Le shadow-banking, les cautions que se donnent les banques entre elles pour chaque opération ont constitué un maillage très étroit. Aujourd'hui où les petites faillites se multiplient, ces garanties sont appelées quotidiennement, donnant des migraines aux autorités et mettant toutes les majors en danger.

Quand les banques et les états font faillite, le chaos s'installe très vite. Les Argentins en ont fait l'expérience de 1998 à 2002. Les Russes également durant la même période. On passe très vite du grand confort à la vie la plus précaire.

Cela peut nous arriver aussi. Votre argent métal serait alors la meilleure des assurances dans l'adversité.

Nul ne sait à l'heure où j'écris ces lignes, si le bail-in ne permettra pas de saisir le contenu de vos coffres, qu'ils soient en France, au Canada, en Belgique, au Luxembourg ou en Suisse. Prudence est mère de Sureté. Sortez vos métaux précieux des coffres des banques.

Sur mon site en ligne, avec ce livre, je propose un abonnement à mes analyses par mail, qui viennent compléter ce livre. Cela vous permettrait d'avoir des conseils personnalisés et des mises à jour régulières.

Pour tous renseignements, utilisez la fiche contact :

http://www.eau-positive.com/contact.php

www.ingramcontent.com/pod-product-compliance
Lightning Source LLC
Chambersburg PA
CBHW050117170426
43197CB00011B/1621